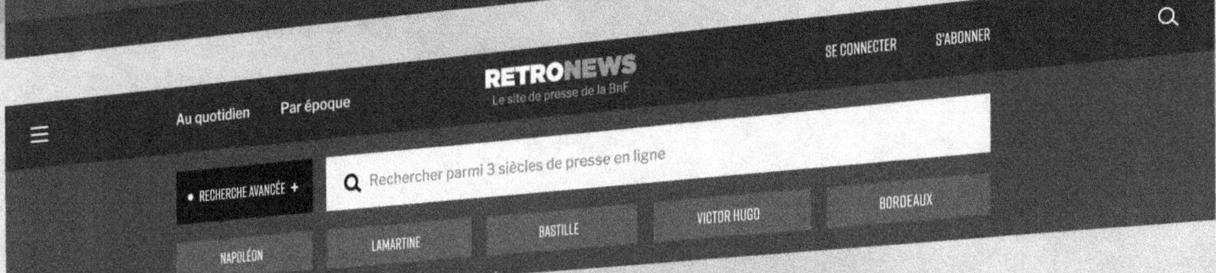

Découvrez l'histoire
par les archives
de presse
RETRONEWS
Le site de presse de la BnF
SE CONNECTER
S'ABONNER
Au quotidien
Par époque
RECHERCHE AVANCÉE +
Rechercher parmi 3 siècles de presse en ligne
VICTOR HUGO
BORDEAUX
NAPOLÉON
LAMARTINE
BASTILLE

JOURNAL

D'ÉDUCATION.

IMPRIMERIE DE FAIN, RUE DE RACINE, PLACE DE L'ODÉON.

JOURNAL D'ÉDUCATION,

PUBLIÉ

PAR LA SOCIÉTÉ FORMÉE A PARIS

POUR L'AMÉLIORATION

DE L'ENSEIGNEMENT ÉLÉMENTAIRE.

Gratum est, quòd patriæ civém populoque dedisti,
Si facis ut patriæ sit idoneus, utilis agris,
Utilis et bellorum et pacis rebus agendis.
JUVEN. *Satir.*

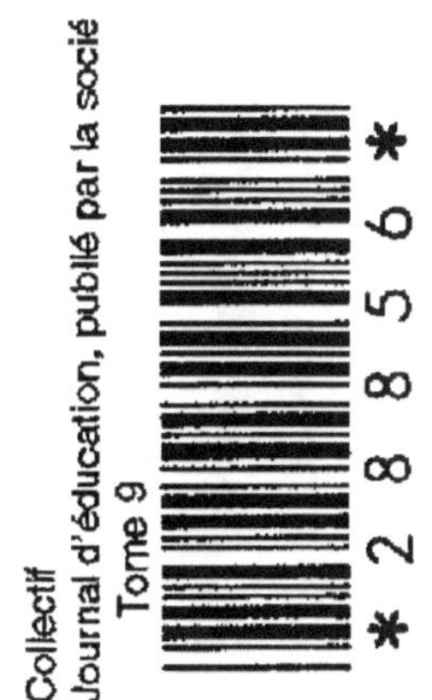

~~~~~~

TOME NEUVIÈME.

OCTOBRE 1819. — MARS 1820.

~~~~~~

A PARIS,

CHEZ L. COLAS, IMPRIMEUR-LIBRAIRE DE LA SOCIÉTÉ,
Rue Dauphine, N°. 32.

~~~~~~~~~~~~~~~

1819.

JOURNAL D'ÉDUCATION.

N°. Ier. — Octobre 1819.

V^e. Année.

ENSEIGNEMENT ÉLÉMENTAIRE.

~~~~~~~~~~~~~~~~~~~~~~~~~~~~~~~~~~~~~~

EXTRAIT

Des procès verbaux du conseil d'administration

DE LA SOCIÉTÉ POUR L'INSTRUCTION ÉLÉMENTAIRE.

Séance du 13 octobre 1819. — *Présidence de M. le duc*
DE LA VAUGUYON.

ON donne lecture de la correspondance :
Plusieurs lettres de S. Exc. le ministre de l'intérieur annoncent que des secours ont été accordés à diverses écoles des départemens.

La plus grande partie de la séance est remplie par les rapports des différentes commissions.

Séance du 27 octobre. — Même présidence.

S. Exc. le ministre de l'intérieur a accordé de nouveaux secours à des écoles départementales.

M. de Rosnovano écrit, de Yassy, que le professeur M. Cléobule, ayant été retenu long-temps à Paris et à
~~~~~~~~~~~~~~~~~~~~~~~~~~~~~~~~~~~~~~

Vienne, pour composer et faire imprimer les tableaux en langue grecque, ne devait arriver que dans le mois de septembre. Il promet au conseil qu'avant la fin de l'année, un compte détaillé des succès de la nouvelle méthode en Moldavie et en Grèce sera rendu à la société.

Le président du consistoire de Toulouse recommande le sieur Courant, instituteur distingué à Castres, département du Tarn, qui a établi à ses frais une école de 80 élèves, tant catholiques que protestans, dont plus des trois quarts sont enseignés gratuitement.

Une lettre de M. Sagnier, écrite de Buenos-Ayres, communiquée par M. Cadet de Gassicourt, donne des détails sur les espérances qu'on a de voir l'enseignement mutuel établi dans ces contrées, aussi-bien qu'au Chili. Il demande qu'on lui envoie des livres. Un premier envoi a déjà été fait : le conseil arrête qu'il en sera fait un second.

Le directeur de Châlons-sur-Saône envoie des pièces d'écritures de son école, qui prouvent les succès de cet établissement contenant 98 élèves. M. Caumartin, député, fonde en cette ville une école de dessin pour les ouvriers, à laquelle il consacre 1,400 francs par an, et qui va incessamment s'ouvrir.

M. Appert-Boucher communique une lettre, qui constate que l'école de Valenciennes prospère de plus en plus : il en est de même de celle de Saint-Amans, où on enseigne 110 enfans.

Le directeur de l'école modèle de Reims transmet des détails sur la distribution des prix de cette école ; le préfet du département a concouru aux frais de cette cérémonie. — Le dessin linéaire va être introduit dans cet établissement. — Il ajoute qu'il existe quatre nouvelles écoles à Reims, et que M. Carbonnet en a fondé une dont il fait tous les frais. Une nouvelle école est établie à Réthel, département des Ardennes.

M. Jomard donne connaissance des états de situation parvenus au bureau : on y remarque une nouvelle école à Caen, une à Orléans, et une à Gien.

M. Fleuriot, membre de la société de Caen, et M. le secrétaire de la société de Metz, sont présentés par M. le baron de Gérando : M. le président les invite à assister à la séance.

M. Michel Berr fait hommage au conseil de plusieurs exemplaires du procès verbal de la distribution des prix, faite dans l'école des Israélites de Metz, par M. de Tourmel, maire de la ville. M. Berr donne quelques détails relatifs à cet établissement.

M. Caillard, ancien chargé d'affaires de France à Berlin, est présenté et admis comme membre de la société.

On entend le rapport de la commission des fonds.

M. Jullien a la parole au nom du comité des livres, et fait un rapport dans lequel il rappelle avec éloges les titres des ouvrages que la société a adoptés les premiers pour la bibliothéque populaire, ce sont :

Simon de Nantua ;

Les Élémens de géographie de l'abbé Gaultier ;

Les Élémens de morale de M. Renouard ;

L'almanach intitulé : le Bonheur du peuple ;

Les trois Visites de M. Bruno, par M. Lemontey ;

Le Dessin linéaire, par M. Francœur.

Quatre autres ouvrages avaient été jugés dignes aussi d'entrer dans la bibliothéque populaire, savoir :

1°. Les Cantiques religieux et moraux, publiés par M. Amoros ;

2°. Les Patriarches, ou la terre de Chanaan ;

3°. L'Histoire de Joseph ;

4°. L'Arithmétique de Condorcet ;

Le rapporteur propose, au nom du comité, d'adopter aujourd'hui et d'associer aux premiers quatre nouveaux livres, dont voici les titres :

4

1°. Les Petits livres du père l'Ami, par M. L.-P. de Jussieu ;

2°. Le Manuel de morale élémentaire ;

3°. Les Vies des guerriers français ;

4°. Le Curé de village, par M. Alph. Mahul.

Les deux derniers sont destinés aux adultes.

Le conseil adopte les conclusions du rapport, et arrête qu'il sera inséré au journal. — (*Voyez* ci-après.)

M. Bally rend compte de la distribution des prix à l'école de l'abbé Gaultier, fondée par la société, rue Popincourt. (*Voyez* ci-après.)

D'autres rapports de diverses commissions terminent la séance.

RAPPORT

Fait au conseil, par M. Bally, sur la distribution des prix à l'école de l'abbé Gaultier, rue Popincourt.

MESSIEURS,

La distribution des prix s'est faite aujourd'hui, 27 octobre, à l'école fondée par la société, en présence de M. le maire du huitième arrondissement et d'un grand nombre de membres de la société.

On a été satisfait de cette cérémonie touchante : M. le maire a donné des preuves d'une grande bienveillance, et les enfans se sont conduits de manière à inspirer le plus vif intérêt.

Après la distribution des prix, M. le maire a proclamé hautement le nom du sujet distingué que l'on avait désigné pour recevoir une éducation complète et gratuite, dans l'institution de MM. Nyon. Ce sujet se nomme Été, et est fils d'un menuisier. Cette nomination, vous le savez, messieurs, a été faite pour se conformer aux ordres que vous aviez donnés dans votre dernière séance.

RAPPORT

Fait au nom du comité des livres élémentaires, par M. M.-A. Jullien, dans la séance du 27 octobre 1819.

Messieurs,

Je suis chargé, par le comité des livres élémentaires, de vous présenter le résumé de ses travaux et l'indication des ouvrages qui lui ont paru susceptibles d'obtenir votre approbation pour être admis dans la bibliothéque de nos écoles.

Je comprendrai dans ce rapport l'analyse succincte des rapports particuliers faits à votre comité et adoptés par lui sur les divers ouvrages qui lui ont été renvoyés.

A la tête des livres élémentaires déjà consacrés par vos suffrages, nous devons placer six productions sorties du sein de la société, et dont les auteurs ont puissamment contribué à l'introduction et aux succès de la méthode d'enseignement mutuel en France.

1°. L'excellent ouvrage de M. Jussieu, intitulé : *Simon de Nantua*, qui, sous une forme agréable et attachante, réunit des préceptes et des exemples de morale pratique, très - convenables surtout pour les classes pauvres et laborieuses.

2°. Les *Élémens de morale*, par M. Renouard, qui contiennent, sous une forme didactique, un abrégé clair et complet des principaux devoirs que la religion, la nature et la société imposent à l'homme.

3°. La *Géographie élémentaire* et les autres derniers écrits de notre estimable et si regrettable collègue, feu M. l'abbé

Gaultier, qui a publié, à l'époque de la fondation des nouvelles écoles élémentaires, quelques petits livres spécialement destinés à leur usage, et qu'emploient avec succès plusieurs des élèves formés par ses leçons, qui continuent à marcher sur ses traces.

4°. Un petit almanach, intitulé, *le Bonheur du peuple*, dont l'auteur, qui a voulu rester inconnu et se dérober à notre reconnaissance, présente, avec une simplicité et une clarté remarquables, dans un dialogue familier, parfaitement à la portée des habitans de la campagne et des esprits les moins cultivés, d'abord les avantages de l'instruction primaire et du nouveau mode d'enseignement, plus commode, plus prompt, plus économique, mieux approprié aux besoins des enfans que les anciennes méthodes, en général, très-vicieuses; puis, l'utilité de la caisse d'épargne et de prévoyance.

5°. *Les trois Visites de M. Bruno*, ou *Moyen sûr et agréable de s'enrichir*; par M. Lemontey, ainsi qu'un *Entretien d'un curé avec ses paroissiens sur la caisse d'épargnes*, et un *Dialogue entre Alexandre et Benoît*, sur la même institution, dont ces trois écrits font apprécier l'importance et les effets salutaires, surtout pour la classe pauvre.

6°. Le *Traité élémentaire de dessin linéaire*, par M. Francœur, qui, déjà consacré par d'utiles applications dans nos écoles, offre une véritable langue universelle, mise à la portée des enfans, et dont l'usage, plus généralement répandu, doit amener des perfectionnemens marqués dans les arts mécaniques et dans les métiers.

A la suite de ces six ouvrages, qui méritent d'occuper les premières places dans notre bibliothèque populaire, nous devons rappeler d'autres productions également utiles et honorées de votre approbation.

1°. Les *Cantiques religieux et moraux* qu'a recueillis et publiés notre collègue M. Amoros, et qui réunissent les meilleurs principes de vertu, exprimés avec la précision du rhythme poétique, qui les rend plus faciles à retenir.

2°. Les *Patriarches* ou *la Terre de Chanaan*, traduits de l'anglais, par Mlle L. S., espèce de roman pastoral, en 2 vol., qui retrace la simplicité des mœurs patriarcales, qui porte à l'âme des impressions douces et pures de piété et de bienveillance, mais qui a paru susceptible d'être réduit en un seul volume, et modifié dans quelques parties, pour être mieux approprié à l'intelligence du premier âge. Une seconde édition de cet ouvrage doit le reproduire avec les changemens indiqués.

3°. L'*Histoire de Joseph*, ouvrage moral et religieux, du même genre que le précédent, mais rédigé sous une forme plus élémentaire, a été recommandé aux écoles par la commission d'instruction publique.

4°. *Moyens d'apprendre à compter sûrement et avec facilité*; ouvrage posthume de Condorcet, destiné aux instituteurs plutôt qu'aux élèves, mais jugé, sous ce rapport, très-bon et utile pour les diriger dans l'art difficile de l'enseignement.

Outre ces dix ouvrages, qui ont particulièrement fixé notre attention, il en est d'autres, qui, sans avoir été l'objet d'un examen approfondi et d'un rapport spécial, nous ont paru mériter une mention particulière et honorable.

Tels sont :

1°. Le *Rapport de M. François de Neufchâteau sur le Ban de la Roche*, et sur les écoles et les ateliers de travail, fondés par le respectable pasteur Oberlin, qui a fait succéder, dans le petit canton qu'il habitait, à l'ignorance, aux habitudes vicieuses et à la misère, les bienfaits de l'instruction, de la moralité et d'une utile industrie.

2°. L'*Annuaire philantropique*, qui fait connaître les utiles travaux de la société philantropique et les principaux

établissemens consacrés au soulagement de l'humanité souf-
frante.

3°. L'*Histoire mise à la portée de la jeunesse*, par madame la baronne de Guimps, ouvrage en partie traduit ou
imité de l'allemand, dont l'auteur a fait hommage à cette
société.

4°. *Hymnes pour la jeunesse*, ouvrage traduit de l'anglais, par M. Thiercelin, qui nous a été désigné avec éloge
par M. l'abbé d'Andresel, et qui renferme en effet les expressions touchantes d'une pieuse reconnaissance de l'homme
envers son créateur.

5°. *Leçons de Fénélon*, par M. de Lévizac. Le nom seul
de Fénélon, d'où sont tirés la plupart des passages qui composent ce livre, suffit pour en faire concevoir une idée favorable.

6°. *Les Beautés de Sturm*, tirées des Considérations sur
les œuvres de Dieu, pendant les quatre saisons de l'année,
par Mme. Élisa Andrews ; ouvrage traduit de l'anglais, sur
la sixième édition, qui est propre à inspirer aux enfans des
sentimens d'admiration et de gratitude pour l'auteur suprême des choses.

7°. *Le Portefeuille vert*, par Campe ; ouvrage traduit de
l'allemand, qui renferme des instructions utiles, et des
vues morales très-propres à développer l'intelligence des enfans, et à leur inspirer des sentimens vertueux.

8°. *Le Petit Robinson*, par le même auteur, appelé le
Berquin de l'Allemagne.

9°. *Gunal et Lina*, ou *les Enfans Africains* ; histoire à
la fois religieuse et morale, intéressante et instructive, qui,
sans être précisément adoptée comme livre élémentaire pour
nos écoles, peut faire partie des livres distribués comme
prix, parce que les enfans ne peuvent y puiser que l'amour
de Dieu et de leurs parens, et l'amour de la vertu.

10°. *Gymnastique élémentaire* de M. Clias, ouvrage d'un genre nouveau en France, dont la lecture ne convient pas aux enfans, mais qui peut et doit suggérer à leurs parens et à leurs instituteurs des expériences et des vues bonnes et utiles pour diriger leur éducation morale et le développement de leurs forces, si nécessaire à la conservation de leur santé.

Après vous avoir indiqué vingt ouvrages existans, dont dix formellement adoptés par vous pour la bibliothéque des écoles, et dix autres désignés comme pouvant être consultés avantageusement pour la direction de l'éducation élémentaire, il nous reste à vous rendre compte de six ouvrages récemment soumis à notre examen, et sur lesquels il a été fait, au comité, des rapports dont je reproduirai les conclusions.

1°. Un petit volume imprimé à Strasbourg, sous ce titre, *Tableau du Christianisme*, comprend, dans cinq articles différens : le portrait ou caractère de Jésus-Christ; le précis de ce qui fait l'essence de la religion chrétienne ; l'origine et l'établissement de cette religion ; le récit abrégé des persécutions dirigées contre les chrétiens; enfin, les conséquences de tout ce qui a précédé. Votre comité a jugé que cet ouvrage ne convenait nullement aux enfans, mais pouvait être admis dans la bibliothéque populaire, pour l'usage des adultes et des parens des élèves.

2°. Un autre ouvrage manuscrit, intitulé : *Fables et Historiettes*, *à l'usage de l'enfance et de la jeunesse*, traduites du hollandais de M. le professeur Ébert, reproduit d'une manière prolixe, une grande partie des fables de notre La Fontaine, et peut convenir aux écoles de Hollande, mais serait déplacé dans les nôtres.

3°. Les *Livres du P. Lami*, par un de nos honorables collègues, forment six petits volumes d'environ 60 pages chacun, qui renferment des notions très-élémentaires, mais seules peut-être convenables pour le premier âge, sur l'histoire naturelle, sur la géographie, sur l'histoire sainte, sur l'histoire de France, sur les arts et métiers et plusieurs histoires morales. Le fond de ce livre est excellent pour le but que l'auteur s'est proposé, et votre comité vous propose de l'adopter.

4°. Les *Vies des guerriers français*, petit abrégé en un seul volume, qui ne pourrait pas convenir pour être l'objet de lectures habituelles, et pour former l'aliment principal de l'esprit, dans nos écoles, sont néanmoins propres à inspirer, par de nobles et utiles exemples, des sentimens de courage, d'amour de la patrie et de respect pour les lois, qui font essentiellement partie d'une bonne éducation morale. L'ouvrage, par ce motif, a paru devoir être favorablement accueilli et admis dans votre bibliothèque.

5°. Un livre d'une utilité plus générale, intitulé : *Petit Traité de morale élémentaire*, nous a paru mériter, à tous égards, votre approbation. Il comprend douze petites leçons sur les devoirs essentiels des enfans envers Dieu, envers leurs parens, leurs maîtres, leurs camarades, sur les bienfaits que la Providence a accordés à l'homme, et sur la manière dont il doit s'en rendre digne, et trois petites histoires, qui sont bien à la portée de l'enfance. Le style est simple et pur, les principes sont excellens ; l'ouvrage a cela de particulier, que des questions correspondantes aux leçons et aux histoires, placées en regard du texte, fournissent le moyen d'exercer le jugement et l'intelligence des enfans, plus encore que leur mémoire. Cette méthode de questions, dans les ouvrages élémentaires, est employée avec succès en Allemagne et en Angleterre, et doit être naturalisée parmi nous. Elle convient surtout aux écoles d'enseignement mutuel, puisqu'elle présente, non-seulement aux maîtres, mais aux petits moniteurs des cercles de lecture, les exemples des questions qu'ils peuvent faire aux enfans, pour savoir s'ils ont bien retenu et bien compris ce qui leur a été lu.

Votre comité vous propose l'adoption du *Petit Traité de morale élémentaire*, pour être compris au nombre des livres destinés aux enfans qui fréquentent vos écoles.

6°. Le *Curé de village*, par M. Alphonse Mahul, qui fournit, dans l'histoire d'un simple pasteur, la pure morale de l'évangile religieusement observée, et qui reproduit les vertus de Fénélon et de saint Vincent-de-Paul, la bienveillance et la charité chrétiennes, toujours en action, a paru devoir offrir une lecture intéressante et utile aux adultes, et peut-être aux élèves de la huitième classe, et mériter une place dans la bibliothéque des écoles.

Nous devons maintenant, messieurs, vous parler des ouvrages dont le plan seulement nous est proposé, et qui nous sont annoncés, ou qui sont en cours d'exécution.

1°. *L'Ami du soldat*, par M. le chevalier de Giraud, qui a été invité d'ajouter à son plan deux chapitres sur l'hygiène militaire, tant en station qu'en campagne, et sur les avantages de l'enseignement mutuel dans les écoles régimentaires.

2°. *Manuel de vaccination*, annoncé par M. de la Roque, sous-préfet de Tournon.

3°. *Tableaux de grammaire* et *Tableaux de géographie*, par Mme. Celliez, institutrice, déjà connue par quelques bons essais d'ouvrages élémentaires.

4°. *Tableaux des devoirs de l'homme en société*, par la même.

5°. *Morale religieuse et maternelle*, par Mme. Dufresnoy, ouvrage prêt à être imprimé, dont le manuscrit, déjà communiqué à votre comité, et accueilli favorablement, a été remis à l'auteur, qui doit le publier sous jours, et qui ajoutera encore aux nombreux services qu'il a rendus à l'éducation par ses travaux.

6°. Ouvrage élémentaire sur *l'art du tisserand*, par M. le Normand, professeur de technologie. Le plan et les titres de cet ouvrage, communiqués au comité, ont fait juger qu'il aurait un véritable but d'utilité.

7°. *Le Village des faiseurs d'or*, roman populaire, en langue allemande, traduit en français, par Mme. Morel de Gélieu, envoyé avec une recommandation spéciale, qui m'a été désigné par M. de Fellenberg, comme l'un des meilleurs ouvrages de ce genre publiés en Allemagne, et que M. de Jussieu s'est chargé de refondre et d'arranger pour l'usage de nos écoles.

8°. *Manuel élémentaire universel*, ouvrage imité de l'anglais, destiné à réunir, dans un petit nombre de chapitres, les notions élémentaires les plus essentielles que les enfans doivent acquérir sur les différentes parties des sciences et des arts.

9°. Traité de *calcul intuitif*, par M. Barrault, instituteur à Bergerac, contenant une série continue d'exercices élémentaires et progressifs, avec des tableaux suivis de questions qui s'y rapportent, et de solutions parfaitement accessibles à l'intelligence des enfans.

10°. *Cours élémentaire et pratique de dessin, d'après les principes de Pestalozzi*, par M. Boniface ; ouvrage dont il a déjà été publié trois livraisons, dont l'auteur a fait hommage à la société, et sur lequel il doit être fait un rapport particulier. La marche graduelle suivie par l'auteur, et l'homme célèbre dont il suit les traces et dont il se déclare le disciple, font présumer favorablement de son travail.

Tels sont, messieurs, les ouvrages élémentaires, déjà composés et publiés, ou seulement commencés, pour la formation d'une bibliothéque destinée aux enfans et aux adultes des classes pauvres et industrieuses.

Dix ont été formellement consacrés par vos suffrages, et font, dès ce moment, partie de la bibliothéque des écoles.

Dix autres ont paru dignes d'une mention particulière et honorable, et peuvent être désignés avec confiance aux fondateurs des écoles, aux parens et aux instituteurs.

Sur six autres ouvrages soumis à l'examen de votre comité, il vous propose d'admettre spécialement pour la bibliothéque des écoles :

1°. Les *Livres du P. Lami*, par M. de Jussieu ;

2°. Le *Petit Traité de morale élémentaire*, par le traducteur des *Patriarches*, ouvrage déjà cité ;

Puis, d'accueillir comme pouvant fournir des sujets de lectures intéressantes et utiles pour les adultes ;

Le Curé de village, les *Vies des guerriers français*, et le *Tableau du christianisme*.

Il vous sera rendu compte ultérieurement des *dix autres ouvrages*, dont nous n'avons encore eu sous les yeux que le plan et les vues fondamentales ; et *trois collections de livres élémentaires choisis, anglais, allemands et hollandais*, qui nous ont été communiquées par les soins de plusieurs de nos honorables collègues, fourniront des sujets variés de traductions ou d'imitations, appropriées à notre caractère national, à nos mœurs et aux besoins actuels de nos écoles, indépendamment des ouvrages originaux, manuscrits ou imprimés, qui nous seront encore adressés.

La Société, après une légère discussion, adopte les conclusions de ce rapport, dont elle ordonne l'insertion dans son journal.

CORRESPONDANCE.

Ministère de l'intérieur.

Lettres de S. Excellence le ministre de l'intérieur, reçues dans le courant du mois d'octobre 1819.

Du 30 septembre. — Messieurs, je vous annonce que je viens de mettre à la disposition de M. le préfet de la Gironde, une somme de 1,000 francs, pour soutenir l'école de Libourne qui, par sa belle tenue et le nombre des élèves, mérite particulièrement que le gouvernement lui accorde une nouvelle ressource.

Du même jour. — Le sieur Merle fils, instituteur primaire, qui dirige avec zèle et intelligence l'école de Tournus fréquentée par 105 élèves, va recevoir un encouragement de 300 francs, que je mets pour lui à la disposition de M. le préfet de Saône-et-Loire.

Du 9 octobre. — Messieurs, une souscription a été ouverte dans la ville de Marcigny (arrondissement de Charolles), pour l'établissement d'une école d'enseignement mutuel; et elle a déjà obtenu quelque succès.

M. le préfet vient de recevoir sur les fonds de mon département un secours de 300 francs, pour suppléer au produit des souscriptions dont il prévoit l'insuffisance. Ce magistrat a été au-devant de tous les obstacles; il a su affecter à la nouvelle école une salle convenable pour les exercices.

Du 13 octobre. — Messieurs, le dernier envoi des tableaux trimestriels vous aura donné lieu de remarquer que le nombre et la situation des écoles mutuelles étaient généralement satisfaisans dans le département de la Dordogne. Je vous annonce que, pour étendre les avantages du nouveau mode d'enseignement à un plus grand nombre de communes, je viens de mettre 1,500 francs à la disposition de M. le préfet.

Du 16 octobre. — Messieurs, je vous annonce que, sur la demande de M. le préfet de la Seine, je viens de mettre à sa disposition une somme de 100 francs pour le sieur Lormier, qui a établi une école mutuelle, rue Saint-Lazare.

Ce magistrat vient de recevoir aussi un secours de 200 fr. pour la dame veuve Monsaldy, institutrice à Clamart, qui avait besoin de quelques encouragemens.

Du 21 octobre. — Messieurs, on sent tout le prix de l'enseignement du dessin linéaire dans le département des

Hautes-Pyrénées. Le directeur de l'école modèle de Tarbes et dix élèves intelligens sont choisis pour les premiers essais de cette nouvelle étude. Je viens de mettre à la disposition de M. le préfet une somme de 200 francs, pour l'acquisition du matériel nécessaire au nouvel établissement.

Du 23 octobre. — Messieurs, je vous annonce que, sur les bons témoignages de M. le préfet de la Haute-Garonne, je viens d'accorder une gratification de 300 francs au sieur Toussaint, fondateur et directeur de la seule école d'enseignement mutuel qui soit établie à Toulouse.

Du 26 octobre. — Messieurs, je vous annonce que je viens d'accorder à M. le préfet du Gers une somme de 500 fr., pour soutenir les diverses écoles d'enseignement mutuel et introduire le dessin linéaire à l'école modèle.

Il est à désirer que vous adressiez directement à ce magistrat quelques exemplaires du rapport de M. Ordinaire, sur les diverses méthodes d'enseignement. Ce rapport offre des comparaisons dont M. le préfet pourrait se servir avec avantage en ce moment.

Du même jour. — Messieurs, je m'empresse de vous annoncer que je viens de mettre à la disposition de M. le préfet d'Eure-et-Loire une somme de 600 fr. Une partie de ce secours est destinée en comité de souscripteurs qui s'est formé à Dreux pour la fondation d'une école d'enseignement mutuel, et que vous avez désiré voir participer aux encouragemens dont je puis disposer.

Du 28 octobre. — Messieurs, je vous transmets les tableaux que vient de m'adresser M. le préfet d'Indre-et-Loire, sur la situation des écoles de Tours et Loches.

Les soins de ce magistrat se sont étendus sur l'école ouverte dans l'hospice général, en faveur des enfans trouvés, et sur l'école de Loches où des perfectionnemens ont paru nécessaires. J'ai lieu d'espérer que l'administration sera bientôt aussi contente de ces deux établissemens que de l'école de Tours.

Je dois aussi vous prévenir que je viens de mettre à la disposition de M. le préfet une somme de 5oo francs, pour suppléer à l'insuffisance de ses ressources.

Du 3o octobre. — Messieurs, les renseignemens que vous avez désirés sur l'école d'enseignement mutuel projetée dans la Cerdaigne française, sans être entièrement satisfaisans, promettent des résultats dont cette partie ne tardera pas à jouir.

M. Battle, qui avait promis d'organiser cet établissement, a été retardé dans l'accomplissement de sa promesse par des occupations personnelles ; il a été en outre contrarié par la difficulté de trouver un local convenable. J'appuie les efforts de l'autorité pour lever ce dernier obstacle.

En attendant la concession d'un bâtiment qu'on lui a fait espérer, M. Battle va former le cadre des moniteurs, et mettre un instituteur recommandable par ses lumières et par ses mœurs à même de diriger l'école.

Du même jour. — Messieurs, je vous annonce que je viens de mettre à la disposition de M. le préfet des Ardennes, une somme de 3oo francs.

Cette allocation est destinée à la commune de Mouzon, dont vous avez recommandé à mon attention la position fâcheuse, et à laquelle j'ai voulu donner une marque particulière d'intérêt.

Du même jour. — Messieurs, je m'empresse de vous annoncer qu'une école d'enseignement mutuel a été inaugurée le 17 de ce mois, à Saint-Amand, en présence du sous-préfet, du maire et des autorités.

J'ai lieu d'espérer que ce premier succès au chef-lieu de l'arrondissement contribuera à en obtenir d'autres de même nature, dans plusieurs communes, qui sont susceptibles d'adopter la nouvelle méthode.

DÉPARTEMENT DE LA SOMME.

Procès verbal de l'assemblée générale de la société d'encouragement, de l'instruction élémentaire par la méthode d'enseignement mutuel, tenue à Amiens, le 21 août 1819.

LE secrétaire donne lecture du procès verbal de la dernière séance générale, tenue le 31 mars 1819; la rédaction est adoptée.

M. le comte d'Allonville, conseiller d'état préfet, président de la société, prononce un discours, dans lequel il rappelle sommairement les heureuses améliorations que l'école centrale d'Amiens a reçues depuis la dernière séance générale, d'abord par l'introduction de l'enseignement du dessin linéaire qui y est en pleine activité, mais surtout par l'instruction religieuse, dont s'est chargé un vénérable ecclésiastique avec un zèle dont nous ne pouvons être trop reconnaissans. Il donne ensuite un juste tribut d'éloge à la générosité de M. Ducos, receveur général des finances, qui a fait don d'une somme de 500 francs, pour être distribuée en prix à onze élèves de l'école modèle d'Amiens, en l'honneur de la fête du roi; puis il donne des détails sur les nouvelles écoles d'enseignement mutuel établies dans le département de la Somme : ce sont celle de filles établie à Amiens, par Mlle. *Rivillon*, celle de *Corbie*, celle de *Piquigny* qui sera ouverte incessamment, les deux écoles fondées à perpétuité à la *Chaussée-Tirancourt*, par M. de Beaufort ancien colonel du génie; il mentionne honorablement l'école de Mons-en-Chaussée, tenue par M. Lardemer; celle de Mouchy-la-Garde, celle d'Abbeville qu'il a visitées dans ses tournées; il termine en assurant que la protection constante du

V^e. *Année.* — *Octobre* 1819. 2

gouvernement ne cessera d'encourager et de soutenir des établissemens dont l'utilité s'apprécie d'autant plus qu'ils se multiplient davantage.

M. Augustin Debray, vice-président, lit un discours dans lequel il rend un compte avantageux de nos écoles ; il loue les dispositions morales qu'y acquièrent les élèves, et rend témoignage de la rapidité de leur instruction. Il cite un enfant qui sans aucun fruit avait passé dix ans dans différentes écoles, et qui, admis dans l'établissement fondé par la société, apprit en quelques mois ce qu'il n'avait pu comprendre lorsqu'il était enseigné d'après d'autres méthodes ; il dit que les bienfaits de l'école modèle sont loin de se borner à l'enceinte de cette ville, puisque depuis sa fondation plus de cinquante maîtres y ont été admis, et propagent dans le reste du département la méthode d'enseignement mutuel. Quoique les avantages de cette méthode aient une évidence que l'on ne peut méconnaître, il se plaint qu'elle n'ait pas frappé quelques personnes qui se refusent encore à lui accorder de la confiance ; il s'étonne que la voix de l'autorité supérieure du département, celle des ministres de sa majesté, celle d'un prince auguste qui a exprimé son vœu d'une manière non équivoque, n'ait pu dissiper encore d'injustes préventions, et bannir des préjugés auxquels une expérience positive ne laisse aucun prétexte ; il espère que bientôt les doutes seront aplanis, et que tous les citoyens généreux et bien intentionnés se réuniront pour concourir à la prospérité d'une institution si utile.

M. Debray fait sentir ensuite de quelle utilité doit être pour une ville, dont l'industrie fait la richesse, l'introduction de l'enseignement du dessin linéaire dans nos écoles, et il expose le service rendu par M. Cheussey, dont la société et le département regrettent également l'absence, qui s'est chargé d'instruire un élève intelligent, lequel, à son tour, a su former d'autres moniteurs ; mais il fait surtout apprécier les obligations que l'on a à l'ecclésiastique qui, sur la demande faite par le conseil à M. le curé de Saint-Jacques, veut bien répandre sur nos élèves le bienfait inappréciable de l'instruction religieuse ; il y trouve l'occasion de louer dignement le prêtre qui consacre ses soins à l'enfance indigente, et de faire connaître le témoignage avantageux qu'il a rendu des dispositions, de la docilité et des progrès de ses élèves. Il entretient ensuite l'assemblée des prix qu'on se propose de décerner avec solennité, et qui seront accordés non-seulement aux élèves les plus avancés dans l'instruction élémentaire, mais encore à ceux qui se sont distingués par leur conduite, leur application et leur piété ; enfin il termine en exposant quelle importance inaccoutumée donnera à cette distribution le don fait par M. Ducos, combien il excitera l'émulation des élèves et celle de leurs familles, et par faire valoir l'heureuse pensée qu'il a eue de rattacher le nom du roi à cette action généreuse.

Sur la proposition faite par M. le préfet au nom du conseil, la société vote par acclamation unanime des remercîmens à M. Ducos, receveur général des finances.

Elle en vote également à M. l'abbé Vauclin, vicaire de Saint-Jacques, qui s'est chargé de l'instruction religieuse des élèves de l'école modèle.

M. Nataly Mallet lit, au nom de la commission des fonds, un rapport sur l'état financier de la société, et sur les comptes qui ont été présentés par MM. Doloret et Pilvois, trésoriers.

On procède par scrutin individuel à la nomination d'un vice-président en remplacement de M. Augustin Debray, d'un secrétaire en remplacement de M. Laurendeau, d'un trésorier en remplacement de M. Doloret, et d'un administrateur en remplacement de M. Massey, décédé ; les fonctions de ce dernier ne devant durer qu'un an. Le dépouillement du scrutin donne la majorité des suffrages à MM. Avoine de Chantereyne, premier président de la cour royale d'Amiens ; Hullot, receveur des contributions directes ; Pilvois, payeur du département, trésorier provisoire ; et Nataly Mallet, négociant, administrateur provisoire. M. le président les proclame, le premier vice - président, le second secrétaire, le troisième trésorier, et le quatrième administrateur.

On procède ensuite par scrutin de liste à la nomination de trois administrateurs, en remplacement de MM. Chamont, Amye et Herbert de Saint-Riquier. MM. Ducos, receveur général des finances, Demorgan de Béthune, procureur général, et Desprez, docteur en médecine, réunissent la majorité des suffrages, et sont proclamés membres du conseil d'administration.

La société adopte ensuite la liste des élèves auxquels les prix seront décernés, et qui lui est présentée par le conseil d'administration.

Pour copie conforme.

L'un des secrétaires de la société.

RIGOLLOT D. M. P.

DÉPARTEMENT DU PAS-DE-CALAIS.

Distribution des prix de l'école, à Boulogne-sur-Mer.

Des souscripteurs s'étant réunis pour établir une école d'enseignement à Boulogne-sur-Mer, l'ouverture s'en est faite dans les premiers jours du mois de mai dernier.

Les progrès des élèves et le succès de l'école ont répondu à l'excellence de la méthode, et surpassé même toutes les espérances. Le nombre des élèves serait déjà de plus de 250 si le local pouvait les contenir.

Le conseil d'administration des fonds de la souscription a procédé, le 9 de ce mois, en présence des autorités civiles et militaires, et d'un grand concours de spectateurs, à la distribution solennelle des prix. Dans un discours d'ouverture, M. le sous-préfet a rendu compte aux souscripteurs des succès de l'école, du zèle et de l'intelligence du maître, et des progrès des élèves. Il a fait connaître toute la supériorité de la nouvelle méthode sur les anciennes, sans en excepter celle des Frères de la doctrine chrétienne, auxquels il a néanmoins payé un juste tribut d'éloges et de reconnaissance pour les services que rendent journellement à la société ces respectables instituteurs ; il a laissé entrevoir le moment heureux, et peu éloigné peut-être, où il leur sera permis d'adopter le mode d'enseignement mutuel. Il a répondu aux objections des adversaires de ce mode d'enseignement : il a rassuré les âmes timides et trop timorées, en leur montrant que l'amour du prince, la religion et la morale étaient les premières bases de l'enseignement, et que les élèves sortaient des écoles mutuelles, sujets aussi fidèles, chrétiens aussi religieux, que des écoles des Frères, avec l'immense avantage de s'être, pour ainsi dire, instruits

en s'amusant, et d'avoir contracté sans gêne et sans contrainte l'habitude de la docilité, de l'ordre, de l'attention
et de la réflexion.

M. le sous-préfet a terminé en annonçant que les élèves
allaient être exercés sur l'écriture à la dictée, sur la lecture
et le calcul, et que le public jugerait lui-même de la méthode.

Les exercices ont alors commencé, et ont été successivement faits avec un ordre, un silence, une exactitude et
une précision qui ont excité un étonnement général. Ceux
qui n'avaient aucune idée de la méthode, ont été frappés
surtout de voir les élèves constamment occupés et attentifs,
sans éprouver jamais de fatigue, la variété des exercices
successifs et le mouvement qu'ils exigent, tenant lieu de
repos.

Les exercices terminés, l'on a fait circuler les cahiers d'é-
criture. La première page était celle que l'élève avait faite
au moment où il passa de l'écriture sur l'ardoise à l'écriture
sur le papier. Les autres pages étaient celles de la composition pour les prix. L'on a pu suivre ainsi les progrès des
élèves; ils ont paru si prodigieux, si rapides et si étonnans,
que plusieurs doutaient encore après avoir vu, et semblaient n'en pouvoir croire leurs yeux.

L'on procéda ensuite à la distribution des prix : les élèves
ont reçu les couronnes qu'ils avaient si justement méritées,
des mains de M. Herman, sous-préfet de l'arrondissement,
de M. Roche, respectable curé-doyen de la paroisse Saint-
Nicolas de la basse-ville, et de M. Caron, procureur du
roi, chevalier de la Légion-d'Honneur.

C'est ainsi que s'est terminée cette séance solennelle qui
laissera de longs souvenirs dans l'esprit des spectateurs qui
y ont assisté, et qui, en faisant connaître tous les avantages de la nouvelle méthode, a fait bénir le gouvernement
paternel du roi, qui met tous ses soins à en propager les
bienfaits.

~~~~~~~~~~~~~~~~~~~~~~~~~~~~~~~~~~~

ÉCOLES RÉGIMENTAIRES.

Lettre de M. le directeur de l'école régimentaire des hussards de la garde , à Compiègne.

Monsieur le président ,

La manière favorable dont vous avez bien voulu accueillir mon premier rapport sur la situation de l'école régimentaire , et le plaisir que je suis sûr de faire à la société , en lui annonçant la prospérité d'un de ces établissemens , m'enhardissent à venir aujourd'hui vous rendre compte de nos progrès et des succès que nous sommes déjà parvenus à obtenir , malgré une foule de circonstances toutes indépendantes de nous à la vérité , mais qui n'ont pas laissé que de nous déranger de nos études. Ouverte le 15 mai dernier , l'école a été obligée de suspendre ses travaux le 28 juin , parce que le régiment est venu faire son service à St.-Cloud et à Paris près du roi , et que , malgré le vœu émis par moi et plusieurs autres de mes collègues , directeurs d'écoles régimentaires de la garde , le quartier de la rue de Grenelle n'a point , à l'instar des casernes de Babylone , de l'École Militaire , de Popincourt , etc. , de salle destinée à cet exercice : nous n'avons donc pu recommencer cette instruction que dans le courant de septembre , époque des instructions, des manœuvres , où l'on cherche à profiter des derniers jours de beau temps pour l'instruction militaire et physique de la troupe.

Malgré tous ces obstacles, notre zèle ne s'est point ralenti , et je dois cette justice aux élèves de l'école , que leur bonne volonté est constamment venue au secours de la nôtre , et a
~~~~~~~~~~~~~~~~~~~~~~~~~~~~~~~~~~~

suppléé à nos moyens. L'école compte maintenant près de 70 élèves, et depuis quelque temps, nous n'avons plus besoin des moniteurs provisoires que j'avais choisis dans la classe des sous-officiers, brigadiers déjà instruits, qui se sont prêtés, avec toute la bonne grâce possible, à l'instruction de leurs camarades. Trois fois par semaine, de 5 à 7 heures du soir, nous nous réunissons dans une salle bien chauffée et bien éclairée, et d'ici à quelques jours, nous pourrons travailler six fois par semaine : le plus grand ordre et le plus grand ensemble président à cet exercice ; et vous jugerez, monsieur le président, des résultats de cette excellente méthode, par les pages d'écriture que je joins à cette lettre, et que le hussard *Duvigneau* et le trompette *Moulun* ont écrites, sous la dictée du moniteur de la 8e classe, pendant la leçon, et pour ainsi dire sous mes yeux. Si je pouvais vous envoyer des ardoises, je vous adresserais celles des brigadiers *Bullier* et *Théroux* de la 7e et de la 6e classe, qui, admis à l'école, connaissant à peine leurs lettres, ont déjà, à la vingt-cinquième leçon, une écriture très-satisfaisante. J'ai aussi beaucoup à me louer du maréchal des logis *Nicolas*, moniteur général.

J'ai cru devoir faire au manuel quelques légers changemens ; les plus considérables sont la suppression presque totale de la sonnette, que j'ai remplacée par des commandemens militaires et l'emploi beaucoup plus fréquent du commandement *garde à vous*. Je me suis attaché autant que possible à diminuer ce qui pourrait paraître minutieux pour des hommes faits, et à réduire la méthode à sa plus simple expression.

Comte de Chabrillan,

Directeur de l'École régimentaire des hussards de la garde, officier à ce corps.

SOCIÉTÉ DES ÉCOLES BRITANNIQUES ET ÉTRANGÈRES.

Londres, le 19 juillet 1819.

A M. Jomard, secrétaire de la société pour l'instruction élémentaire.

J'ai l'honneur de répondre à votre lettre du 25 mai dernier, que j'ai reçue il y a peu de jours, et de vous assurer du plaisir que me procure votre correspondance. Je crois que la cause dans laquelle nous sommes engagés, en France aussibien qu'en Angleterre, pour la propagation de l'instruction du peuple, doit procurer les plus grands bienfaits au genre humain, le peuple ne pouvant être heureux tant qu'il sera ignorant et par conséquent vicieux.

Nous vous avons devancés dans ce grand ouvrage, mais c'est une justice de dire que vous nous avez déjà dépassés ; les progrès que vous avez faits dans la propagation des écoles, sont beaucoup au-delà de ce que nous avons fait dans le même temps ; je regrette que nous n'ayons pas été plus loin, mais je me réjouis sincèrement de vos succès ; je désire que nous vous suivions de près, etc. ; le monde est grand assez pour exercer notre zèle durant la courte vie de l'homme.

La faveur de votre auguste monarque, et le zèle actif de votre excellent comité bannira l'ignorance de la France ; et je m'attends même que toute votre population sera instruite avant la nôtre. En Angleterre, nous sommes divisés en deux sociétés qui agissent sans l'aide du gouvernement, et avec le secours des souscriptions volontaires ; et nous sommes retardés par le défaut de bâtimens convenables, qu'il faut toujours construire à très-grands frais.

Je vais essayer de répondre à vos questions ; touchant l'état de l'instruction en Angleterre.

La population de l'Angleterre est de. . . . 8 millions.
De l'Écosse. . . . ' . , ... 2
De l'Irlande. . . . . , ... 3
____
13 millions.

Il y a différentes opinions à ce sujet ; quelques-uns pensent qu'il y a neuf millions d'hommes en Angleterre, deux en Écosse et quatre en Irlande ; mais le premier compte est le plus probable ; dans l'Écosse il serait beaucoup plus considérable sans l'émigration qui est générale dans ce pays.

On estime que le nombre des écoliers, qui suivent les écoles du système britannique est de. . . . 120,000.

Celui du sytème de Madras, appelé du docteur Bell. 250,000
Comme ce nombre renferme les écoles du dimanche, je présume que vous pouvez retrancher. 100,000
. . 150,000.

Beaucoup d'écoles de paroisses sont fondées sur le système du docteur Bell, qui est lié avec l'église établie.

M. Brougham a mis ce sujet sous les yeux du parlement, et il a été fait un grand nombre de rapports desquels il résulte qu'en Angleterre, il y a, en enfans de cinq à quatorze ans, qui ne suivent aucune école, environ. . . . 450,000.

En enfans qui suivent les écoles du dimanche selon l'église et en *dissenters*, environ. . . . . . 450,000.

En Écosse, tout le monde sait lire et écrire, excepté un grand nombre de familles irlandaises, qui sont entrées dans les manufactures.

En Irlande, les moyens d'éducation sont très-défectueux ; il n'y a pas plus d'un cinquième du peuple qu'on enseigne à lire et à écrire.

Quant au nombre des adultes en Angleterre, qui ne savent ni lire ni écrire, nous n'avons aucune donnée claire pour le connaître ; mais, à en juger d'après le manque d'instruction première, qui était presque universel jusqu'au système de Lancaster (commencé en 1798, et encore peu connu jusqu'en 1805), j'estimerais que cette classe est d'un million et demi.

Le nombre des adultes qui fréquentent les écoles primaires est petit, et ils sont généralement enseignés suivant l'ancienne méthode et dans de petites classes par le secours de personnes bienfaisantes : je pense qu'on pourrait faire davantage par l'application du nouveau système. Il existe une belle école du sexe féminin d'après le système britannique, où, durant les soirées, on enseigne les ouvrages à l'aiguille ; pendant ce temps, les meilleures lectrices font la lecture pour les autres ; cette école est dans le Derbyshire, dans un lieu de manufactures.

D'après les rapports présentés au parlement, il est prouvé avec la plus claire évidence que la pauvreté va toujours avec l'ignorance, et qu'elle est diminuée par l'instruction.

Dans le comté de Bedford, le nombre d'individus qui reçoivent l'éducation, est à la population. . . . . :: 1 : 17

    Celui des pauvres. . . . . :: 1 : 10

Dans le Cumberland. . . . . :: 1 : 11

    Celui des pauvres. . . . . :: 1 : 20

La même observation s'applique aux autres parties de l'Angleterre.

J'aurai beaucoup de plaisir à satisfaire à vos demandes en tout temps, et je serai heureux d'apprendre de vos nouvelles.

Je suis avec les sentimens d'un profond respect pour le comité de Paris et vous même en particulier, monsieur,

    Votre obéissant serviteur.

Signé, JAMES MILLAR.

~~~~~~~~~~~~~~~~~~~~~~~~~~~~~~~~~~~~

ROYAUME DES PAYS-BAS.

Extrait d'une lettre de M. James Millar, secrétaire de la société des écoles britanniques et étrangères.

A MONSIEUR JOMARD, SECRÉTAIRE DE LA SOCIÉTÉ DE PARIS.

Bruxelles, 24 octobre 1819.

JE ne puis quitter cette ville où j'ai passé environ trois semaines, sans vous faire part de mon voyage ici pour la formation d'une école d'enseignement mutuel, regardant cet endroit comme un centre d'où les avantages de l'instruction s'étendront tout autour et jetteront la lumière au milieu des ténèbres de l'ignorance.

J'ai le plaisir de vous informer qu'une société s'est établie à Bruxelles, avec l'approbation du baron de Falch, ministre de l'instruction publique et du conseil de la régence, et que S. A. R. le prince d'Orange a bien voulu prendre cette association sous sa protection spéciale. J'ai pris la liberté d'engager MM. les membres de la société à solliciter la faveur de votre correspondance, étant bien assuré que vous encouragerez leurs efforts autant qu'il vous sera possible. Nous visons tous au même but et tendons au même objet de bien public.

Il m'a paru que la langue française étant ici mieux comprise qu'aucune autre, la correspondance avec Paris rendrait le plus grand service à cette nouvelle société. J'ai recommandé aux membres l'usage des leçons françaises ; et si vous avez quelques nouvelles choses de ce genre, vous m'obligerez, en leur en faisant l'envoi.

Un de leurs premiers travaux sera de former une suite de
~~~~~~~~~~~~~~~~~~~~~~~~~~~~~~~~~~~~

leçons en langue flamande, langage que parle le plus communément la classe ouvrière ; on admet généralement que, sur cent hommes de cette classe, il n'y en a pas plus d'un ou deux qui sachent lire.

Le secrétaire nommé est M. Bigg, directeur du pensionnat à Kockelburg, près de Bruxelles, avec lequel, j'espère, vous voudrez bien correspondre par la suite.

NOTICE

Sur l'école du père Girard à Fribourg, et sur les progrès de l'enseignement mutuel en Suisse.

(Communiquée par M. Hamel.)

Pendant mon séjour en Suisse j'ai, entre autres choses, examiné avec empressement l'école du père Girard à Fribourg.

Cet établissement m'était déjà connu sous des rapports très-avantageux ; mais, malgré l'idée flatteuse que je m'en étais formée, j'avoue que ce que je viens de voir a de beaucoup surpassé mon attente ; et certes, de toutes les écoles que j'ai visitées jusqu'ici, aucune ne m'a donné plus de satisfaction que cette dernière. On peut remarquer là, plus que partout ailleurs, combien l'enseignement mutuel facilite éminemment l'étude, non-seulement des connaissances élémentaires, mais même celle des branches supérieures.

Je me propose de rédiger un mémoire détaillé sur l'application que le père Girard a faite de la nouvelle méthode aux branches diverses d'enseignement : je remarquerai seulement ici, que le succès qu'il a obtenu est vraiment étonnant, et frappe tous ceux qui visitent son école. Aujourd'hui, un nombre d'élèves beaucoup plus considérable qu'autrefois, y est instruit avec une plus grande facilité; il est divisé en vingt-sept parties; l'instruction de chaque élève est poussée aussi loin qu'il lui peut convenir, de telle sorte, que l'ordre existant dans la société ne saurait être troublé. Le père Girard est lui-même tous les jours dans son école; sa vie entière est dévouée à son perfectionnement.

On sera, sans doute, étonné qu'un homme d'un si rare mérite ait été pendant quelque temps en butte aux plus injustes calomnies. Jaloux de son succès, et désirant s'emparer de l'enseignement de la jeunesse de Fribourg, les jésuites ont employé toutes sortes d'intrigues pour décréditer son école. Ils n'ont pas manqué de dire et de répéter, que le père Girard (cet homme si recommandable par ses principes moraux et religieux) n'enseignait point *la bonne religion*; qu'à la foi de ses pères, il avait substitué une *religion systématique*, que son école *donnait dans les nouveautés*; qu'on y suivait *une méthode protestante*, et beaucoup d'autres absurdités.

Long-temps le vénérable père Girard a gardé le silence; mais enfin il s'est vu contraint à adresser au conseil municipal de la ville de Fribourg un mémoire faisant connaître l'enseignement religieux de son école. La réponse que lui a faite le conseil fait infiniment d'honneur à ce dernier. J'en transcrirai ici une partie.

« Nous n'avions pas besoin, dit le conseil, de votre mémoire circonstancié, pour fixer notre opinion sur son important objet. Nous-mêmes nous avons été témoins de ce que vous avez fait pour l'avancement de l'instruction religieuse. Cependant ce mémoire, nous l'attendions avec une vive impatience. Il était dû au public dans ce moment, et nous le lui avons remis, comme une propriété précieuse qu'il réclamait de nous. Il a voulu que son école fût vengée de la calomnie, et elle le sera d'une manière éclatante.

» Notre but constant fut toujours de concourir à former des hommes et pour Dieu et pour la patrie ; par vous ce but est rempli, grâce au génie créateur qui vous distingue ; car, sans vos perfectionnemens, il eût été impossible de donner une instruction convenable aux 378 garçons et aux 366 jeunes filles. qui se rassemblent dans nos différentes écoles.

» Notre satisfaction est malheureusement troublée par les désagrémens que vous éprouvez dans vos bienfaisantes et généreuses fonctions. Depuis long-temps nous gémissons des efforts de la calomnie. Elle peut séduire un instant quelques esprits faibles et crédules, mais ses traits ne sauraient vous atteindre.... »

Que peut contre le roc une vague animée ?

En tout temps on a vu des méchans ; il en existe aujourd'hui ; et il n'y a rien d'étrange en cela ; mais *la bonne religion* veut qu'on leur pardonne, en continuant à faire le bien ; et c'est ce qui nous rassure sur votre résolution.

» Vous avez commencé une belle et grande œuvre ; vous seul pouvez l'achever. Nous comptons sur le dévouement que vous nous avez promis. L'ami des enfans pourrait-il les abandonner ? Votre âme généreuse cédera, nous ne pouvons en douter, à la prière des petits, à l'espérance des familles, aux suffrages des hommes de bien et aux sollicitations du conseil municipal. »

Tous les vrais amis de l'ordre et du bien réprouvaient l'introduction des jésuites à Fribourg. M. Landerset, entre autres, a prononcé devant le grand conseil de la ville deux discours, dans lesquels il a prouvé, par des citations tirées des écrits des jésuites eux-mêmes, que les doctrines de cette corporation sont dangereuses, et qu'on ne devait point leur confier l'instruction de la jeunesse.

Pendant que j'étais auprès du père Girard, il a remporté une victoire signalée sur ses ennemis. Le grand conseil du canton de Fribourg a ordonné qu'il soit établi une école dans chaque paroisse, *et qu'on y suive la méthode d'ensei-gnement mutuel.*

Outre l'école du père Girard ; qui est attachée au couvent des Cordeliers, et destinée pour la jeunesse française, il y a à Fribourg une école gratuite pour 3oo filles, soignée par les ursulines. On y enseigne les deux langues, française et allemande. — Il y a encore une troisième classe pour 9o garçons, sous la direction des augustins.

Déjà l'exemple de la ville de Fribourg a été suivi par plusieurs autres villes et cantons environnans.

A Neufchâtel, M. Perrot, riche propriétaire, a institué une école, d'après la nouvelle méthode, qu'il avait été apprendre exprès chez le père Girard. Ce digne homme a fait pendant cinq mois lui-même les fonctions de maître. Madame Perret, institutrice habile et zélée, à Chaudefond, a été aussi attirée par la réputation du père Girard, à Fribourg, où elle a appris sa méthode ; elle l'a ensuite appliquée dans la maison d'éducation de Chaudefond, et surtout dans une école de jeunes filles pauvres, qui est une des plus intéressantes qu'on puisse voir. A Locle, une demoiselle l'a mise en pratique, dans un semblable établissement ; et à Pezeux, ainsi que dans quelques autres villes du canton, elle commence aussi à être adoptée.

L'administration de la ville de Berne, désirant faire jouir la jeunesse de cette ville des bienfaits de la méthode du père Girard, a envoyé auprès de lui une députation composée de MM. Trechsel, Stettler, du pasteur Ris, et de l'instituteur Merz, pour prendre connaissance de la méthode ; et le 1er. septembre, une école a été ouverte avec 3o enfans. Elle doit servir de modèle pour tout le canton. Deux institutrices ont déjà adopté la méthode à Berne, et on y compte 3oo ou 4oo enfans, qui sont actuellement enseignés d'après l'enseignement mutuel. Dans la ville de Porentruy, il s'est formé, il y a quelque temps, une école pour les garçons ; et récemment on a fait venir plusieurs ursulines de Fribourg, pour introduire aussi l'enseignement mutuel dans l'institut des filles.

A Lausanne et à Genève, il existe déjà depuis long-temps de nouvelles écoles ; et on croit que dans le canton de Vaud, leur nombre se multipliera sous peu, parce qu'à Nyon une école-modèle, dont M. Sonnai est le maître, est établie, et que d'autres se forment d'après elle.

Dans le canton d'Argovie l'enseignement mutuel doit être introduit dans toutes les écoles, et à Zurich on l'applique dans une institution pour les pauvres.

J'ai vu, chez le père Girard, l'abbé Bagutti de Milan, qui s'applique, avec un zèle qui lui fait infiniment d'honneur, à l'approfondissement de sa méthode, afin de l'introduire dans une école pour 300 élèves, qui s'ouvrira incessamment à Milan.

NOUVELLES

Extraites de la Correspondance.

La distribution des prix aux élèves de l'école d'Abbeville a eu lieu le 14 septembre dernier, jour anniversaire de la fondation de cette école, en présence d'un nombreux concours de spectateurs et des parens des élèves. — L'assemblée a été à même de juger des progrès des enfans pendant le cours de l'année, et la satisfaction générale s'est manifestée par des témoignages non équivoques. Les amis de l'institution, dont le nombre s'accroît en peu de temps partout où il est possible de voir les résultats de la méthode, ont éprouvé une satisfaction, qui ne leur est pas toujours accordée, en voyant le zèle et le plaisir avec lequel un ecclésiastique respectable s'est prêté à examiner les enfans, à leur faire réciter des évangiles, et à les questionner sur leur instruction religieuse et morale. — Plusieurs discours ont été prononcés par M. le sous-préfet et par d'autres personnes. Puis on a procédé à la distribution des récompenses. Lorsqu'elles ont été réparties entre les plus méritans, le directeur de l'école a reçu lui-même celle qu'on a cru devoir à son zèle soutenu et à sa capacité; la société d'émulation lui a décerné une médaille d'argent, qui lui a été remise par plusieurs des membres de cette société présens à la séance.

— Le directeur de l'école de Libourne transmet les détails suivans :

« Les élèves qui ont suivi le cours de dessin linéaire ont parfaitement répondu aux instructions qui leur ont été données. Plusieurs sont capables de résoudre un grand nombre de problèmes, connaissent toutes les figures des quatre classes de dessin, et commencent à comprendre celles de la cinquième. Les progrès dans les autres branches d'instruction ne sont pas moins sensibles; en dix-huit mois, j'ai été assez heureux pour mettre plus de 50 élèves, qui ne savaient absolument rien, en état de lire couramment, d'écrire de même, et de connaître l'arithmétique jusqu'à la division inclusivement; plusieurs mêmes ont été au-delà. Les premiers élémens de la grammaire française ont obtenu le même succès.

» J'ai enseigné la méthode à six maîtres de l'arrondissement, et je puis assurer que leurs écoles font des progrès. Le dessin linéaire est un des objets de leurs soins. Cette dernière branche se répand : M. le préfet de la Gironde, M. le préfet de la Charente m'ont demandé des tableaux que j'ai fait copier pour les leur envoyer; et M. Gaudel, directeur de l'école de Périgueux, et quelques autres maîtres m'ont demandé des renseignemens pour introduire cette instruction dans leurs établissemens. »

— Voici quelques passages extraits d'une lettre de M. France, dont nous avons eu tant de fois l'occasion de citer le nom, parce qu'il a rendu de nombreux services.

« M. le comte de Loverdo, lieutenant général des armées du roi, commandant la quatrième division militaire, a daigné honorer de sa présence, le 15 octobre, mes élèves au moment de leur travail ; il a fait une distribution de prix, consistant en livres très-utiles, à ceux sur le compte desquels je lui ai donné les renseignemens les plus satisfaisans. Il a promis la même récompense pour le trimestre prochain. M. le général Destabenrath, M. le général Wolff, les officiers de notre régiment et notre aumônier ont assisté à cette intéressante séance.

» S. Exc. le ministre de la guerre vient de nous envoyer les tableaux de l'Abrégé de l'histoire de France, ouvrage bien utile dans les écoles régimentaires, qui donnera aux militaires une idée de ce que nos Annales contiennent de plus intéressant, et leur inspirera l'amour de la patrie, de la monarchie et du monarque.

» L'école gratuite de la ville de Tours, dirigée par M. Michel, va toujours de mieux en mieux ; le nombre des élèves s'est tellement accru que toutes les places sont occupées, et que beaucoup d'enfans se sont fait inscrire pour remplir celles qui viendront à vaquer. Il serait à désirer que cet estimable instituteur pût se procurer un local plus vaste et plus commode. Il établit en ce moment, à ses frais, une *école payante* : ses talens et sa bonne conduite lui ont mérité l'estime et la confiance des personnages les plus distingués de la ville, qui lui ont promis de confier leurs enfans à ses soins. Il s'est adjoint pour diriger cet établissement un homme instruit et très-capable.

» On a aussi établi une école d'enseignement mutuel à l'hospice de Tours. Le sieur Fages, ancien instituteur de la ville en a formé une à ses frais. A mon retour au régiment, je ferai tous mes efforts pour mettre toutes les écoles de cette ville sur un bon pied ; et je seconderai de tout mon zèle une respectable maîtresse de pension, qui désire adopter la méthode pour les demoiselles qui lui sont confiées. »

— L'école gratuite israélite, provisoirement établie rue neuve Saint-Laurent, l'est définitivement rue des Singes, n°. 3, dans un local plus commode et plus spacieux.

Le comité de surveillance et d'administration des écoles consistoriales israélites de Paris, a adopté pour ces écoles, un règlement qui a été publié ; il renferme des dispositions très-sages, et se trouve parfaitement conforme aux règles de la méthode, aux différences près qu'exige la diversité des religions et des cultes.

RÉPONSE

A L'ÉCRIT DE M. ROBERT DE LA MENNAIS,

Vicaire-général du diocèse de Saint-Brieuc,

Sur l'enseignement mutuel.

LA commission établie à Saint-Brieuc, par ordre du gouvernement, pour prêter à l'enseignement mutuel un appui trop nécessaire, avait reçu, de la société centrale de Paris, trois prix d'encouragement destinés aux élèves qu'elle en jugerait les plus dignes. La distribution fut fixée au jour de la Saint-Louis, afin de rendre plus présent et plus cher à ces jeunes Français le protecteur auguste dont la fête devenait la leur. Un membre de la commission y prononça un discours où, sans ostentation, sans recherche et surtout sans sarcasmes, il exposait les avantages de la nouvelle méthode d'enseignement. Les nombreux auditeurs, à la tête desquels on voyait toutes les autorités qui résident à Saint-Brieuc, applaudirent unanimement, non de cet air faible et froid qui n'est que de la complaisance, mais avec cette chaleur, cet élan spontané, qui marquent une vive satisfaction. On admirait les rapides progrès des vainqueurs qui justifiaient si bien les espérances données ; on remarquait tous ces enfans ; dont la contenance modeste et l'attention soutenue répondaient si victorieusement aux reproches de *dissipation et d'étourderie* : chacun, doucement ému, emportait de cette solennité des souvenirs intéressans, et l'on était loin de penser qu'elle pût exciter la colère de quelqu'un.

Cependant, un homme que ses lumières semblaient devoir préserver des vulgaires préventions, et que son caractère oblige à donner l'exemple de la douceur, M. Robert de la Mennais, vicaire-général de Saint-Brieuc, publie une diatribe où, tour à tour plaisant et emporté, il sonne le tocsin contre l'enseignement mutuel et tous ceux qui le pratiquent ou l'approuvent (1). Il se fait le champion des Frères, que, non-seulement on n'a point attaqués, mais dont on n'a même parlé qu'en bons termes ; les mots d'*impiété*, de *matérialisme*, d'*athéisme*, tombent de sa plume irritée, à propos d'une méthode de lecture et d'écriture ! et profanant ainsi la religion, qui le fit son ministre POUR BÉNIR ET NON POUR MAUDIRE, il déclare, en style d'Atala, que *le silence souillerait ses lèvres !*

Nous lui laisserons ses injures, dont le dessein n'est pas équivoque, mais dont l'effet n'est point à craindre chez un peuple qui a du bon sens ; nous lui laisserons ses plaisanteries sur les nègres, sur les sauvages, sur les moniteurs missionnaires ; malheureux et froid persifflage, qui ne convient ni à sa robe, ni au sujet ; nous ne répondons qu'à ce qui pourrait séduire les lecteurs prévenus ou superficiels.

Son premier argument contre la nouvelle méthode (et il en a souvent de cette force), c'est qu'elle nous vient des

---

(1) Ce n'est pas sa première attaque : il y a quatre ou cinq mois qu'il fit insérer, dans je ne sais quel Journal, une lettre injurieuse pour notre École-modèle ; il crut l'avoir calomniée avec succès, parce qu'il l'avait fait impunément.

protestans (*). Pour l'application, oui peut-être ; mais l'invention appartient aux Français (1). Nous la devons aux protestans ! Comme si les protestans, en se séparant de l'église romaine, avaient dû perdre tout commerce, toute communication avec les catholiques (2) ! comme s'ils n'avaient, en effet, avec nous aucun rapport d'industrie, aucun partage de connaissances, aucune conformité de morale ! comme si, dans les matières qui ne touchent point la diversité des croyances, une moitié de l'Europe ne devait rien apprendre, rien recevoir de l'autre moitié ! On est plus raisonnable à Rome et à Madrid.

Si une pareille objection méritait quelque réponse, nous dirions à M. de la Mennais : Avant que les Anglais eussent adopté l'Enseignement mutuel, ce qui ne remonte pas bien haut, la vieille manière de montrer à lire et à écrire nous était commune avec eux ; seulement les livres de doctrine religieuse, où l'on exerçait les enfans, n'étaient pas les mêmes. Eh bien ! c'est ce qui se fait dans l'enseignement nouveau : nous donnons des ouvrages orthodoxes à nos élèves, et nous laissons aux hérétiques, à qui Dieu permet de vivre, les livres de leur religion.

L'enseignement mutuel, poursuit-il, a été introduit en France dans les cent jours.

D'abord, il y a ici une petite erreur de fait. Ce fut vers la fin de 1814 que des Français, amis éclairés du bien pu-

---

(*) Nous avons sous les yeux un ouvrage imprimé à Paris, en 1709. On y lit le règlement d'une école de la paroisse Saint-Gervais. Ce morceau, que nous sommes fondés à croire rédigé par un ecclésiastique, contient les réflexions les plus sages sur les vices de l'enseignement élémentaire, et trace le plan d'une méthode qui présente tous les élémens et toutes les applications de l'enseignement mutuel. (*Voyez* le Journal d'Éducation, V^e. année, n°. 2 novembre 1819.) Chez Colas, imprimeur-libraire de la société pour l'instruction élémentaire, rue Dauphine, n°. 32.   (*Note de l'Éditeur.*)

(1) Entre autres, à MM. Herbault, en 1745, et Paulet, en 1772.

(2) Et vraiment les catholiques y auraient beaucoup gagné ; témoin la révocation de l'édit de Nantes.

blic, passèrent en Angleterre, sur l'invitation de M. l'abbé de
Montesquiou, alors ministre de l'intérieur, pour y examiner l'application des nouvelles méthodes, et les approprier
à la France. La révolution des cent jours n'arrêta point
cette utile entreprise, que le gouvernement restauré pour-
suivit en l'améliorant. Mais de bonne foi, est-ce raisonner
que de conclure qu'une institution est vicieuse parce qu'elle
a été accueillie par un gouvernement sans droit? Est-ce procéder loyalement, que de décrier, à cause des personnes,
une chose qui est bonne ou mauvaise indépendamment des
personnes? Et jamais rien d'imitable et d'imité n'a-t-il été
fait par des méchans? Oh! qu'il était plus juste et plus
sensé, ce Lacédémonien qui, entendant un malhonnête
homme conseiller une mesure utile, ne voulut pas en priver son pays, et demanda seulement que la proposition
passât par une bouche plus pure!

La question n'est donc pas de savoir quand, comment et
par qui la nouvelle méthode a été imaginée; quand, comment et par qui elle a été introduite chez nous; mais si elle
est bonne, prompte, sûre, propre enfin à faciliter aux enfans la première, et peut-être la plus difficile des études.

M. de la Mennais lui conteste cet avantage, malgré tant
d'expériences déjà faites, parce qu'il est décidé à ne convenir de rien; et pourtant, sans s'en apercevoir, et même
en croyant l'avilir, il en reconnaît la puissance. *Leibnitz*,
qu'il cite comme une autorité et qui connaissait cette méthode, *la jugeait propre*, dit-il, *à donner quelques connaissances aux enfans qui ont eu le malheur de naître dans un
état voisin de l'idiotisme.* Assurément on ne peut pas mieux
dire; car, quelle ne doit pas être la supériorité d'une méthode qui fait ce qu'aucune autre ne saurait faire? Que ne
doit-elle pas opérer sur des intelligences même communes,
puisqu'elle peut faire entrer quelque instruction dans des
têtes privées d'intelligence?

Il ne laisse pas de poursuivre et de prouver, à ce qu'il

dit, que la méthode nouvelle ne vaut rien. Elle est *toute mécanique*, *toute extérieure*, *et n'a rien qui s'unisse à l'âme* (1). Fort bien; mais daignez nous apprendre s'il est une seule méthode de lecture et d'écriture qui exerce d'autres sens ou d'autres facultés que les yeux, la mémoire et la main; si celle des Frères, par exemple, est plus *intérieure* et moins routinière; comment un mode quelconque d'épeler ou de tracer des lettres et des syllabes peut aller au cœur. — Oh! chez les Frères, pendant qu'on fait la leçon aux uns, les autres se recueillent et étudient. — Dites plutôt qu'ils s'ennuient ou pensent à toute autre chose. Reportons-nous au temps de notre enfance, et apparemment les enfans d'aujourd'hui sont faits comme ceux de ce temps-là : certainement l'heure de l'école n'était pas l'heure du plaisir, et le seul temps que les enfans de cet âge missent à profit, était celui des récréations. On voulait aussi qu'ils étudiassent jusqu'à ce que leur tour de dire la leçon fût venu; mais Dieu sait comme ils s'appliquaient; faisant mine d'étudier, de peur du fouet, quand le maître les regardait; épiant en dessous le moment où il tournerait la tête; tenant d'une main leur livre devant les yeux, et de l'autre faisant des niches à leurs voisins, qui ne demeuraient pas en reste. Que si quelque surveillant tenait ses regards fixés sur eux, l'apparente continuité d'application n'était qu'une continuité de mensonge, et cette longue contrainte qu'ils souffraient ne nuisait guère moins à leur santé qu'à leur caractère, sans avancer leur instruction.

Appuyé sur M. de Bonald, qui s'enfonce dans son cabinet pour réfléchir, et qui *s'impose silence à lui-même* quand il veut s'interroger, M. de la Mennais paraît croire que l'on peut, que l'on doit même livrer de petits enfans à la méditation. Sans doute M. de Bonald est un excellent modèle à proposer aux savans; mais nous n'en sommes pas

---

(1) Ce qui ne l'empêche pas de dire ailleurs qu'elle a précisément pour effet *d'ébranler l'âme fortement, et d'exalter toutes les passions.*

encore là, et il y a presque l'infini entre les rudimens du premier âge et le *profond* savoir de ce grand homme. La méditation est un effort dont peu d'hommes faits sont capables, trop fatigant pour les esprits faibles, qu'il aliène ou qu'il rend faux. Elle suppose des connaissances déjà acquises, et surtout un grand intérêt à voir un objet sous toutes ses faces. Cet intérêt, ces connaissances, n'est-il pas évident qu'on ne peut les supposer dans un âge qui ne sait rien encore ?

Et que feront *ces pauvres enfans au collége où il faudra qu'ils étudient en silence, et s'accoutument à lutter seuls contre les difficultés ?* — M. de la Mennais le disait bien, il est plus *libéral* qu'on ne pensait : il ouvre généreusement les colléges à tous ceux qui sauront lire. Mais qu'il cesse de s'alarmer sur l'aptitude de nos enfans : des écoliers qui auront pris facilement les connaissances du premier âge n'auront pas moins de facilité, et auront plus de temps que les autres, pour recevoir l'instruction d'un âge plus avancé. Mais cette instruction elle-même est à peu près toute *mécanique* dans ses commencemens : plusieurs hommes éclairés ont pensé qu'elle devait l'être. L'abbé Lhomond, entre autres, dont les livres élémentaires sont reçus dans tous nos colléges, réduit presque tout le premier enseignement à donner les règles, sans en expliquer les raisons. Sa grammaire latine est écrite d'après cette idée, qu'il a peut-être poussée trop loin.

Au reste, le mécanisme de notre méthode, pour être plus ingénieux que celui des vieilles routines, n'empêche pas d'exercer l'esprit. Le maître peut expliquer et explique en effet ce qui est susceptible de développement, comme les élémens de la grammaire, les maximes de la morale, les préceptes de l'Évangile. Souvent, comme chez les anciens Perses, les enfans sont établis juges de leurs différens, de leurs actions, de leurs succès ; et une admirable équité marque les jugemens prononcés par ces bouches naïves. Ce n'est pas là du matérialisme sans doute.

N'importe, M. de la Mennais en voit partout; il en remarque principalement dans les exercices des classes, lesquels ne sont à ses yeux que des exercices militaires, propres *à faire des petits garçons autant de soldats, et des petites filles autant d'amazones!* Bien mieux, c'est un tumulte, une dissipation sans frein, qui doit infailliblement jeter toute cette jeunesse dans l'*oisiveté* et le *vagabondage!*

En vérité, quelque disposé qu'on soit à croire un ecclésiastique aussi grave que son état, il est impossible de penser que M. de la Mennais ait dit cela sérieusement. Il sait trop que ces mouvemens n'ont rien qui ressemble aux évolutions d'une troupe; que leur simultanéité exclut précisément l'idée du désordre; qu'ils ont pour but et pour effet de marquer le passage d'une étude à une autre, ou la répétition du même genre d'étude, et de disposer toutes les classes à recevoir, en même temps, sans interruption, sans confusion, l'instruction qui convient à chacune. Ce moyen simple et ingénieux est l'une des différences spécifiques du nouvel enseignement à l'ancien : voilà pourquoi il faut le décrier si l'on peut.

M. de la Mennais ne s'y épargne pas; mais malheureusement il ne met pas dans ses critiques toute la franchise qu'on devrait y trouver. Par exemple, appliquant le passé au présent, il a vu (ce que personne ne voit depuis l'établissement de notre école) *de petits enfans manœuvrer sur les places publiques et courir les rues au son du tambour;* et afin que cette grave inculpation paraisse tomber sur les élèves de l'enseignement mutuel, il la glisse dans une phrase où il insulte avec la même candeur les amis de cet enseignement. Si, comme on n'en saurait douter, ce grand maître de morale est jaloux d'appuyer le précepte par l'exemple, il doit être bien fâché d'avoir écrit cette phrase là. Mais, au reste, n'est-il pas risible de voir des vicaires généraux s'irriter de jeux d'enfans, et feindre d'en tirer de sinistres horoscopes ? Eh ! messieurs, avez-vous toujours été ce que vous êtes ? et pour avoir fait quelques excursions ou quelques singeries à leur âge, en valez-vous moins aujourd'hui ? Et vos élèves aussi, dont les Frères font autant de Catons, nous les voyons journellement jouer et se quereller sur nos places en attendant l'heure de l'école, et nous n'en concluons pas que ce soit une suite nécessaire de l'instruction qu'ils y reçoivent.

L'erreur, involontaire ou non, de M. de la Mennais et de son auteur favori, est de confondre la dissipation avec l'action. Dans nos écoles, l'ordre se donne par un signal et s'exécute par un mouvement. Le signal épargne au maître les paroles, et avertit l'écolier d'être attentif. Le mouvement porte vers une occupation déterminée l'esprit plus que le corps de l'élève, qu'il tient incessamment en haleine. Par ce moyen et celui des moniteurs, il n'y a pas un moment de perdu ; chaque classe, assujettie à une règle commune, se livre sans distraction à un travail différent ; et un seul et même instituteur peut enseigner un nombre d'enfans qui exigerait au moins cinq ou six maîtres chez les Frères. Voilà ce que ces messieurs voudraient faire passer pour un vain bruit et des grimaces.

Les Frères, à la vérité, n'ont point ces exercices utiles ; mais, en récompense, ils en font faire qui pourraient sembler assez bizarres, pour peu qu'on fût disposé à prendre le côté ridicule. Leurs écoliers ne marchent que sur deux lignes, tantôt écartées comme une procession, tantôt serrées comme des soldats, tenant d'un air béat les bras croisés sur la poitrine ; attitude contrainte qu'ils n'auront jamais de leur vie, et qu'ils s'empressent de quitter dès qu'ils n'ont plus de surveillans. Avant de les congédier, chaque Frère fait mettre sa section en bataille sur le pavé, et s'assure de l'alignement ; puis, à un premier signal, les enfans s'inclinent et se relèvent ; à un second, ils tournent à droite, et à un troisième ils défilent. Tout cela est fort innocent, mais tout cela prête à la raillerie : et vous voyez, messieurs, que si nous voulions, nous aurions un peu plus que vous matière à plaisanter.

Enfin, M. le vicaire général prend tout-à-fait son sérieux ; et certes, la chose en vaut la peine, car il s'agit de ces moniteurs qui sont le grand moyen de l'enseignement mutuel. Il n'y a rien de plus déraisonnable, selon lui, que d'*établir des enfans instituteurs d'autres enfans ; de placer l'autorité là où est la faiblesse et l'inexpérience ; d'exposer le développement intellectuel et moral de toute une école à la négligence, aux méprises, aux travers d'esprit de quelques bambins.*

M. le vicaire général a raison, ce serait un vrai contre-sens ; nous sommes de son avis. Mais il prend le change à bon escient. L'*autorité* n'est point dans les moniteurs ; le maître la retient toute entière. C'est lui qui prescrit la leçon, qui la dirige, qui la surveille ; c'est lui seul qui ordonne et défend, approuve et blâme, récompense et punit : le moniteur, sujet d'ailleurs aux mêmes châtimens que les autres, est déchu de ses fonctions s'il s'en acquitte mal en un seul point.

Vous ne voulez aucune suprématie dans nos écoles : à la bonne heure ; mais qu'est-ce que cette primauté qu'on décerne périodiquement dans les autres, à l'élève qui a le mieux fait ? N'avez-vous pas vu dans les colléges des écoliers qui, décorés du titre magistral de censeurs, faisaient réciter les leçons à leurs condisciples, et exerçaient une *autorité* sur les écoliers de leur propre classe ; tandis que nos moniteurs ne dictent le devoir prescrit qu'à ceux des classes inférieures ; ce qui garde un peu mieux les convenances ? Les Frères n'ont-ils pas eux-mêmes des espèces de surveillans qui notent, qui gourmandent, qui dénoncent leurs camarades ? Tous ces enfans ont-ils *une équité assez grande, une impartialité assez parfaite, pour ne rien donner au ressentiment, à la jalousie ou à l'amitié ?* Vous voyez combien il est aisé de rétorquer contre vous vos argumens.

Mais voici bien autre chose : l'existence des moniteurs n'est rien moins qu'un attentat contre la LÉGITIMITÉ ! On ne s'attend pas à celui-là.... *En remettant à l'enfance le commandement,* dit gravement M. de Bonald, *on amène tous ces marmots à conclure que le pouvoir appartient de droit au plus habile.* Or, poursuit encore plus gravement M. de la Mennais, *les conséquences de ce principe renversent l'état et la famille.* Ainsi, un écolier à qui le précepteur aura confié une partie de son pouvoir, doit être, sous peine d'inconséquence, mauvais fils et mauvais citoyen. Quoi ! messieurs, tout de bon ? Parce que nos enfans, assujettis à un maître, auront été dignes de le seconder, tout l'ordre social sera ébranlé dans ses fondemens ! et en exerçant ses camarades, qui l'exerceront à leur tour, un petit moniteur s'essaie à troubler sa famille et à bouleverser son pays !...... Jusqu'où peut entraîner l'esprit de dénigrement !

Prétendriez-vous, par hasard, que le mérite *personnel* n'est pas une supériorité, et qu'un sot vaut un homme d'esprit ? Non : vous êtes trop intéressés à soutenir le contraire. C'est cependant l'idée qui paraît percer dans votre proposition. Mais ce n'est qu'une fausse apparence : vous la réfuteriez vous-mêmes, si quelqu'un osait l'avancer, et vous n'auriez pas de peine à prouver que la société la mieux ordonnée serait celle où l'on apprécierait les hommes, *non par ce qu'ont été leurs pères, mais par ce qu'ils sont eux-mêmes* (1). De là, vous concluriez tout naturellement qu'on doit s'attacher de préférence aux moyens les plus propres à développer la capacité, attendu qu'une grande société n'a jamais trop de sujets capables ?

______

(1) D'Aguesseau, Mercuriale de 1693.

La petite portion d'autorité que délègue aux moniteurs le professeur qui les surveille, est à la fois une récompense pour ceux-ci et un stimulant pour les autres enfans. Elle est encore pour les moniteurs un moyen d'instruction, une étude; car on s'instruit en enseignant. Plus leur amour-propre en sera flatté (et que ferait-on sans amour-propre?), plus ils s'appliqueront à bien faire, de peur d'être obligés de céder la place à de plus sages ou à de plus habiles; mais, quelque long-temps qu'ils s'y maintiennent, ils rentrent chaque jour dans la foule; et, par un retour à l'égalité si chère à M. de la Mennais, tel qui était maître dans une classe inférieure redevient écolier dans la sienne. Sans doute elles sont un objet d'ambition, ces fonctions de moniteur, dont l'effet est d'occuper six ou sept cents élèves en même temps; mais ils en sont un aussi, les priviléges de ces surveillans, de ces censeurs, qui n'empêchent pas de demeurer oisive la plus grande partie d'une école, pendant que la plus petite est exercée. Le cœur humain est fait ainsi : l'émulation est son plus puissant mobile ; les talens périraient ou ne naîtraient pas sans elle, les vertus même en ont besoin. N'exigeons pas plus des enfans que des hommes ; dirigeons seulement cette émulation louable, qui n'est pas plus l'envie que la bonne critique n'est la satire.

Mais tout déplaît à ces messieurs ; jusqu'à l'attrait que l'enseignement mutuel a pour les enfans. Comment, disent-ils avec humeur, peut-on *faire de l'éducation un amusement ? Et qu'y a-t-il de si amusant dans la vie humaine, toute composée de devoirs pénibles ?* Ils sont à plaindre ceux qui ne voient que des peines dans l'accomplissement de leurs devoirs. Mais enfin, ce triste sentiment, s'il était sincère, ne serait qu'une raison de plus pour chérir la main bienfaisante qui aurait semé de quelques fleurs un chemin si rempli d'épines. L'étude, qui a tant de charmes pour l'homme qui en connaît le prix, est toute rebutante pour un âge qui, incapable encore d'en sentir l'utilité, n'y voit

que les difficultés qui là hérissent et l'asservissement où elle
le tient. Imaginer les moyens de la lui rendre aimable était
l'objet de tous les vœux ; aussi cette heureuse découverte
a-t-elle été applaudie du monde entier : mais il se trouve
toujours, et aujourd'hui plus que jamais, des gens qui ne
sont pas de ce monde. Remarquez, au surplus (car, avec
nos adversaires, il faut toujours faire cette distinction),
que ce qu'il y a *d'amusant* dans nos écoles ne se rapporte
qu'à la partie purement littéraire, et que les choses plus
sérieuses, telles que les prières, le catéchisme et la morale
chrétienne, y sont enseignées et apprises avec toute la gravité qui leur convient.

Après tout, nous devons savoir gré à M. de la Mennais
d'un reproche qui renferme de sa part une importante concession. En effet, en reconnaissant que nous menons les enfans à l'instruction par le plaisir, il nous accorde nécessairement que leurs progrès sont plus rapides ; car on fait
d'autant mieux une chose, qu'on prend plus de plaisir à la
faire. D'un autre côté, il est sensible que des élèves qu'on
exerce sans relâche et sans fatigue, qu'on ne mène que par
degrés, auxquels on ne fait faire un second pas qu'après
avoir affermi le premier, et qu'on ramène incessamment aux
principes ; il est sensible, disons-nous, que de tels écoliers
doivent arriver promptement et solidement au terme de la
carrière.

M. le vicaire général, qui se sent très-gêné par cette
conséquence inévitable, s'efforce de la contester, et pour
avoir meilleur marché de nous, il nous prend par nos
paroles.

On avait dit, dans le discours qui a remué sa bile, qu'une
instruction qui exige trois ans par l'enseignement des Frères,
ne demande que vingt mois par l'enseignement mutuel.
Ajoutez seulement quatre mois à vos vingt, répond M. de
la Mennais, *et les Frères en feront autant que vous* ; comme
si ce n'était rien que de gagner un sixième de temps ; en

instruisant six fois plus d'élèves. Mais il fait semblant de ne pas voir que ce calcul, purement comparatif, ne faisait qu'indiquer la proportion qui se trouve d'ordinaire entre les effets des deux méthodes; de manière que, quant aux progrès des élèves, qui sont le but de tout enseignement, la nôtre l'emporte communément de seize trente-sixièmes ou de quatre neuvièmes sur la sienne.

Néanmoins, tout en soutenant que l'enseignement mutuel n'est guère plus prompt que l'autre, il ressasse l'objection qu'on ne cesse de répéter et qui ne devient pas meilleure dans sa bouche, que *les enfans du peuple*, trop tôt instruits, seraient à charge à leurs familles. Nous ne redirons point toutes les bonnes réponses qu'on y a faites ; nous lui représenterons seulement que ce ne sont pas ces enfans-là qu'on envoie trop jeunes aux écoles; qu'ils sont utiles à leurs parens de très-bonne heure, et que, par conséquent, leurs parens ont grand intérêt que la première instruction soit achevée assez tôt pour que le besoin de la leur donner ne vienne pas interrompre ou retarder les services qu'ils en attendent.

Mais ce n'était pas assez pour lui d'attaquer, contre toute raison, l'incontestable supériorité du nouveau mode ; il fallait encore qu'il imputât, contre toute vérité, de honteuses démarches à ceux qui le favorisent. *Ils s'en vont,* ose-t-il dire, *quétant des enfans de porte en porte.....* Il nous répugne d'attribuer une telle fausseté à l'administrateur d'un diocèse; nous aimons mieux croire que ses émissaires l'ont trompé. — Vous parlez d'intrigues, de manœuvres : ah! messieurs, quelle maladresse! Comment n'avez-vous pas songé que ce reproche tombait à plomb sur vous qui vous en permettez de si étranges ? Qu'est-ce, en effet, que ces menaces dont vous effrayez les faibles, ces calomnies dont vous frappez ceux qui vous résistent, ces divisions que vous semez entre les proches, cette animosité que vous portez dans le sanctuaire ?

A peine l'école fut-elle ouverte, que, frémissant de la faveur qu'elle prenait, vous jurâtes de l'anéantir. Afin d'accomplir ce serment, un peu hasardé contre une ville qui n'est pas toute peuplée d'idiots, non-seulement vous mîtes à protéger et à prôner les Frères une chaleur toute passionnée, mais vous fîtes prodiguer les dédains au maître du nouvel enseignement. Vos dévotes, qui n'y entendent rien et qui seraient même bien fâchées d'y rien entendre, coururent épouvanter les parens pauvres qui avaient désiré que leurs enfans apprissent facilement à lire et à écrire, leur déclarant, d'un ton plein de charité, qu'ils seraient privés de tout secours s'ils ne les envoyaient pas chez les Frères. Un sujet distingué se trouve-t-il dans notre école, on emploie tout pour l'en faire sortir : un enfant quitte-t-il la leur pour nous donner la préférence, on oblige ses parens de l'y ramener bon gré mal gré. Des familles, dont l'intimité était citée comme un modèle, se sont désunies pour ce sujet. Des prêtres, dont on estimait le jugement et la piété, ont prostitué leur ministère à des fureurs de parti : non contens de recommander publiquement votre école et de décrier la nôtre, non contens de faire difficulté d'accorder à nos enfans une place dans leur église, ils ont poussé l'abus de leurs fonctions (nous ménageons le terme) jusqu'à fermer le confessionnal aux maîtres et aux écoliers. Ministres du Père commun des hommes, était-ce là votre vocation (1) ?

Et cet oubli de toutes les bienséances, de tous les sentimens, de tous les devoirs, a pour cause une institution recommandée par les sages, répandue dans les deux mondes, recherchée des princes catholiques, protégée par notre roi !

Ces considérations n'arrêtent point M. de la Mennais : il

______

(1) Grâce au ciel, il n'y a qu'un très-petit nombre de prêtres qui méritent un reproche aussi grave : mais devrait-il y en avoir un seul ?

a soutenu et soutiendra contre tout l'univers que l'enseignement mutuel est insuffisant et impie. Vous avez vu, lecteurs, comme il prouvait le premier grief ; ne vous attendez pas qu'il prouve mieux le second : et en effet, de quelque génie qu'on soit doué, on ne saurait prouver ce qui n'est point.

Dans son dessein d'alarmer les consciences (ce que *la position particulière où il se trouve* ne le met que trop en état de faire), il va chercher un rapport de la société de Londres où il est dit que ce qui a porté les nations étrangères à prendre la méthode anglaise, c'est qu'on s'y était contenté *d'inculquer les principes de la plus pure morale, tirés de la source sacrée des écritures*, sans y mêler aucun dogme. Et parce que des Anglais donnent cette raison de la propagation d'une découverte qu'ils ont rendue pratique, voilà que nos écoles françaises sont sans religion !.... Il n'est que la colère pour bien raisonner. Mais, monsieur, aimeriez-vous mieux qu'ils eussent attaché leur croyance à cette méthode ?

Deux hommes, en Angleterre, Bell et Lancaster, l'ont dans le même temps perfectionnée et appliquée. Afin de pouvoir l'étendre partout sans résistance, Lancaster en réduisit la partie religieuse à la pure morale de l'Évangile. Bell, au contraire, l'établit formellement sur les principes de l'église anglicane. Il nous semble que le premier a plus travaillé pour tous les peuples, quoique, à vrai dire, le système du second ne puisse être un obstacle chez nous, puisqu'il n'y a qu'à substituer, comme on l'a fait, la doctrine catholique au catéchisme anglican.

La société de Paris ne trouve pas plus de grâce à ses yeux, et il tire, de ce qu'elle a publié, des inductions tout aussi justes. Cette société proposant un prix pour le meilleur ouvrage de morale à la portée des enfans, demanda que ce fût un livre de morale toute pure, qui pût *convenir* aux enfans de toutes les communions. M. de la Mennais en conclut, à son ordinaire, que la communion catholique est rejetée. Nous en faisons juges les catholiques dont le zèle est selon la science et surtout selon la bonne foi, la religion romaine peut-elle être offensée par une morale qui lui *convient?*

Malheureusement tous les Français ne sont pas éclairés des mêmes lumières; mais ils sont tous nos frères, tous nos concitoyens. Il faut plaindre les dissidens, les attirer par de douces paroles, par des raisonnemens, par des preuves, et par les bons exemples qui donnent tant de poids aux bonnes raisons. Mais l'état, qu'ils peuvent servir, leur doit et se doit à lui-même de leur fournir les moyens de s'y disposer : or, le premier de ces moyens est l'instruction. C'est le devoir du gouvernement de la rendre accessible à tous, et c'est son intérêt d'inculquer uniformément les principes sur lesquels toute société repose ; ensuite, c'est aux pasteurs de prescrire, et aux instituteurs de transmettre l'enseignement des choses de la foi. Cette distinction prudente n'est pas moins dans l'intérêt de la religion que dans celui de la société, et l'on ne conçoit pas comment M. de la Mennaïs pourrait le nier, lui qui dit quelques lignes plus haut, d'après l'*invariable* évêque de Troyes, *que les ministres de la religion sont* SEULS *dépositaires de l'instruction chrétienne.*

Après tout, son sophisme, qui est partout le même, frappe les yeux les moins exercés. Premièrement, composer un livre de morale n'entraîne pas la nécessité de faire un ouvrage dogmatique, et il serait absurde de dire qu'un écrit de cette nature qui ne traite pas de la religion, est contraire à la religion. En second lieu, la société de Paris, qui a fait faire le petit ouvrage dont il s'agit (1), n'a arrêté ni pu arrêter que les enfans n'en auraient pas d'autre, et n'em-

---

(1) Simon de Nantua ou le Marchand forain, 1 vol. in-12, 2 fr. 25 c., chez Colas, imprimeur-libraire de la société, pour l'instruction élémentaire, rue Dauphine, n°. 32.

pêche pas qu'en effet nos écoles catholiques n'aient le catéchisme de l'église romaine. Toute cette contestation n'est donc qu'une méchante pointillerie, éloignée de la vraie question, laquelle consiste uniquement dans un fait; savoir, si nos écoles nouvelles sont privées de l'enseignement et des exercices de la religion. Or, il suffit d'ouvrir les yeux pour être assuré du contraire. Et l'instruction religieuse qu'on y donne est aussi complète, aussi saine que le puisse exiger le théologien le plus rigide; les prières sont celles de l'église; le catéchisme est celui du diocèse; les maximes de morale, celles qu'ont approuvées les vicaires généraux de Paris, quoi qu'en dise le vicaire général de Saint-Brieuc; et le maître, tous les dimanches, bien qu'il n'y soit pas tenu, mène ses élèves à la messe paroissiale.

Dans l'impuissance de nier des faits si notoires, notre adversaire, en homme que l'évidence importune et qui dispute en ennemi, nous déclare qu'au surplus, des enfans instruits par l'enseignement mutuel ne sauraient être religieux, fussent-ils élevés par des saints : de sorte que cette méthode, qui consiste à apprendre plus promptement et plus sûrement les mêmes choses qu'on enseigne par les autres méthodes, est *de sa nature* tellement perverse, que, quelques moyens qu'on emploie, elle doit nécessairement gâter le cœur. Nous sommes fâchés qu'un homme d'esprit se donne un pareil ridicule; mais que pourrions-nous dire à des gens qui poussent l'emportement à ce point-là ?

Sans ce dernier anathème de M. le vicaire général, on aurait pu attribuer sa répugnance au dépit de voir l'enseiment mutuel dirigé par des laïques; mais il n'est plus possible d'avoir une si mauvaise pensée, après qu'il a déclaré que cette méthode serait dangereuse dans toutes les mains. On sait, d'ailleurs, qu'il n'a tenu qu'à lui de la mettre en celles des Frères, qui, à la vérité, ne sont pas membres du clergé, mais que le clergé chérit aujourd'hui comme siens.

Prenez-y garde pourtant, monsieur ; tous les ecclésiastiques ne pensent pas comme vous paraissez penser, et
très-peu agissent comme vous faites. Nous avons déjà parlé
de vos confrères de Paris approuvant les maximes destinées
à l'instruction morale de nos écoles ; vous rappellerons-nous
de plus (car vous ne l'ignorez pas), M. l'abbé Gaultier,
l'un des fondateurs de notre enseignement, et dont les livres
élémentaires ont eu plus de trente éditions ; M. Basset,
censeur du collége Charlemagne, publiant une Homélie (1)
sur l'instruction du peuple ; M. l'évêque de Metz, et les
principaux ecclésiastiques de sa ville épiscopale, distribuant les prix à la grande école de ce chef-lieu ; M. l'é-
vêque d'Arras, accompagné du supérieur de son séminaire,
visitant les deux écoles établies dans sa résidence, y voyant
avec intérêt donner leçon, interrogeant lui-même les élèves, et recommandant à tous ses curés *d'accorder à ces
utiles établissemens l'appui et l'encouragement qu'ils méritent* ; M. le curé de Séez, offrant lui-même de célébrer une
messe solennelle pour l'inauguration d'une école du même
genre, et M. Le Clerc, comme vous vicaire général, comme
vous administrateur du diocèse, *lui disputant cet honneur* :
et pour citer des exemples plus près de nous, M. l'évêque
de Quimper se concertant avec M. le préfet du Finistère
pour organiser de pareilles écoles ; M. le curé de Belle-Ile
dans le Morbihan, célébrant une messe du Saint-Esprit pour
la prospérité de celle qu'on y allait y ouvrir, puis assistant
à son ouverture (2) ; enfin, dans nos Côtes-du-Nord, ce
digne pasteur que Paimpol regrette, souscrivant le premier
pour en fonder dans cette commune ?

Ces exemples, tous pris en France et qui n'y sont pas les
seuls, ne laissent pas d'être d'une certaine force : car tels

_____

(1) Brochure in-8°., chez L. Colas, imprimeur-libraire de la société,
rue Dauphine, n°. 32.

(2) Moniteur, feuilles des 4 janvier, 26 février, 31 mars, 25 août,
6 et 8 septembre 1819.

ici notre avantage, qu'il suffit que le nouvel enseignement soit approuvé par quelques membres de notre église, irréprochables dans les mœurs et dans la foi, pour condamner au moins comme téméraire une censure individuelle, qui va jusqu'à faire un crime de l'adopter.

Mais que pouvez-vous dire, messieurs, lorsque votre chef suprême, le chef de l'église universelle, introduit ce même enseignement dans le pays dont il est le roi temporel ? Lorsque le prince le moins *libéral* de l'Europe, le monarque de cette Espagne que ravage l'inquisition, l'établit avec éclat dans son royaume (1) ? Êtes-vous plus chrétiens que le pape, plus zélés que Ferdinand VII ?

Convenez-en franchement, si vous pouvez ; ce n'est pas le danger de l'enseignement mutuel qui vous effraie : les suffrages que tant d'hommes pieux et éclairés lui accordent, les heureux effets qu'il a eus constamment partout, ses principes, ses procédés justifiés ainsi par l'expérience, prouvent que ses grands avantages ne sont atténués par aucun inconvénient ; et l'embarras de vos argumens, quelquefois si puérils, souvent si contradictoires et toujours si vains, montre assez que ce prétexte n'est qu'un voile dont vous voulez cacher vos véritables motifs. Mais, par malheur, ce voile est transparent, et laisse voir que la cause de votre haine pour la nouvelle méthode est précisément sa perfection......

Pourquoi, par exemple, ne dites-vous rien des maîtres et maîtresses qui continuent d'instruire les enfans un à un, d'autant meilleurs à surveiller qu'ils sont moins sous les yeux du public ? Tant qu'ils conservent la vieille allure, ils sont assez honnêtes gens, on s'inquiète fort peu de leurs principes, de leur conduite, de leur savoir ; mais que le plus estimable d'entre eux quitte l'éternelle routine pour la méthode nouvelle, aussitôt il devient un objet de malédic-

---

(1) Moniteur du 5 octobre 1819.

tion et d'horreur : pourtant il n'a point changé, il est toujours aussi pieux, aussi probe, aussi capable ; et même cette méthode qu'il a prise l'oblige d'étendre davantage les exercices et l'enseignement de la religion.

Il est donc trop vrai, messieurs, que vous ne haïssez dans l'enseignement mutuel que sa supériorité sur tous les autres, sans aucun rapport à la morale. Il est triste que des hommes qui pourraient contribuer à tant de bien s'y opposent ; que, destinés à calmer les passions, ils les enflamment ; et, qu'aveuglés sans doute eux-mêmes, ils augmentent l'aveuglement d'un peuple qu'ils étaient faits pour éclairer.

Mais tel a été, dans tous les siècles, le sort des hommes et des choses utiles. Elle serait longue l'histoire des bonnes doctrines et des heureuses découvertes que les ennemis de tout perfectionnement ont repoussées ; et l'on y verrait en même temps des alternatives bien bizarres. La philosophie d'Aristote, objet d'un culte fanatique et de querelles sanglantes, devient celui d'un mépris, moins cruel, mais non moins injuste, toujours mal appréciée, soit qu'on la dédaigne, soit qu'on la loue ; Galilée, dénoncé par un jésuite, est condamné par des prélats, pour avoir établi une vérité que n'oserait nier aujourd'hui le plus chétif sacristain ; Descartes, détesté comme athée lorsqu'il prouvait l'existence de Dieu mieux qu'on ne l'avait fait avant lui, va chercher le repos et la gloire loin de son pays qu'il illustrait, sifflé depuis pour ce qu'il avait dit de bon, applaudi pour ses rêveries ; un des créateurs de l'imprimerie est forcé de quitter la France, où il était venu apporter les fruits de sa belle invention ; le grand interprète de la nature, Newton, soulève contre lui les préjugés furieux de se voir vaincus : on réprouve la circulation du sang, l'émétique, l'inoculation, la vaccine, et jusqu'à cette pomme-de-terre dont le rapprochement fait *sourire* M. le vicaire général. Mais ce qui est ici plus frappant, ce qui semble fait exprès pour nous, ces mêmes Frères de la doctrine pour lesquels on persécute, ont aussi été persécutés ; et, par une conformité qui explique pourquoi leur protecteur n'en a rien dit, c'était aussi à cause de leur méthode bien moins imparfaite que l'ancienne, et l'on alléguait contre eux à peu près les mêmes raisons qu'on rassemble aujourd'hui contre nous. Oh ! que de pareils faits et un pareil résultat devraient rendre réservé ! Qu'ils devraient inspirer de modération et de sagesse !

M. de la Mennais finit par s'attendrir ; mais sa tendresse même est une insulte. Il veut *sauver* nos enfans..... Eh ! monsieur, voulons-nous les perdre ? Vous les *aimez*, dites-vous : ce sentiment est flatteur ; mais il paraîtrait plus vrai si vous aimiez aussi leurs pères. Vous les aimez ? Ah ! vous ne savez pas, vous ne pouvez savoir ce qu'est l'amour paternel ; seulement vous pourriez comprendre qu'il n'est point, pour un fils, de guide plus sûr qu'un père qui n'est pas tout-à-fait stupide ou corrompu. Vous avez sûrement beaucoup de savoir, beaucoup de prudence, beaucoup d'esprit : mais nous portons un cœur qui vaut tout cela ; et notre intérêt personnel (car nos enfans, c'est nous-mêmes) nous mène nécessairement à vouloir en faire de bons citoyens et de bons chrétiens. Tous les moyens ne sont pas indifférens, nous l'avouons ; mais il est aisé de reconnaître ceux qu'on doit ou qu'on peut prendre, et ce n'est pas une science abstruse que d'aimer ses semblables, sa patrie et sa religion.

En dissipant les vains prestiges d'un écrit dicté par l'esprit de détraction et de parti, il était difficile de ne pas blesser la sensibilité de l'auteur : mais nous devions la vérité à ceux que son état et ses talens peuvent éblouir ; et la vérité est un peu dure. Qu'il ne s'en prenne qu'à lui-même ; on ne l'avait point attaqué, et l'on n'avait dit que du bien de l'institution qui lui est chère. Pourquoi s'efforce-t-il d'en détruire une, contre laquelle, faute de raisons, il ne pouvait employer

que des insinuations perfides, pendant que la tourbe cré-
dule ou passionnée qu'il traîne à sa suite joint à des clameurs
insensées les manœuvres les plus odieuses? La confiance
dont le gouvernement nous honore, et que confirme, nous
l'osons dire, celle du public éclairé, nous faisait un devoir
de repousser une fois son agression. Rien n'était plus facile,
il est vrai; mais, au point où il avait mis les choses, rien
n'était aussi plus nécessaire. Nous posons avec joie une
plume dont nous eussions voulu n'être point obligés de faire
un pareil usage. Qu'il revienne à la charge, s'il veut; qu'il
trouve de meilleurs argumens, s'il peut; nous poursuivrons
notre carrière sans distraction, sans émotion, et nous arriverons au but.

L. BIENVENUE.

SOCIÉTÉ ROYALE,

POUR L'AMÉLIORATION DES PRISONS.

*Extrait d'un rapport fait au conseil général des prisons, par
la commission nommée pour l'instruction primaire; composée de MM. le maréchal duc d'Albuféra, le duc de
Broglie, le comte Mollien, le comte de Saint-Aulaire,
le comte de Laborde, adjoint et rapporteur.*

L'INSTRUCTION élémentaire et la lecture de bons livres qui
en est la conséquence sont les seuls moyens de perpétuer les
bonnes doctrines, de distraire l'être égaré ou coupable de
sa tendance vers le mal, de le relever à ses propres yeux;
en un mot, de créer en lui un changement favorable à toute
amélioration. L'homme qui ne sait ni lire ni écrire est en
quelque sorte placé dans une situation inférieure à celle des
gens qui l'entourent. Il semble qu'il lui manque un sens
dont les autres sont doués; il est sans cesse sous le joug
d'une imperfection qui l'afflige, l'humilie et le tourmente;

s'il la surmonte par l'habitude ou la résignation, elle reparaît bientôt pour arrêter tous les progrès qu'il voudrait faire dans ses travaux ou l'avancement qu'il pourrait espérer dans sa carrière ; elle fait plus, elle le rend par l'oisiveté et le défaut de lumières accessible à toutes les séductions et le jouet de toutes les erreurs. Il faut qu'il en soit ainsi, et que l'instruction ait une grande influence sur le moral même des peuples, puisqu'il est prouvé que les pays où elle est le plus généralement répandue sont ceux où il se commet le moins de crimes et de vols. Les faits se pressent à l'appui de cette vérité ; mais vous penserez sans doute, messieurs, qu'ils ne sont point applicables au sujet qui vous occupe, c'est-à-dire, à la réforme des prisons, ou autrement à l'éducation des adultes, en général. Vous demanderez alors si le don de l'instruction dans un âge avancé est aussi puissant pour réformer les inclinations vicieuses qu'il l'aurait été dans l'enfance pour les prévenir. La question est grave et n'a pas encore été traitée, mais l'expérience et les faits se sont déjà chargés de la résoudre. Une société pour l'instruction des adultes s'est formée depuis long-temps en Angleterre dans le canton de Maindenhead, sous la présidence de lord Grenville ; une autre, dans le même but, a été établie à Lanarck, par les soins de M. Owen. Des écoles d'adultes ont été fondées partout dans ces deux cantons ; et il n'est plus un cultivateur ou un ouvrier qui ne soit complétement instruit. Le résultat a été un changement remarquable dans les mœurs et les habitudes de toute la population. Les mêmes effets ont eu lieu dans les prisons de la marine anglaise, par l'introduction de l'enseignement élémentaire à bord des pontons. Sur le seul *Bellerophon*, où se trouvent 450 détenus, 200 ont suivi avec exactitude l'école, et ont appris à lire la Bible et à écrire correctement. Dès ce moment, leur caractère a singulièrement changé, et une différence sensible, presqu'une ligne de démarcation, s'est établie entre eux et leurs compagnons. Il en sera de même, sans aucun doute, dans nos prisons, par l'introduction de l'enseignement élémentaire; et la seule réflexion, sans l'appui même des exemples, suffirait pour s'en convaincre. En effet, les malheureux renfermés dans ces demeures, sans consolation, sans soutien, ne regarderont-ils pas comme un bienfait l'acquisition d'un genre de supériorité qu'ils n'auront pu espérer dans le monde? ne seront-ils pas touchés de ce moyen de salut, d'espérance, que leur offre une main secourable dans leur abandon? et s'ils peuvent croire à un meilleur sort, s'ils se sentent les droits d'y prétendre, n'est-il pas vraisemblable qu'ils éprouveront en même temps le désir de s'en rendre dignes?

Persuadée donc des avantages de l'instruction élémentaire pour la réforme des prisons, votre commission a dû s'attacher à choisir parmi les différentes méthodes d'enseignement celles qui lui paraissaient les plus applicables à ce but; et, quoique portée par une prédilection bien naturelle en faveur de la nouvelle méthode, dont la supériorité est évidente; elle s'est défendue d'un choix trop précipité à cet égard, en raison de l'opposition ou seulement des doutes que manifeste encore sur ce point un assez grand nombre de personnes respectables.

Vous jugerez, messieurs, si les raisons qui l'ont déterminée dans son choix sont suffisamment motivées. Il existe, vous le savez, plusieurs méthodes d'enseignement élémentaire distinguées sous le nom d'*enseignement individuel, enseignement simultané* et *enseignement mutuel*. La première, qui consiste à faire répéter chaque élève séparement, n'est guère applicable à une école nombreuse ou à une instruction rapide. La seconde, qui partage l'école en plusieurs subdivisions, est plus parfaite; mais elle occasione encore la perte de beaucoup de temps, parce qu'elle force toutes les subdivisions à rester oisives lorsqu'on fait répéter une d'elles, et la perte de temps dans une prison ne peut qu'être très-préjudiciable, parce qu'elle a lieu aux dépens du travail des détenus, seul moyen qu'ils possèdent d'adoucir leur sort. Cette méthode a de plus, pour les hommes d'un certain âge, un grave inconvénient, c'est d'exposer à la risée des élèves plus avancés ceux qui sont encore aux premières lettres; et c'est sans doute cette circonstance qui a le plus contribué, jusqu'à présent, à dégoûter de revenir aux études élémentaires les hommes qui avaient eu le malheur de dépasser l'enfance sans s'y être adonnés. L'enseignement mutuel éloigne tous ces obstacles, aplanit toutes ces difficultés. Son principe, qui consiste à réunir dans la même classe ceux qui ont juste le même degré d'instruction, et à mettre en mouvement toutes les classes à la fois, excite vivement l'émulation sans jamais blesser l'amour-propre. Il épargne le temps, l'ennui, la peine, et évite de plus le ridicule. Placés les uns près des autres, comme dans un atelier, instruits par des moniteurs qui font l'office de contre-maîtres, les hommes de tous les âges ne voient dans l'étude de la lecture et de l'écriture que l'apprentissage d'un second talent utile, d'un nouveau métier, semblable à tout autre art mécanique, mais d'une importance bien supérieure, d'un talent qui leur ouvre le domaine de la pensée, qui développe leur intelligence, et qui est déjà pour eux une source de plaisir avant d'en être une de bien-être; ils ont à peine dépassé les premières classes, ce qu'ils font en quelques semaines, qu'ils perdent toute crainte de difficultés qui leur auraient paru insurmontables par les anciens procédés; mais cette méthode n'est pas seulement importante pour les connaissances usuelles, elle est encore d'un avantage inappréciable pour perfectionner l'éducation toute entière.

De même que les élèves sont divisés en classes suivant leur degré de capacité, de même les leçons qu'on leur donne, les modèles qu'on place sous leurs yeux, sont proportionnés à leur degré d'avancement; mais au lieu d'employer des livres élémentaires, en général compliqués et abstraits, on a imaginé d'établir toute l'instruction sur environ cent cinquante tableaux, qui contiennent, les premiers, les syllabaires et les vocabulaires, les autres une suite de lectures graduées depuis des phrases courtes et faciles, jusqu'à des morceaux d'histoire. C'est cette sorte de tableaux qui, sous l'apparence d'un simple mécanisme d'enseignement, peut présenter un système complet d'instruction morale et religieuse, et en même temps les principes élémentaires des travaux de chaque profession : aussi en a-t-on profité pour faciliter l'instruction dans différens états. — Les tableaux qui servent aux écoles de la gendarmerie de Paris contiennent les formules des procès verbaux et règlemens usités dans ce corps ; et les gendarmes apprennent à la fois leur métier et les connaissances nécessaires pour s'y distinguer. Monseigneur le duc d'Angoulême, qui a été témoin d'une de leurs séances, en a témoigné hautement sa satisfaction à M. le préfet de police. C'est d'après ce même principe qu'il a été composé pour les écoles régimentaires un Abrégé de l'Histoire militaire de la France, et une suite de faits d'armes, de mots heureux des soldats français, qui ne peuvent qu'exciter l'émulation des jeunes guerriers qui sont appelés à suivre leurs traces. Un travail de ce genre serait d'une grande utilité dans les prisons, il contribuerait, plus que tout autre moyen, à inculquer dans la mémoire des détenus des exemples de vertu, de fidélité et d'honneur, qui, appris ainsi, ne s'oublient jamais et reviennent involontairement à la pensée.

D'après ces différentes considérations, nous vous proposons, messieurs, d'adopter pour toutes les prisons l'enseignement mutuel, en faisant à la méthode les changemens qui conviennent aux différences d'âge et de sexe. Nous pensons que, sous ce point de vue, on peut diviser tous les détenus en trois catégories : 1°. les prisonniers depuis l'âge de dix-huit ans jusqu'à soixante ; 2°. les femmes condamnées et les détenues par mesure de police, de l'âge également de dix-huit ans à soixante; 3°. les enfans de l'un et l'autre sexe, de dix-huit ans et au-dessous.

Nous jetterons un coup d'œil rapide sur le mode d'instruction qui convient à chacune de ces classes, en faisant observer que la classification que nous venons d'indiquer n'est que pour régler le mode d'instruction qui convient aux différens âges, mais nullement pour établir aucune communauté entre ces individus, qui doivent toujours être séparés, suivant la nature de leur punition et de leurs délits.

La première de ces catégories, celle des prisonniers depuis l'âge de dix-huit ans jusqu'à soixante, ou la presque totalité des détenus, nous semble devoir être assimilée, quant à l'instruction, aux adultes libres pour lesquels des écoles ont déjà été fondées, soit dans les régimens, soit par des institutions particulières, telles que l'école en activité à Metz, et celle qui vient d'être établie à Paris par M. *Granet*, à l'usage des domestiques et des gens de boutique. Les premières écoles de ce genre ont pris naissance dans quelques régimens de l'armée. Informé de leurs succès, le ministre de la guerre actuel résolut d'en étendre le bienfait à tous les corps : il institua à Paris un cours normal, qui répandit bientôt la méthode dans toutes les légions, où elle fut adoptée avec empressement, et aujourd'hui plus de 30,000 hommes, distribués dans quatre-vingt-douze écoles, reçoivent l'instruction élémentaire, et avant un an il en sera de même dans toute l'armée. Les vieux soldats décorés de plusieurs chevrons sont assis à côté de jeunes conscrits ; et plusieurs d'entre eux ont déjà été faits sergens, grade qu'ils avaient mérité depuis long-temps par leurs services, mais qu'ils n'avaient pu occuper, faute de la connaissance des élémens des lettres. D'après les états envoyés par les corps, on sait à présent qu'il ne faut que dix jours au soldat le moins intelligent pour passer d'une classe dans l'autre, et par conséquent huit mois au plus pour parcourir les vingt-quatre classes, et apprendre parfaitement à lire, écrire et compter. Afin d'encourager davantage les travaux de ces écoles, le ministre a accordé de légères gratifications pour chaque nature de progrès : on donne un billet valant 25 centimes pour le passage d'une classe dans une autre, un billet de cinq centimes pour la fonction journalière de chaque moniteur, et 10 francs par mois au moniteur général. La totalité de ces dépenses, pour un régiment de deux mille hommes, ne s'élève par an qu'à 400 francs, suivant l'état ci-joint, y compris l'entretien des ardoises, crayons, tables et bancs. Votre commission, messieurs, vous propose d'adopter absolument le même système pour les écoles des prisons, si le gouvernement en autorise la fondation, et de vous servir provisoirement du Manuel qui a été composé pour les régimens et pour les adultes en général. Ce Manuel ne renferme rien qui caractérise particulièrement une instruction militaire ; il est simplement l'exposé fidèle de la méthode, dégagé seulement des exercices minutieux et des pratiques qui ne conviennent qu'à l'enfance.

La fondation d'une école dans chaque prison serait prompte et peu dispendieuse. La dépense se montera à 800 fr., au plus, pour les frais de premier établissement, et à 300 fr. d'entretien annuel. Voici comment on pourrait procéder à cet égard. Sitôt que le local serait disposé, le préfet du département où serait la prison demanderait au commandant de la division militaire ou de la légion la plus prochaine, de permettre à un officier et un sous-officier de venir organiser l'école, et la diriger pendant un mois environ. Ceux-ci choisiraient les moniteurs parmi les détenus sachant lire et écrire, et il s'en trouve toujours un nombre plus que suffisant. Sitôt que les moniteurs seraient instruits, celui d'entre eux qui aurait le mieux rempli la fonction de moniteur général, si du reste sa conduite n'avait rien de répréhensible, pourrait être préposé à la direction de l'école, sous la surveillance d'un des gardiens, qui n'y serait présent que pour le maintien du bon ordre, ainsi que dans tout autre

atelier de travail. Par ce moyen, il n'y aurait point d'instituteur venant du dehors, ce qui est toujours un inconvénient dans une prison ; et la dépense annuelle pour tous ces
établissemens serait très-peu de chose dans le budget général
des prisons. Les détenus suivraient l'école trois fois la semaine, et seulement une heure par jour alternativement.
Ce temps serait pris sur leurs travaux ; mais il est facile de
calculer qu'avec un peu d'application de leur part, ils ne
perdraient rien du profit journalier qu'ils en retirent. En
effet, le terme moyen du gain de chaque homme, par jour,
dans les prisons, n'est guère que de 25 centimes pour son
tiers disponible, et il travaille pour cela plus de dix heures,
ce qui fait revenir le produit de l'heure à 2 centimes et demi.
En calculant dix jours pour passer d'une classe dans l'autre,
et 25 centimes de gratification, on voit que le prix de l'heure
d'étude est le même, pour les détenus, que celui du travail, et il peut obtenir de plus la haute-paie de moniteur,
lorsqu'il est parvenu à ce grade. L'admission aux écoles
serait donc assez avantageuse dans les prisons, pour que
l'on en fît un moyen de récompense et d'émulation pour
les détenus, ou du moins pour qu'on n'y reçût que ceux
qui, le reste du temps, auraient eu une bonne conduite.
L'instruction comprendrait, ainsi que le Manuel l'indique,
la lecture, l'écriture et l'arithmétique jusqu'aux opérations
complexes inclusivement ; mais nous proposons d'y joindre
le dessin linéaire, qui a si bien réussi à l'école de la rue
Popincourt, et que M. le comte Decazes a introduit le
premier dans l'école qu'il a fondée à ses frais à Libourne.
Cette étude ingénieuse n'est pas moins importante pour les
classes inférieures que toute autre connaissance ; elle leur
donne la justesse du coup d'œil, la dextérité de la main,
si nécessaires dans tous les métiers où il faut manier l'é-
querre, le compas ou le niveau, utiles même au cultivateur, qui doit tracer droit son sillon, et conduire sa
charrue parallèlement. La manière dont on l'enseigne est

purement mécanique et sans aucun raisonnement ; elle consiste à faire tracer des lignes droites, courbes, perpendicu-
laires, parallèles ; des triangles de sphères, avec précision,
et à se rendre compte des nouvelles mesures linéaires et
cubiques. Cette institution sera surtout utile dans les prisons
départementales qui renferment beaucoup de maçons, de
charpentiers, de menuisiers, qui se perfectionneront ainsi,
dans chacune de leur profession, par un genre d'exercice
qui est analogue à toutes.

Quelque avantageuse que soit l'instruction primaire pour
les détenus, comme elle serait cependant volontaire, nous
pensons que les punitions qu'elle entraînerait devraient être
légères ; elles consisteraient, pour les paresseux, à rester
plus long-temps dans la même classe, et pour ceux qui
commettraient de véritables fautes contre la discipline et
la subordination, à être exclus des écoles pendant un temps
déterminé, et enfin, si les mauvais procédés se multi-
plaient, à n'y plus être reçus. Les récompenses consisteraient, outre la gratification, à être notés favorablement sur
un livret que chaque détenu devrait avoir, et qui pourrait,
à la fin de l'année, entrer pour quelque considération dans
les diminutions de peine que Sa Majesté s'est réservée d'accorder au jour de sa fête. Elles consisteraient également à
jouir de la lecture d'un certain nombre d'ouvrages choisis
qui seraient prêtés alternativement aux détenus qui auraient
suivi le cours de l'école, et dont on laisserait la garde et
la disposition au concierge. Toutes ces considérations réunies, on ne peut douter du bien que produiraient les écoles,
et de l'empressement que les détenus auraient à y assister ; il
pourrait même en être établies dans les prisons de prévenus,
si les locaux le permettaient. Plusieurs de ces individus
restent renfermés six et sept mois, quelques-uns même un an ;
mais dussent-ils n'y passer que deux mois, ils auraient le
temps de parcourir trois ou quatre classes, qui les avan-
ceraient déjà beaucoup pour l'ensemble de leur instruction.

La méthode nouvelle a l'avantage d'opérer graduellement, et de fixer si bien les leçons dans la mémoire, qu'on peut reprendre un cours à plusieurs mois d'intervalle au point où on l'a quitté : les exemples en sont fréquens dans les écoles régimentaires. Les prisonniers même qui savent déjà lire et écrire trouveraient encore de l'avantage à suivre le cours d'enseignement, les uns pour se perfectionner dans l'orthographe, par l'épellation par cœur et la dictée syllabique, les autres pour se former à l'écriture nouvelle, adoptée dans toutes les écoles de France, c'est-à-dire, la cursive à double plein, sans déranger la main, qui produit un bel effet, et formera un jour notre écriture nationale.

L'instruction primaire, dans les prisons de femmes, ne présentera pas moins d'intérêt que dans les autres ; ses résultats seront peut-être plus marqués, parce qu'ils s'étendront sur un plus grand nombre d'objets. La méthode d'enseignement mutuel dans les écoles de filles comprend la lecture, l'écriture et le calcul, mais de plus l'apprentissage de tous les ouvrages de couture et de tricot, depuis l'ourlet jusqu'à la reprise des tissus les plus fins ; depuis la couverture de laine jusqu'au point à jour de mousseline. Les heures sont distribuées de manière à ce que, simultanément, les progrès soient aussi rapides dans un travail que dans l'autre ; et on ne saurait trop insister pour qu'une école de ce genre soit établie dans chaque prison de femmes. Les exercices seraient semblables à ceux des écoles actuelles de jeunes filles, avec quelques modifications dans le manuel, analogues à l'âge et à la situation des détenues, et en retranchant tout ce que ces exercices ont de puéril et de minutieux. De nouveaux tableaux de lecture pourront être composés pour ces écoles, et renfermeraient des exemples de vertu et de fidélité dans toutes les conditions, des maximes sur les devoirs des mères de famille, l'éducation des enfans et les obligations ordinaires de la vie domestique. Les dépenses de ces établissemens seraient les mêmes que pour ceux des prisonniers, les détenues devant se munir à leurs frais d'aiguilles, de fil et de morceaux d'étoffes. On ne peut douter que les connaissances si rapides et si variées que donne le nouveau mode d'enseignement, ne procurent aux détenues le moyen de gagner leur vie plus facilement en sortant de prison, ou de se placer d'une manière plus avantageuse. Sans parler des condamnées à perpétuité ou à terme, les prisons sont remplies de femmes sans état, de filles publiques qui n'ont souvent l'aversion du travail que parce qu'elles n'en ont point la capacité, et que par conséquent elles n'en connaissent pas les avantages. On les occupe ordinairement à carder de la laine, ou à plumer du coton, ce qui ne leur donne point un état, et ne leur procure aucun moyen de changer de conduite, en supposant qu'elles en eussent la volonté. C'est donc les corriger que de les instruire. Du reste, on observerait à leur égard les mêmes règlemens qu'avec les autres prisonniers, et on ferait également entrer leur assiduité aux écoles en considération pour abréger, s'il y avait lieu, le temps de leur détention.

Si nous avons proposé la méthode d'enseignement mutuel pour les prisonniers de tout âge, à plus forte raison pensons-nous qu'elle est applicable aux enfans des deux sexes, pour qui elle a été inventée, et qui lui doivent des succès si marqués. Partout où elle a été introduite dans les prisons, elle a produit de bons effets. M. le préfet de la Seine a établi une semblable école dans le dépôt de Saint-Denis, et les enfans y font des progrès rapides; ce serait peut-être ici l'occasion, messieurs, de revenir sur la question importante de la réforme morale dans les prisons. Car, la méthode d'enseignement la plus parfaite, n'est jamais qu'un mécanisme qui ne peut s'étendre au-delà des facultés intellectuelles, et quelque perfection qu'on lui donne, elle ne produira jamais que de faibles effets sur les sentimens d'êtres corrompus, si l'on n'y joint la surveillance continuelle, l'application constante de personnes éclairées et dévouées par état à cette pénible fonction ; mais il n'est point de notre sujet de traiter cette question sur laquelle vous avez déjà entendu un rapport intéressant.

Nous avons dû nous borner à vous retracer les avantages de l'instruction primaire, établie avec ordre et intelligence dans les prisons. Ce bienfait est le présent le plus important que l'administration puisse faire aux malheureux qui languissent dans ces demeures, et celui dont ils seraient un jour le plus reconnaissans. Avant même d'en jouir, ils vous sauront déjà gré de les en avoir crus dignes, d'avoir montré par-là que vous ne désespérez pas de leur avenir ; ils penseront, avec reconnaissance, qu'au sortir de ce lieu d'opprobre ils pourront encore se présenter dans leur famille, dans leurs communes, parce qu'ils y apporteront un talent acquis, qui balancerait la répugnance qu'on aurait à les recevoir, et effacerait peut-être même le souvenir de leurs égaremens. Cette idée est venue à l'esprit de tous les détenus de la prison de Montaigu, lorsqu'on leur a fait connaître qu'il allait être établi parmi eux une école, où, par de nouveaux procédés, ils apprendraient en peu de temps à lire, écrire et compter ; ils ont pensé qu'ils rentreraient alors dans leur corps avec une sorte d'avantage qui pourrait faire oublier leur faute, ou qui montrerait qu'ils ont mis à profit le temps de leur détention. Tous, d'un commun accord, se sont fait inscrire pour les travaux de l'école, et ils ont témoigné leur reconnaissance de cette faveur inattendue. Il en serait de même dans toutes les prisons, messieurs ; et des hommes aujourd'hui grossiers et sauvages, éclairés par l'instruction, élevés au-dessus d'eux-mêmes par le développement de leurs facultés pourront encore sentir le prix des vertus qu'ils avaient dédaignées. Pénétrée de cette vérité, votre commission conclut ce rapport en vous soumettant le vœu :

1°. Qu'il soit disposé dans toutes prisons d'hommes et de femmes au-dessus de 400 individus, un local pour l'établissement d'une école d'enseignement mutuel ;

2°. Que l'on adopte provisoirement dans ces écoles le manuel et les tableaux en usage dans les écoles régimentaires, ainsi que l'écriture cursive française et le dessin linéaire ;

3°. Que des fonds spéciaux soit affectés annuellement à raison de 3oo francs par école pour l'entretien des locaux et les rétributions accordées aux élèves, d'après le tarif des écoles régimentaires ;

4°. Que les écoles de femmes puissent comprendre tous les ouvrages de couture et de tricot, afin que les détenues acquièrent à la fois des connaissances et des talens ;

5°. Que votre commission d'instruction morale et religieuse veuille bien se réunir à la commission d'instruction primaire pour aviser à la composition de tableaux propres aux écoles des prisons, et qui feraient suite aux syllabaires et vocabulaires des écoles actuelles.

Le Censeur des études du Collége de Charlemagne, à M. le rédacteur du Journal d'Éducation, pour la société d'enseignement mutuel.

MONSIEUR,

Votre journal a eu jusqu'ici la gloire bien méritée de n'avoir traité que les objets que son titre annonce, et il l'a fait toujours sans esprit de parti, sans malice, sans répondre même à la malice, mais en réunissant des faits dont la seule évidence compose toute la force et toute l'importance. Je vous en propose un nouveau qui, en affligeant vos lecteurs, les mettra pourtant en garde contre les personnes qui ne savent pas respecter la vérité.

J'avais prié M. le rédacteur du *Journal des Débats* de vouloir bien signaler une citation fausse, faite dans un pamphlet, et puisée dans un ouvrage dont je suis l'auteur. Comme il n'a pas répondu à mon invitation, quoique je lui eusse envoyé les preuves imprimées de la fausseté dont je me plains, je m'adresse à vous, monsieur, pour que vous ayez la complaisance d'insérer dans votre prochain numéro cette lettre, et la copie ci-jointe, de celle que j'ai écrite inutilement à M. le rédacteur du *Journal des Débats*.

Recevez, je vous prie, l'assurance de ma considération distinguée.   BASSET.

A M. le Rédacteur du Journal des Débats.

MONSIEUR,

Je viens de lire un pamphlet intitulé : *De l'Enseignement mutuel* (1), par J.-M. Robert de la Mennais, vicaire-général de Saint-Brieuc; il est dit, pag. 17 :

« Dans la *Direction*, ou le *Manuel* des maîtres et maî-
» tresses d'enseignement mutuel, pag. 26, on leur recom-
» mande de *s'imposer le silence* LE PLUS ABSOLU *sur*
» *ce qui est du domaine de la foi.* »

Je vous envoie cette *Direction* (2); et à l'article religion, vous lirez, page 26 :

« Il est juste que vos moniteurs s'assurent que les leçons
» de religion et de morale ont été apprises, et qu'elles sont
» dans la mémoire. Mais, pour ne pas faire des enfans,
» dans une chose aussi importante, de pures machines,
» rendant des sons sans intelligence, vous pouvez choisir
» vos momens pour faire comprendre à vos moniteurs,
» aux élèves les plus âgés et les plus raisonnables, ce qui
» peut et ce qui doit être expliqué, *en vous imposant*
» *toutefois le silence* LE PLUS RESPECTUEUX *sur ce*
» *qui est du domaine de la foi, et seulement en le faisant*
» *connaître.* MM. les ecclésiastiques, etc. »

----

(1) Saint-Brieuc, de l'imprimerie de Prud'homme.
(2) Chez Colas, libraire, rue Dauphine, n°. 32, où se trouve aussi la réponse au pamphlet.

Je laisse à vous et à vos lecteurs à juger l'intention du citateur, et l'épithète qu'on doit donner à sa citation. Ce n'est point contre M. de la Mennais que je réclame, mais contre celui qui a attaché le nom de ce respectable ecclésiastique à une production dont le style est d'un mauvais écrivain, et dont les principes n'annoncent ni le bon citoyen, ni le ministre des autels, ni le vicaire-général d'un diocèse.

Je sais que votre journal n'est point favorable à la méthode d'enseignement mutuel ; mais je sais aussi que ses rédacteurs sont toujours prêts à soutenir la cause du bon sens et de la bonne foi : c'est pour cette raison que je vous adresse franchement ma réclamation, en vous priant de vouloir bien l'insérer dans un de vos prochains numéros.

J'ai l'honneur, etc.

BASSET, *auteur de la Direction.*

FABLE.

Martin et le Fat.

DANS ce jardin, miroir de l'Univers,
    Temple animé de la nature,
    Où, de tous les climats divers
Les plantes à l'envi déployent leur parure,
    Où l'immense variété
Des animaux peuplant les airs, la terre et l'onde,
Et réunis ici de tous les points du monde,
S'étonnent de pouvoir vivre en communauté.
    Dans ce nouvel Eden, une troupe joyeuse
        S'était réunie un matin,
Près du fossé qui sert de palais à Martin.
Sieur Martin occupait la bande curieuse ;
    Singeant les airs d'un docte professeur,
    Qui, dans sa classe, exerce la grandeur
        De l'autorité souveraine,
    Martin lentement se promène

      Enveloppé dans son manteau,
    Lève avec dignité son énorme museau,
    Puis gravement s'asseoit sur son derrière;
    Vous croiriez voir le régent dans sa chaire;
      Et l'assistance d'applaudir.
Mais on attend encore un bien autre spectacle;
Martin a deviné l'unanime désir;
    Il grimpe à l'arbre et l'on crie au miracle.
Perché sur l'arbre, il semble au faîte des honneurs,
      Change mollement de posture,
      Avec orgueil étale sa fourrure,
D'un salut à la foule accorde les faveurs.
    Martin jouit; mais un stérile hommage
      Ne lui suffisait nullement;
    Maint spectateur avec empressement,
Par un morceau de pain exprime son suffrage.
    Lors certain fat, important et railleur,
(On en trouve partout, partout ils sont les mêmes)
Vient d'un si beau triomphe altérer la douceur :
« Tu pense avoir atteint aux dignités suprêmes,
      » Par cette foule être admiré,
      » Dit-il, à l'animal fourré;
      » Pauvre sot, combien tu t'abuse !
» L'on te regarde, oui; mais de toi l'on s'amuse;
      » Tu crois qu'on t'applaudit !
      » On rit. »
Il dit : et sous ses doigts son jabot s'amplifie;
Son superbe regard, parmi les spectateurs,
      Cherche des hommages flatteurs,
      Et d'avance les remercie.
L'ours dit : « De ta rigueur, ami, je suis surpris;
» Les succès que j'obtiens sont ceux dont tu te vantes;
» N'es-tu pas le Martin des salons de Paris?....
      » Je t'imite au Jardin des Plantes. »

JOURNAL D'ÉDUCATION.

N°. II. — Novembre 1819.

V°. Année.

ENSEIGNEMENT ÉLÉMENTAIRE,

EXTRAIT

Des procès verbaux du conseil d'administration

DE LA SOCIÉTÉ POUR L'INSTRUCTION ÉLÉMENTAIRE,

Séance du 10 novembre 1819. — Présidence de M. le duc DE LA VAUGUYON.

On donne lecture de la correspondance :

Plusieurs lettres de S. Exc. le ministre de l'intérieur annoncent que des secours ont été accordés à plusieurs écoles des départemens. (*Voyez* ci-après la correspondance.)

La société de Saint-Brieux annonce que le conseil municipal de cette ville a voté les fonds nécessaires à l'érection d'un bâtiment pour l'école-modèle : cet édifice, dû aux soins de M. le préfet, est projeté d'après des plans et un devis qui doivent être soumis à l'avis de la société de Paris, et dont les dessins lui sont envoyés.

M. Clergeot, directeur de l'école-modèle d'Auxerre, annonce qu'il a formé deux maîtres, l'un pour Avallon, l'autre pour Saint-Fargeau. — Il va introduire dans son école le dessin linéaire.

M. le curé de Saint-Julien écrit qu'il fait tous ses efforts pour former une école dans sa commune.

M. l'abbé Cauvin écrit de Nice, et envoie un Mémoire sur le mode d'enseignement mutuel, qu'il a établi dans l'école de cette ville, et dont il a obtenu des résultats utiles. — Le conseil vote des remercîmens à M. Casello, le plus zélé protecteur de la nouvelle méthode à Nice.

M. Jomard donne connaissance des états de trimestre. On y remarque une nouvelle école à Avignon.

Une école de plus de cent élèves est organisée à l'île Saint-Thomas. (*Voyez* ci-après, Nouvelles extraites de la correspondance.)

Le secrétaire de la société de Landau écrit de Bruxelles, qu'une société vient de se former en cette ville : Le prince d'Orange s'en est déclaré le protecteur. M. Millans demande que le conseil corresponde avec cette nouvelle société, qui vient de faire traduire les tableaux français en langue flamande. — Le conseil décide qu'une correspondance sera établie avec M. Bigg. — Cette société sera assimilée à celles de Florence et de Liége. Il sera envoyé des ouvrages propres à éclairer les fondateurs de ce nouvel établissement.

M. Baron, membre de la société philanthropique, est présenté et admis comme membre de la société.

M. Leroy, annonce au conseil que, chargé par lui d'insister près de la société philanthropique, pour en obtenir des secours pour les enfans de nos écoles, en cas de maladie, cette société a accueilli avec bienveillance cette proposition. Il expose qu'il convient de prendre des mesures pour constater les maladies et distribuer les cartes de dispensaires. Le conseil charge M. Leroy de ce soin, et de s'entendre pour l'exécution avec les membres du comité des maîtres et du bureau.

M. Jomard annonce que Dubois-Aymé, l'un des fondateurs de l'école de Versailles, est présent à la séance. — Mention au procès verbal : M. Dubois est invité à signer au registre.

Le rapport de la commission des fonds termine la séance.

Séance du 24 novembre 1819. — Même présidence.

(*Voyez* ci-après les principaux objets que présente la correspondance).

M. le docteur Hamel donne des renseignemens très-satisfaisans sur l'école de Rouen et sur les succès qu'elle obtient chaque jour. Des pièces d'écriture servent de preuve à cette assertion.

M. Defrance écrit que les élèves de l'école régimentaire de Tours continuent de faire preuve de zèle et d'obtenir des succès. L'école dirigée par le sieur Michel, et entretenue aux frais de la société de cette ville, est dans la position la plus satisfaisante.

M. Fréjaque, directeur de l'école de Libourne, donne des renseignemens sur l'état de cet établissement. Cinquante élèves qui ne savaient absolument rien il y a dix-huit mois, écrivent maintenant très-bien, et savent les quatre règles ; plusieurs peuvent extraire des racines carrées. Le dessin linéaire va on ne peut mieux. L'instituteur a formé six maîtres qui vont porter ce genre d'enseignement dans les écoles du même arrondissement.

M. Hébert écrit de Chenu, arrondissement de la Flèche, qu'une école est ouverte depuis peu dans cette commune ; vingt élèves y ont fait de rapides progrès. Il s'est donné la peine de former lui-même l'instituteur.

M. Julien transmet une lettre de M. Kieffer, qui fait de nouveau, au nom de la société biblique, l'offre de 3000 exemplaires de l'Évangile. Cette offre est acceptée avec reconnaissance ; les envois de ce livre seront faits dans toutes les écoles qui n'en ont pas encore reçu.

M. Jomard met sous les yeux du conseil, un tableau des écoles qui ont envoyé leurs états de situation pour les deux premiers trimestres de 1819. Parmi ceux du 3e. trimestre, on remarque treize nouvelles écoles, dont cinq, entre autres, dans l'Aude, et trois dans la Drôme.

Une note lue par M. de Gérando, prouve que la méthode était recommandée et pratiquée à l'école de charité de Saint-Gervais, à Paris; cette preuve est tirée d'un ouvrage imprimé en 1709.

Sept écoles existent dans des communes du département de l'Indre, sous la protection du préfet, M. de Vérigny.

On entend le rapport de la commission des fonds.

Des discussions relatives à des objets d'administration intérieure, remplissent les restes de la séance.

CORRESPONDANCE.

Lettres de S. Excellence le ministre de l'intérieur, reçues dans le courant du mois de novembre 1819.

Du 4 novembre 1819.

MESSIEURS,

Je vous annonce que je viens de mettre à la disposition de M. le préfet de la Haute-Marne une somme de 500 fr.

Ce secours est destiné à la ville de Chaumont, dont la situation financière offre peu de ressources, et qui, dans le désir de former une école d'enseignement mutuel, entretient ici, à ses frais un instituteur qu'elle a envoyé pour étudier le nouveau mode d'enseignement.

Du même jour. — Messieurs, je vous annonce que je viens de mettre à la disposition de M. le préfet du Cher une somme de 1000 francs.

Cette allocation a pour objet de seconder l'amélioration de l'enseignement élémentaire, dont le besoin se fait généralement sentir dans ces localités. En la faisant concourir avec le produit de la souscription ouverte en août dernier, il est permis d'espérer que l'administration pourra obtenir quelques résultats satisfaisans.

Du 6 novembre. — Messieurs, je vous annonce que je viens de mettre à la disposition de M. le préfet de la Seine une somme de 1000 francs, pour l'école fondée, rue Saint-Lazare, par le bureau de charité du premier arrondissement.

Les dépenses du premier établissement, auxquelles les fondateurs ne pouvaient subvenir, se trouvent couvertes par cette allocation.

Du 9 novembre. — Messieurs, je vous annonce que je viens de mettre à la disposition de M. le préfet du Bas-Rhin une somme de 300 francs.

Cette allocation a pour but de couvrir les dépenses préalables qu'exige l'établissement des écoles d'enseignement mutuel dans l'arrondissement de Saverne, et auxquelles les communes n'ont pas les moyens de subvenir.

L'instruction primaire a reçu dans cet arrondissement une heureuse impulsion ; j'ai lieu d'espérer que les résultats y seront bientôt aussi satisfaisans que dans les autres parties du département.

Du 25 novembre. — Je vous annonce que je viens de mettre à la disposition de M. le préfet de la Manche une somme de 500 francs.

Cette allocation a pour objet de couvrir les frais du premier établissement de l'école mutuelle de Granville, auxquels l'administration municipale n'a pu subvenir. J'ai lieu d'espérer que cette nouvelle école aura des avantages précieux pour la population laborieuse et intéressante de cette ville.

Du 30 novembre. — Messieurs, à la demande des souscripteurs de Marseille, et de M. le marquis de Montgrand, je viens d'accorder un secours de 1000 francs, pour la belle école fondée et entretenue en cette ville par leurs soins. Cet établissement étant livré aux ressources des fondateurs, il m'a paru convenable de soutenir leur zèle par un encouragement.

Du même jour. — Messieurs, je vous annonce que je viens de mettre à la disposition de M. le préfet de l'Allier une somme de 400 francs pour l'école de Gannat.

Cette allocation a pour objet de couvrir la partie des dépenses à laquelle les souscripteurs, qui ont concouru à la fondation de l'établissement, n'auraient pu subvenir qu'au moyen de sacrifices onéreux.

Agréez, etc.

Le ministre secrétaire-d'état de l'intérieur;

Signé le comte DECAZES.

ITALIE.

Lettre écrite de Brescia, par M. de Mompiani, le 23 octobre 1819.

MONSIEUR,

J'ai l'honneur de vous rendre compte de la marche que j'ai suivie, pour imiter le bel exemple que vous avez donné au profit de l'humanité, et que l'illustre savant, M. Friddanni, qui m'honore de son amitié, a bien voulu me faire connaître.

Instruit par les utiles ouvrages que vous avez publiés, il y a à peu près un an que j'ai conçu le projet de faire jouir les pauvres enfans, mes concitoyens, des avantages de la méthode précieuse de l'enseignement mutuel, inconnue jusque-là parmi nous. N'ayant été arrêté par aucune circonstance fâcheuse, j'ai senti que le meilleur moyen pour dissiper les préventions que je pourrais rencontrer, était de présenter sans délai des faits qui pussent rendre favorables à la nouvelle méthode tous ceux qui seraient prévenus contre elle, faute de l'avoir connue.

J'ai donc choisi une vingtaine d'enfans qui savaient déjà un peu lire et écrire ; je les ai secrètement exercés dans la partie mécanique de la méthode, et en peu de jours leurs progrès ont été au-delà de mon attente.

A mesure que ma pépinière croissait, j'introduisais d'autres enfans dans les premières classes qui restaient vides, et quatre mois étaient à peine écoulés, que mon iustitution comptait déjà cent cinquante élèves bien exercés dans la pratique de la méthode.

Alors je crus pouvoir sans danger ouvrir la porte de mon école, pour présenter au public un essai qui offrait déjà des résultats heureux, quoiqu'il fût encore imparfait, comme devait l'être, dans sa naissance, un établissement fondé et entretenu aux frais d'un simple particulier.

En un moment, toutes les mauvaises impressions furent détruites, et mon institution a trouvé des appuis dans tous les corps savans, chez tous les fonctionnaires publics, et chez tous les gens de bien de la ville, qui, persuadés par un fait dont l'évidence n'admettait aucune contradiction, m'ont encouragé à présenter au gouvernement mon essai, pour l'engager à introduire l'enseignement mutuel dans toutes les écoles publiques élémentaires, ce qui, disait-on, devait avoir la plus heureuse influence sur les mœurs, sur l'industrie et sur la religion.

Dans le dessein de répondre à cette généreuse impulsion,

j'ai porté mes vœux au pied du trône, avec l'espoir que la bonté paternelle de notre auguste monarque ne dédaignera pas ce moyen de faire le bien du peuple que la Providence a confié à son gouvernement.

Cette consolante idée m'encourage à donner à mon école un plus haut degré de perfection. Des maîtres selon l'ancienne méthode ont visité mon institution, et ont été étonnés du bon ordre et du calme qui règnent toujours dans une enceinte où se trouvent tant d'enfans rassemblés, parmi lesquels il en est dont l'indocilité était d'abord remarquable.

Une preuve de l'intérêt qu'inspire la méthode aux écoliers, c'est que dans mon institution, il n'y a plus de congé le jeudi, par une loi qu'ils se sont faite, préférant les exercices de l'école à tous les divertissemens accoutumés de leur âge.

Souvent d'illustres étrangers ont honoré de leur visite mon établissement; ils ont reconnu la supériorité de la méthode, et ont exprimé hautement, et avec enthousiasme, le vœu de la voir introduite dans leur pays, et répandue partout pour le bien de l'humanité : admirable effet de la vérité qui se montre d'elle-même, et qui n'a pas besoin d'apologistes pour faire des impressions solides et durables. Persuadés par le fait qu'ils ont vu, plusieurs amis du bien s'empressent déjà de fonder dans d'autres villes du royaume, des écoles du même genre.

Tels sont, Messieurs, les résultats produits par la première école d'enseignement mutuel fondée dans les états de S. M. l'Empereur d'Autriche.

Agréez, etc.

Signé MOMPIANI.

SUISSE.

Nous avons reçu de Fribourg le discours prononcé à la distribution des prix de l'école française de cette ville, par le R. P. Girard, préfet de cette école, le 2 septembre dernier. Ce morceau, remarquable par les vues qu'il renferme et par l'élégance avec laquelle elles sont exprimées, nous a paru devoir trouver place ici en entier, et nous ne doutons point que nos lecteurs ne nous sachent gré d'en avoir respecté toutes les parties. Le voici :

MESSIEURS,

L'homme, que le créateur a établi comme le chef et le roi de tout ce qui respire ; l'homme, qui dans son esprit, sa conscience et son cœur porte l'image de Dieu même ; l'homme encore, qui peut se vanter d'être de race divine, tant qu'il conserve les traces de son origine céleste ; l'homme, dis-je, ne s'élèverait point à la dignité de son être, si l'instruction ne venait pas s'asseoir auprès de son berceau, pour mettre la pensée dans son âme et la parole sur ses lèvres ; et si, après ces premiers soins, elle ne continuait pas longuement des leçons dont le souvenir et le fruit dépendent entièrement de la persévérance.

Qu'étaient tous ces êtres que l'on a trouvés quelquefois dans les forêts, où l'inhumanité, souvent la peur, les avaient jetés dès l'âge tendre ? de véritables animaux sous figure humaine, portant dans leur sein tous les germes de grandeur ; mais des germes stériles, parce que l'instruction ne les avait pas développés. Et que sont toutes ces peuplades qui errent sous la tente mobile, ou qui, vivant de la chasse et de la pêche, vivent sans instruction comme sans lien social ? Nous les appelons des sauvages, et ils le sont en effet. L'image de la divinité perce bien, ici et là, à travers leurs mœurs grossières et brutes; mais leur intelligence est sombre, leur cœur ne connaît pas les sentimens délicats et doux, et, loin d'achever la création terrestre par les chefs-d'œuvre de l'art, ils ne montrent guère leur puissance que dans la destruction.

Oh! c'est l'instruction qui fait des hommes de nous. La providence y avait pourvu en faisant naître l'homme de l'homme, en plaçant la tendresse dans le cœur des parens, en prolongeant les jours de notre enfance, et ses faiblesses et sa pauvreté, en nous donnant avec la parole tous les sentimens qui lient l'homme à ses semblables, et les lui rendent nécessaires. Enfin, voulant nous élever à toute la dignité de notre nature, cette providence, vraiment maternelle, a ajouté aux leçons de la terre les leçons du ciel, l'évangile à la raison. Qu'elle soit bénie à jamais!.....

Ainsi, messieurs, répandre l'instruction, c'est l'œuvre du ciel, son ordre, notre devoir; le devoir non-seulement de ceux à qui la providence a confié de hautes fonctions dans la société, mais encore de tout homme à qui elle a donné un esprit pour penser, un cœur pour sentir, et quelques moyens pour l'exécution.

Cependant l'instruction doit être répandue avec sagesse: c'est-à-dire qu'il faut la calculer sur la position respective des élèves, afin que chacun, dans la place qu'il occupe, obtienne ce qui lui convient; rien de plus, rien de moins. Proportionnée de la sorte aux besoins particuliers des hommes, l'instruction est toujours un bien; elle ne peut jamais être un mal: car, pour que l'individu et la société prospèrent en même temps, ne faut-il pas que chacun en sache assez pour pouvoir bien remplir la tâche de sa vie.

Or la société présente trois classes essentiellement distinctes et tout-à-fait indélébiles dans un pays civilisé. Les individus, toutefois, peuvent voyager de l'une à l'autre; mais les classes restent, parce que leur existence tient à la nature des choses, à la civilisation même.

La première classe est la plus vaste de toutes, et, sous le rapport de l'étendue, on pourrait dire qu'elle constitue le genre humain : c'est celle des cultivateurs. Vouée aux travaux des champs, elle est répandue partout où il y a quelque chose à cultiver ou à cueillir; elle gravit même les cimes des rochers, ou bien elle y envoie la chèvre légère et courageuse, pour y mettre à profit toutes les traces de végétation. C'est la classe nourricière de la société.

La seconde est adonnée aux arts et au commerce. Elle forme naturellement des centres de population, des bourgs, des villes, parce que les arts s'appellent les uns les autres, et que tous ensemble appellent le commerce. C'était une pensée bien folle que celle qui voulait abattre les murs et les portes, et passer ensuite la charrue sur les cités, comme si la classe agricole pouvait prospérer sans la classe industrieuse, et comme si celle-ci pouvait se disséminer dans les champs, sans point de réunion et sans entrepôt commun.

Enfin la troisième classe se compose des hommes publics en tout genre. Elle renferme les magistrats et les hommes de loi, les ministres des autels, les savans, et les instituteurs dignes de leur nom; les successeurs d'Hippocrate appliqués au soin de la santé. Les services de cette classe sont tous d'un ordre supérieur, bien que de nature différente. Ils demandent non-seulement plus de talens, mais encore plus de vertus.

La société, messieurs, trouve son image dans le corps humain. Ici vous avez trois systèmes combinés : celui de la reproduction, qui alimente le tout; celui du mouvement, qui produit l'action; celui de la sensibilité, qui reçoit les impressions et fournit à la pensée. Ces divers systèmes sont si étroitement liés, si dépendans les uns des autres, que nul d'entre eux ne peut exister seul, et que l'un venant à souffrir, tous les autres languissent et se détruisent. C'est ainsi, messieurs, que les trois grands ordres de l'état se supposent mutuellement, et que la prospérité des uns se compose de la prospérité des autres. L'égoïsme aveugle aime à concevoir une existence et un bonheur isolés; mais la nature ne connaît pas l'isolement; elle rapproche, elle unit, elle resserre, et c'est dans l'union qu'elle a mis ses plus beaux présens.

Rapprochons maintenant les idées que nous venons d'indiquer. Il faut aux hommes une instruction; l'instruction doit se calculer sur la position respective des élèves; ces élèves appartiendront à l'une des trois classes qui constituent le corps social; ces classes, ayant chacune leur destination particulière, demandent aussi des leçons qui soient appropriées à leurs besoins et à leurs circonstances. Voilà donc trois écoles dans l'état, tout aussi différentes entre elles que le sont les ordres divers auxquels on les doit. La première est l'école commune pour la multitude, pour les hommes du labour; la seconde est l'école moyenne pour l'homme de l'industrie et du commerce; la troisième est l'école savante, qui doit conduire aux fonctions publiques dans tous les genres.

Si l'on n'était pas dans l'habitude de confondre les choses les plus diverses; si l'on cessait de courir après des fantômes pour s'arrêter à la réalité, il y a long-temps que l'on serait d'accord sur l'instruction, et qu'au lieu de se perdre en disputes, souvent haineuses et toujours peu sages, on tâcherait d'en donner à toutes les classes la part qui leur en revient. L'idée, mère et régulatrice, est ici la proportion à établir entre les leçons et le besoin des élèves : cette idée est en même temps la pensée de paix qui, une fois que l'on sera calme, conciliera tous les esprits. Elle dira aux uns : Vous rêvez, vous qui voulez instruire sans discernement; le bien même n'a-t-il pas ses limites ? et quand il passe au-delà, ne cesse-t-il pas d'être bien ? — Elle dira aux autres : Et vous aussi vous êtes dans l'erreur, vous qui voulez détruire l'usage à cause de l'excès. Donnez à chacun ce qui lui convient, ce qu'il a droit de demander ; et vous deviendrez plus justes et plus raisonnables.

Mais revenons à notre sujet. — Dans les trois écoles dont nous avons parlé, c'est toujours et partout l'homme que nous aurons, et qu'il faudra cultiver humainement. Cet homme a un esprit ; il a un cœur, une conscience, une piété native, des talens divers. Tout doit être averti, développé, dirigé par l'instruction, afin que le chef-d'œuvre de la création paraisse devant nos yeux dans toute sa beauté. Dès lors toute école, serait-elle reléguée dans la plus chétive chaumière, doit être une véritable école d'humanité. Sous ce rapport, qui est l'essentiel et le plus noble, nos trois institutions ont une même tâche, les mêmes devoirs, la même dignité : pour tout le reste, elles n'ont point de ressemblance.

Destinée aux cultivateurs, qui sont si pressés d'aller aux travaux des champs, l'école commune s'en tient aux élémens les plus nécessaires, à la langue parlée et écrite, au calcul de l'économie rurale, pour ne rien dire de l'instruction religieuse, que les pasteurs développent ensuite au pied des autels. La langue, l'écriture, le calcul, ne sont guère que des exercices matériels : mais il faut inspirer une âme dans cette matière pour obtenir une école d'humanité ; et ceci est bien plus simple et bien plus aisé qu'on ne le croit.

A l'opposé de l'école villageoise, sur le plus haut degré de l'instruction, vient se placer l'école savante avec toutes ses richesses et tout son appareil. Elle débute par les langues de l'antiquité. Pourquoi ? Serait-ce, peut-être, pour faire simplement répéter les sons dont se servaient les Grecs et les Romains en exprimant leurs pensées, ou pour faire rendre des idées modernes avec des termes antiques ? Non, non, ce serait peine perdue : les mots sont pour les choses ; et si les fondateurs de nos écoles savantes ont voulu nous initier aux langues anciennes, c'était pour nous remettre les richesses que récèle l'antiquité grecque et romaine, les modèles du goût, les pensées mâles, les sentimens généreux dont ces peuples nous ont donné l'exemple. Voilà les véritables humanités. Si l'on ne veut pas y venir, mieux vaudrait-il apprendre à la jeunesse à parler dans la langue de ses pères avec sens, avec âme, avec dignité.

L'école savante est la plus étendue sous le rapport des objets qu'elle doit enseigner; mais s'agit-il du nombre des élèves, elle est naturellement la plus resserrée. Que ferait l'état d'une multitude de savans, lorsqu'il ne peut en employer qu'un petit nombre? L'excès est toujours un mal. Au reste, la divine providence, qui distribue ses dons aux mortels pour le bien général, mesure en secret nos besoins, et n'est pas plus prodigue qu'elle n'est avare. Il ne s'agit que d'entrer dans ses conseils et de marcher avec elle. Mais des profanes se portent vers les sciences : ils devraient s'en éloigner, et de son côté l'école savante devrait les exclure. Sur sa porte j'aimerais à lire ces paroles : *Odi profanum vulgus et arceo*.

Entre l'école consacrée aux sciences et celle des élémens communs vient se ranger, sur un degré intermédiaire, l'école secondaire ou moyenne, spécialement destinée à la classe commerçante et industrieuse. Long-temps on avait négligé cette institution. C'était pécher contre le grand principe qui veut que l'instruction se proportionne toujours à la position respective des élèves, sans parcimonie comme sans luxe.

La jeunesse qui se destine aux arts et au commerce n'a pas assez d'une école commune; il lui faut beaucoup plus, sous le rapport des connaissances, des talens, et surtout du cœur. Vivant toujours en face de la nature, dans le silence des campagnes, dans l'uniforme tranquillité des ménages rustiques, avec de beaux restes de l'antique simplicité, loin de nos raffinemens et de tous les dangers qui s'y rattachent, l'homme des champs vit beaucoup plus sous les influences du ciel, et celles-ci dispensent l'école d'une partie de ses frais. Nos élèves, au contraire, placés sur une scène mobile et variée, dans un échange continuel de pensées, souvent peu vraies et peu édifiantes, dans la complication et le bruit des affaires, entendent beaucoup moins les inspirations de la nature, et il faut bien que l'art y supplée. Au reste, loin d'être fixés au même endroit, et de prendre racine, si j'ose m'exprimer ainsi, là où fût posé leur berceau, ils sont destinés, pour la plupart, à aller plus ou moins dans le monde, et à recueillir de la sorte les scandales de divers pays. Ces circonstances, messieurs, ne réclament-elles pas, en faveur de nos élèves, des connaissances religieuses plus étendues et plus raisonnées, une teinture morale plus forte et plus profonde, et la remise d'un contrepoison nécessaire? Or, comme tout se lie dans l'homme, comme tout en lui se suppose mutuellement et se soutient, l'on ne saurait donner aux élèves des villes une culture perfectionnée sous le rapport moral et religieux, sans la préparer longuement par un plus grand développement de toutes les facultés intellectuelles; et c'est là ce qui nécessite, dans les écoles des villes, des moyens d'instruction dont les campagnes peuvent heureusement se passer.

Au reste, messieurs, le commerce et les arts, s'ils doivent prospérer, exigent bien plus que les pratiques uniformes de l'économie rurale. Il faut à nos élèves une intelligence plus déliée, plus d'adresse que de force, un esprit de combinaison et d'invention, des connaissances plus variées et plus étendues; en un mot, un degré de culture toutefois au-dessous de la science, mais beaucoup au-dessus des élémens communs.

Et voyez un peu comme tout s'accorde, une fois que l'on saisit les choses sous leur véritable point de vue. Le jeune campagnard peut, dès son enfance, être de quelque utilité à ses parens : il s'aide à cueillir les fruits de la terre et à les semer; il garde la brebis docile ; il conduit même, avec sa baguette et ses cris enfantins, le gros bétail qui, par ordre du créateur, obéit à son roi encore enfant. Nos élèves peuvent-ils rendre de pareils services à leurs parens ! Peuvent-ils être employés dans les ateliers et les comptoirs ? Avant l'âge de l'adolescence, ils ne sont guère à la maison qu'un embarras que l'on désire d'éloigner : et c'est ainsi que devant faire davantage pour nos élèves, nous en trouverons le temps, car il vient de lui-même se présenter à nous.

D'un autre côté, la classe commerçante et industrieuse ne peut pas faire son profit de nos écoles savantes : elle y trouverait ce qui ne peut pas lui servir, et n'y trouverait pas ce qui lui est nécessaire.

Je le demande, que peut faire cette classe des langues mortes ? Le commerce se fait-il en latin ou en grec, et ces idiomes sont-ils ceux de nos ateliers ? Il faut à cette portion de la société les langues vivantes, la langue maternelle surtout, et celles que le voisinage, les relations commerciales et industrielles recommandent de préférence. A quoi bon encore pousser nos élèves sur les hauteurs du Parnasse ? Apollon et les neuf sœurs président-ils au négoce et à l'industrie ? Leur faut-il les procédés symétriques de l'art oratoire avec ses figures de mots et de pensées ? Leur faut-il des poëmes, l'ode sublime ou la plaintive élégie ? Nos élèves ont besoin d'une prose claire, précise et correcte, sans tropes et sans hyperboles. Et pourquoi encore les amènerions-nous au Portique, à l'Académie, dans les jardins d'Épicure, pour assister aux disputes des philosophes et s'initier à leurs divers systèmes ? Nos élèves ont bien assez de cette philosophie simple et pratique que Socrate amena jusque dans les ateliers les plus obscurs, et qui est à la portée de la jeunesse comme du vulgaire.

Elle est donc fondée sur la nature des choses ; elle est fondée sur les besoins et sur les intérêts de la société, cette école secondaire que nous plaçons entre l'école commune et l'école savante ; et tout pays qui manque de cette institution intermédaire, offre un grand vide, dont les effets se font toujours sentir, bien que l'on en découvre rarement la cause.

Supprimez l'école moyenne, messieurs, qu'arrive-t-il ? L'industrie et le commerce languissent, parce que la jeunesse qui s'y porte n'a pas reçu dès l'enfance les développemens, la direction et l'encouragement nécessaires. L'industrie étrangère vient prendre la place de l'indigène ; la balance tombe ; la misère gagne avec l'oisiveté ; les mœurs souffrent : triste et hideux spectacle ! Comme il existe une étroite correspondance entre tous les ordres de l'état, la classe industrieuse n'est pas seule en souffrance ; elle communique son mal à la masse agricole et aux conditions relevées ; et tel qui paraît indifférent au désastre d'une portion intéressante de la société, parce que la fortune le met au-dessus du besoin, ne tardera pas à prendre sa part du malheur d'autrui. Un viscère du corps humain étant blessé, la santé des autres ne se soutient pas long-temps.

Qu'arrive-t-il encore dans un pays où l'on n'a pas eu soin de pouvoir, par l'instruction, aux besoins de la classe industrieuse ? Au sortir de l'école élémentaire, la jeunesse prend deux chemins : une partie erre çà et là dans l'oisiveté jusqu'à ce que l'âge et les forces soient venus pour entreprendre un travail quelconque. Mais, pendant ce vagabondage, les élémens qu'on a reçus s'oublient ; le pli de l'application et de l'ordre s'efface ; la régularité des exercices religieux se perd, et la corruption gagne promptement les jeunes cœurs au sein de l'oisiveté.

L'autre partie, inspirée par des parens qui sentent le besoin d'occuper les premières années de la vie, ou qui désirent élever leurs enfans à une condition au-dessus du vulgaire ; l'autre partie, dis-je, tourne ses regards vers l'école savante, et se prépare à y entrer. Mais dans le nombre, messieurs, combien en est-il qui soient appelés par la divine providence aux nobles fonctions dont ils prennent le chemin ? Quiconque veut servir ses semblables dans le ministère saint, dans la magistrature, dans l'enseignement, ne doit pas être un homme ordinaire ; il faut qu'il se distingue par des talens que la nature ne donne pas à tous, et par des qualités du cœur qui rehaussent les talens et qui les tournent au profit du public. Or, dans la foule qui se presse vers les avenues de la science, il en est beaucoup qui n'ont qu'un esprit et un cœur vulgaires, pas une étincelle de génie., pas un indice d'une âme généreuse et mâle ; rien de grand et de noble dans le caractère ; partout impuissance, étrécissement, petitesse, profonde nullité.

Cependant cette multitude profane se met en route , elle entre dans la carrière littéraire, essaie quelques pas languissans, en essaie encore d'autres, jusqu'à ce que le dégoût arrive enfin avec le sentiment de l'insuffisance. Alors l'élève de Minerve va se ranger sous les drapeaux de Mars, ou saisit nonchalamment la brouette du manœuvre , pour venir peut-être, dans la suite , vous demander l'aumône en haillons, avec une face cuivrée , et en balbutiant méchamment quelques mots latins. D'autres , cependant , ne se rendent point au sentiment de leur incapacité , si jamais ils l'éprouvent. L'envie de sortir des conditions qu'ils regardent comme au-dessous d'eux , ou le penchant pour les aisances de la vie les soutient, et ils persévèrent en dépit de leur nullité. C'est ainsi que bien des hommes qui auraient pu se rendre utiles dans quelque branche d'industrie, déshonorent le rang où ils ne devaient jamais monter.

O ! l'on ne comprend pas le mal que l'on fait aux individus , aux familles , à la société , lorsque l'on élargit la voie qui conduit à l'éducation littéraire ; et que, levant toutes les barrières , on y pousse indistinctement la jeunesse. La divine Providence qui veut l'ordre , répartit ses dons d'une manière bien inégale. Elle donne à la multitude assez d'ouverture d'esprit , pour qu'elle puisse devenir raisonnable ; et c'est à l'école commune à développer ce talent général. Elle donne à un grand nombre un talent de plus , celui qu'exigent les arts et le commerce , pour être bien servis ; c'est à l'école moyenne à le cultiver. Enfin , les qualités distinguées ne tombent en partage qu'au petit nombre d'élus ; et c'est à l'école savante à les mettre en valeur. En distribuant ses dons , le Père commun nous révèle ses volontés , et sa grande famille ne se trouvera bien que lorsque chacun prendra la place qui lui est assignée d'en-haut.

Ainsi , messieurs, bien loin de vouloir admettre à l'éducation littéraire tout enfant qui a reçu tous les élémens de l'instruction commune , nous croyons qu'il devrait auparavant faire ses preuves dans une école de second ordre , où l'intelligence se montre à découvert. Nous ne demanderons pas que l'enfant s'y distingue dans les parties qui sont plus spécialement destinées aux élèves du commerce et des arts ; mais il faut bien qu'il prime dans tout ce qui appartient à la culture de l'esprit, du cœur et du goût, afin de justifier sa vocation. C'est à notre avis le seul moyen d'écarter de la carrière des sciences les profanes que le ciel n'a pas marqués, et de connaître ses élus ; le seul moyen de pourvoir dignement aux fonctions supérieures de la société ; le seul moyen, encore, de donner aux institutions littéraires, le lustre et l'utilité qu'elles doivent avoir.

Mais, dira-t-on, vous allongez de la sorte la carrière des études. Oui , messieurs, je l'allonge ; et quel mal y a-t-il à cela, quand il s'agit d'éviter de funestes méprises, et de pourvoir , avec prudence, à l'intérêt public ? La jeunesse arrivera plus tard à l'étude des sciences ; mais elle y arrivera avec une vocation, avec plus de maturité, de développemens, et les êtres de mémoire seront remplacés par des élèves judicieux, intelligens, sensibles et dévoués au bien. Ils seront plus long-tems sous la discipline, c'est une chose bien désirable. La jeunesse, dans nos mœurs actuelles , se montre impatiente au joug salutaire. Elle demande à avancer promptement , pour avoir vite et pour jouir de suite d'une oisive liberté qui se tourne en licence. Voyez ce que deviennent ces coursiers fougueux , auxquels vous lâchez la bride avant le temps ! J'oserai le dire : l'un de nos plus grands torts , depuis assez long-temps, se trouve dans nos éducations abrégées où l'adolescent est traité comme un homme fait. Faut-il s'étonner , après cela , si plus tard l'homme se conduit comme un enfant ?

Le créateur qui émancipe l'animal après quelques jours, parce que l'instinct lui sert de raison, le Créateur a prolongé beaucoup les années de notre faiblesse et de notre dépendance. Cette prolongation est une révélation pour nous , si nous savons l'entendre. Elle nous dit que l'homme ne devenant ce qu'il doit être , que par l'éducation , nous devons soumettre la jeunesse à un long apprentissage de la vie , et profiter longuement de sa faiblesse et de notre supériorité. —

Mais, que fais-je, messieurs? Après vous avoir retracé les fonctions et la nécessité d'une école moyenne dans les villes , je devais conclure par vous dire que nous tâchons d'en établir une chez nous , selon les besoins de nos localités et les ressources que nous avons en main.

Nous croyons pouvoir vous dire que nous avons saisi fortement l'idée de l'institution qui nous est confiée. Elle n'est point encore réalisée dans toute son étendue et dans toute sa pureté. La perfection demande du temps, et l'on ne peut s'en approcher que pas à pas ; surtout, lorsque les moyens ne répondent pas en tous points à la bonne volonté que l'on a. Nous sommes dans le cas de créer presque tout , et les créations de l'homme sont toujours bien lentes.

Notre établissement , messieurs , présente deux écoles en fusion : l'école commune et l'école de second ordre. On ne pouvait point les trancher puisque les plus jeunes élèves doivent passer au delà des premiers élémens , et que dès leur entrée il faut les préparer aux développemens qui suivront. Ceci s'entend particulièrement des exercices dans la langue maternelle et des leçons d'allemand , qui se trouvent maintenant sur toute la ligne et auxquelles nous destinons un rôle beaucoup plus important, d'après le vœu de nos localités. D'après cela, messieurs, notre école ne peut point servir de modèle aux écoles communes ; elles peuvent, j'espère, y trouver quelque chose d'utile et de bon, mais elles ne doivent pas nous copier.

Dans les derniers temps, nous avons amené, dans la plus haute chasse, les élémens des langues anglaise et latine. L'anglais a été introduit principalement en faveur du commerce et pour ouvrir une issue avantageuse à quelques-uns de nos élèves qui voudraient tenter la fortune loin de nos foyers. Si je fais mention de ces premiers élémens, c'est pour signaler à la reconnaissance publique des étrangers, anglais et russes, qui ont bien voulu nous laisser cette marque de leur bienveillance. L'école conservera soigneusement leurs noms. A côté de l'anglais nous avons placé les principes du latin, non pas pour anticiper sur l'école savante, que nous saurons toujours respecter, mais pour y préparer de loin ceux de nos élèves qui se proposent d'entrer dans la carrière. Cette réunion se fait, pour ainsi dire, sur l'extrême limite de notre école. Les exercices sont libres ; ils sont présidés par des moniteurs, et ne prennent rien sur les leçons obligées.

Puissent, messieurs, nos faibles efforts, répondre à vos vues sages et bienveillantes, et contribuer au bien d'une patrie qui nous sera toujours infiniment chère.

NOUVELLES

Extraites de la Correspondance.

L'INSTITUTEUR de l'école-modèle de Reims, après ayoir rendu compte de la distribution des prix faite à ses élèves, dans une séance publique qui a produit l'effet le plus désirable sur toutes les personnes de la ville qui en ont été témoins, ajoute les détails suivans sur l'état de l'instruction primaire dans le lieu où il réside :

« Trois écoles sont en pleine activité depuis l'ouverture de la mienne, savoir : une en cette ville ; une à Saint-Brice, petite commune voisine, fondée par l'instituteur même qui en a fait tous les frais ; enfin une troisième à Fismes, fondée par les autorités de la ville, et d'après les démarches que j'ai faites auprès d'elles. Une nouvelle s'ouvrira incessamment à Merfy, commune à deux lieues de Reims. Elle est fondée par M. Carbonnet, propriétaire, membre de la société d'encouragement. Indépendamment de tous les frais, il paie à l'instituteur une rétribution pour trente élèves indigens. Une autre encore est sur le point de s'ouvrir à Rhétel, département des Ardennes. Tous ces instituteurs ont appris la méthode en travaillant avec mes élèves.

» Enfin, j'attends quelques instituteurs qui me sont adressés et recommandés par M. Becquey, inspecteur de l'Académie. Ainsi j'espère qu'avant peu Épernay, Vitry-le-Français, Vertus, Suippe, et plusieurs autres communes, jouiront des avantages de la nouvelle méthode. »

— « J'ai fait faire, écrit M. le préfet de la Manche, à l'école de Saint-Lô, une distribution de prix qui a produit l'effet le plus satisfaisant. Les principaux fonctionnaires et habitans se sont fait un plaisir d'encourager les élèves par leur présence, et ceux-ci ont donné, par leurs progrès, des preuves de la bonté de la méthode. »

— Notre correspondant d'Abbeville nous écrit : « La classe, au moment de sa formation, était composée de soixante-quinze élèves. Elle ne tarda pas à s'augmenter jusqu'à concurrence de cent cinquante-cinq, sur cent soixante-huit qu'elle peut contenir, et se soutint à ce nombre jusqu'à la fin du cours ; époque où plusieurs d'entre eux, suffisamment instruits pour leurs besoins, ont quitté l'étude pour se livrer à l'apprentissage des métiers qui doivent assurer leur existence. Plusieurs sont déjà placés dans des magasins ou comptoirs, où la perfection de leur écriture les a fait admettre. »

— Le 16 novembre, on n'attendait plus à Chaumont que l'arrivée des derniers objets matériels nécessaires pour faire l'ouverture de l'école fondée en cette ville.

— Une nouvelle école a été ouverte à Mouzon (Ardennes) le 23 novembre.

— Voici l'extrait d'une lettre adressée de Nice, à M. Jomard, par M. l'abbé Cauvin, membre correspondant de la société :

« L'enseignement mutuel n'a pas eu jusqu'ici d'autres ressources pécuniaires que les souscriptions généreuses de plusieurs philantrhopes anglais. La seule personne qui protége ici effectivement nos écoles, est M. l'abbé de Cessole, très-distingué par sa naissance (son frère est sénateur), et très-estimé pour son dévouement à une maison de charité qu'il a fondée pour les pauvres filles, et à côté de laquelle nous avons érigé nos écoles, comme pour faire partie de son œuvre. (Suit la description de l'école de M. l'abbé Cauvin.)

» J'ouvris mon école vers le commencement du mois de mars de cette année. Bientôt les progrès furent si sensibles, et la marche de l'école plut si bien aux Anglais qui étaient ici, qu'ils levèrent de nouvelles souscriptions pour établir sur ce même plan deux écoles de filles, une ici, et l'autre à Villefranche ; un d'eux m'envoya un prêtre de Pise, pour y en établir une de garçons. Je sais qu'elles marchent toutes les trois aussi bien que celle que je dirige, qui est devenue ainsi l'école-modèle. Une famille anglaise, M. Olivier Sparver, vient d'en faire établir une autre de garçons à Villefranche, à ses propres frais, et s'est obligé à la maintenir. Le prêtre qui doit la diriger me sera bientôt envoyé pour faire son cours à l'école-modèle, avec un autre jeune homme envoyé par le consul de la ville de Port-Maurice, et un autre envoyé pareillement par la commune d'Oneille, pour diriger les écoles que nous allons y organiser. Vous voyez, monsieur, que cela prend assez bien : mais vous voyez aussi que j'ai eu bien du travail, et j'en ai encore, n'ayant pu pousser la rédaction des écriteaux en italien que jusqu'à la cinquième classe. Vous savez ce qu'il vous en a coûté pour le syllabaire français, et cependant l'italien est plus facile. Aussi, si nous avons les moyens, je compte me faire remplacer dans la direction de l'école-modèle, pour pouvoir mieux m'occuper à l'avantage de toutes les autres. »

— M. Damiron, instituteur à l'île Saint-Thomas, vient d'écrire à son frère, médecin à Paris, et membre de la société pour l'enseignement élémentaire, qu'il a établi une école d'enseignement mutuel à Saint-Thomas, et que cette école réunit déjà plus de cent élèves, et obtient beaucoup de succès. Il a demandé des livres, des tableaux et des ardoises à la société de Paris, qui s'est empressée de remplir ses vues à cet égard.

— Nous extrayons les détails suivans d'une lettre adressée à S. Exc. le ministre de la marine et des colonies, par M. Fleuriau, commandant au Sénégal :

« L'école dirigée à Saint-Louis par M. Dart, est conduite à merveille, et prend chaque jour un nouvel accroissement. J'ai été fort satisfait du degré d'instruction des élèves, dans un exercice que j'ai fait faire dernièrement devant moi.

M. Dart met à son ouvrage un zèle dont on ne saurait assez le louer.

» La nouvelle méthode d'instruction, dont les avantages sont bien généralement reconnus, acquiert ici un nouveau degré d'importance sous le rapport politique. La plupart des jeunes hommes de couleur qui habitent le Sénégal sont fort mal élevés, et ont conservé des manières, des usages étrangers que le temps seul pourra leur faire oublier. Parmi les élèves de notre école, il s'en trouve quelques-uns de seize et dix-huit ans, que l'éducation nouvelle rattache à notre gouvernement. Nous commençons donc déjà à recueillir les fruits de cet établissement. La plupart parlent et écrivent le français assez correctement, et ont acquis en même temps une instruction première que leurs prédécesseurs sont loin d'avoir. Les plus âgés seront avant peu en état de tenir des comptes ou de se livrer à des affaires. Il n'en est pas tout-à-fait de même pour les plus jeunes. Il leur est arrivé une circonstance assez singulière, c'est qu'ils lisaient et écrivaient en français sans fautes, mais sans comprendre ce qu'ils lisaient. M. Dart a senti alors la nécessité d'apprendre la langue du pays, afin de les habituer à traduire, et à rendre compte de ce qu'ils faisaient. Il s'est tellement perfectionné dans le yoloff, qu'il a rédigé un vocabulaire assez volumineux, avec une grammaire qui indique les règles que l'usage a établies comme principes.

» Je destine M. Daspres pour Gorée, où, avec le peu de livres que M. Dart pourra lui fournir, il commencera à former des moniteurs.

» J'avais pensé qu'il serait bien nécessaire aussi de former une école de ce genre pour les filles. Je verrai jusqu'à quel point cela sera praticable, et j'aurai l'honneur de vous soumettre un projet à cet égard. »

— On ne lira pas, sans un vif intérêt, l'article suivant d'une lettre adressée le 25 avril dernier, de Buénos-Ayres,

à l'un des membres de la société de Paris , par M. Sagnier,
ancien officier :

« A mon départ de Paris , au mois de novenbre dernier,
j'emportai avec moi tout ce qui était nécessaire pour établir
dans cette ville (Buénos-Ayres) une école d'enseignement
mutuel. Je fis offrir au directeur suprême , au nom du comité dont vous êtes membre , tous les documens nécessaires
pour pouvoir former l'établissement. Cela a été accepté avec
beaucoup de reconnaissance , et l'on s'occupe de faire instruire des hommes capables de tenir l'école.

«Je viens de savoir que M. le directeur suprême du Chili
a le plus grand désir d'établir de ces écoles dans la province
qu'il gouverne, et il m'a fait demander de vouloir bien le mettre
à même de se procurer les livres et renseignémens utiles
pour cette institution. Comme l'intérêt de l'humanité , et le
désir de faire aimer ce qui vient de mon pays , sont les seuls
mobiles par lesquels j'agisse en ceci ; comme je connais votre
noble caractère , je n'ai pas cru pouvoir mieux m'adresser
pour m'aider à rendre à ce pays un service aussi signalé.
J'ose donc attendre de votre complaisance , que vous voudrez bien mettre la personne qui vous portera cette lettre
au courant de tout ce qu'il y a à faire pour se procurer les
livres, planches et renseignémens nécessaires à la formation
d'un premier établissement ; vous priant de vouloir bien ne
rien épargner pour que tous les livres utiles faits jusqu'à ce
moment soient mis à la disposition de M. Peronard , qui me
les enverra par la plus prochaine occasion , attendu que je
dois me rendre dans peu de temps au Chili.

» Je me ferai un devoir , monsieur, de vous tenir au courant des progrès que je remarquerai dans les écoles qui seront établies dans cette partie du monde. »

Programme du prix que la société royale, pour l'amélioration des prisons, doit décerner dans sa séance du mois de juillet 1820.

La société royale pour l'amélioration des prisons,

Ayant, dans sa séance du 14 juin, délibéré de décerner un prix à l'auteur de l'ouvrage le plus utile à l'amélioration des détenus, et ayant accepté les fonds offerts pour cet objet, par un anonyme, publie le programme suivant :

La société a jugé que l'un des moyens qui pouvaient être utilement employés pour corriger les détenus de leurs habitudes vicieuses, serait de mettre entre leurs mains quelques livres, dont la lecture, en contribuant à leur faire supporter leur état, fît naître dans leur esprit des réflexions salutaires. Mais il n'y a point de livres qui aient été composés spécialement pour cette classe de lecteurs.

Si la morale a besoin de déguiser la sévérité de ses formes, pour s'insinuer dans les esprits, c'est surtout lorsqu'elle s'adresse à des hommes qui ont toujours repoussé comme importuns les avis de la raison et les cris de leur propre conscience ; ou bien à une malheureuse jeunesse, chez qui les penchans vicieux seuls ont été cultivés. Il n'y a que la solitude et l'oisiveté qui puissent déterminer les détenus à jeter les yeux sur un livre. Il faut donc que ce livre leur offre quelque attrait, et que la morale se glisse dans leur cœur, pour ainsi dire, à leur insu.

On doit faire remarquer que les lecteurs auxquels cet ouvrage serait destiné, appartenant en général à la classe indigente, et par conséquent à celle qui ne cherche pas l'instruction, ni même l'amusement dans la lecture, le livre qu'il s'agit de mettre entre leurs mains, doit être accessible à leur intelligence. Il aura un mérite littéraire suffisant, s'il attache le lecteur, et si, en fixant son attention, il peut exciter en lui quelques mouvemens louables, et le faire repentir de ses égaremens.

Les exemples qui peuvent ajouter à l'horreur du vice, faire apprécier les avantages de la vertu, et rendre à l'âme dépravée, cette énergie qui la ramène au bien, les maximes susceptibles de faire naître d'utiles remords, sans détruire l'espérance, peuvent trouver leur place parmi ces conseils qu'il s'agit de donner à des coupables.

Il faut leur faire concevoir le désir de se réconcilier avec eux-mêmes, pour leur faire entrevoir l'espérance de se réconcilier avec la société ; c'est-à-dire, qu'il importe de leur rappeler, ou de leur apprendre que la religion est le meilleur des guides et la plus puissante des consolatrices.

La comparaison de leur état présent et de celui auquel il leur est encore permis d'aspirer, peut provoquer en eux ces bonnes résolutions, qui sont un premier pas vers la vertu. La diversité des sexes et des âges, celle des vices mêmes, peuvent fournir les moyens de varier ces tableaux, et de reproduire, sous des formes différentes, la moralité qui doit en résulter. L'auteur pourra diviser son ouvrage en plusieurs parties, pour être mises séparément entre les mains des diverses sortes de prisonniers.

On ne prescrit aucune forme pour une telle composition, qui ne sera pas sans gloire si elle est utile : on se borne à en indiquer l'objet qui est annoncé sur la façade de la maison de détention de Saint-Michel, à Rome, par cette inscription : *Parùm est coërcere improbos pœnâ, nisi probos efficias disciplinâ.*

Les ouvrages qui seront envoyés au concours, devront être de l'étendue de deux cents pages d'impression au moins ; ils seront remis franc de port au secrétariat général de la société, avant le 1er. mai 1820.

Les auteurs ne se feront point connaître; ils mettront en tête de leur ouvrage une épigraphe, et y joindront un billet cacheté, sur lequel ils inscriront cette même épigraphe et leur nom.

Les ouvrages présentés au concours devront être écrits en français.

Ils seront enregistrés et numérotés au secrétariat général, et on en délivrera un reçu à la personne qui les aura remis, si elle le désire.

On ne décachetera que le billet contenant le nom de l'auteur dont l'ouvrage aura été jugé digne du prix.

Mais les ouvrages non couronnés ne seront point rendus.

Toutes personnes peuvent concourir, sans distinction de Français ou d'étranger, à l'exception des menbres du conseil général de la société.

Ce prix sera décerné dans la séance publique de la société, qui aura lieu au mois de juillet 1820, présidée par S. A. R. Mgr. le duc d'Angoulême.

Ce prix consistera en une médaille d'or de la valeur de mille francs.

La société royale, pour l'amélioration des prisons, décernera, dans sa séance publique du mois de juillet 1820, un prix qui consistera en une médaille d'or, à l'auteur du meilleur ouvrage sur les moyens de perfectionner le régime des maisons de détention.

Les prisons doivent être considérées d'abord, dans leur destination, qui est de garder, sous la main de justice, les individus prévenus d'un délit, et ceux qui sont condamnés à une peine. Les précautions, pour s'assurer contre l'évasion des uns et des autres, doivent être également efficaces, sans être également rigoureuses. Il s'ensuit qu'il faut, autant que possible, éviter de confondre les prévenus et les condamnés. Les sexes, les âges, doivent aussi être séparés;

de là résulte la nécessité de déterminer les meilleures règles
à suivre dans la disposition générale des localités, et la discipline à établir pour chaque classe de détenus.

Considérant ensuite les prisons sous le rapport de leur
régime physique, il y a lieu d'examiner comment les détenus des diverses classes doivent être traités, quant au
régime élémentaire, aux vêtemens, au coucher, etc, les
soins qu'on leur doit dans leurs maladies ; mais les vues
que l'on peut proposer pour l'amélioration du sort des détenus, sous ces divers rapports, doivent être soumises aux
calculs économiques, qui seuls peuvent faire prospérer une
grande administration.

Un moyen se présente naturellement pour l'amélioration
du sort des détenus eux-mêmes ; c'est le travail. Il s'agit
d'indiquer, quels genres de travaux méritent en général la préférence, comme plus ou moins favorables à la santé,
plus ou moins profitables, plus ou moins conciliables avec
l'ordre et la sûreté de la prison ; comment le produit de ces
travaux doit être distribué, à quoi il doit être employé ;
comment on doit procéder pour amener tous les détenus à
apprendre un métier, afin de les occuper dans la prison, et
de leur préparer des moyens d'existence lorsqu'ils devront
en sortir.

Enfin, on aura à indiquer les méthodes à suivre pour l'a-
mélioration morale des détenus par une instruction salutaire, c'est-à-dire, en leur enseignant les élémens de la lecture, de l'écriture et du calcul ; en leur inculquant, surtout
aux plus jeunes, des principes de vertu ; en leur inspirant
la patience, la résignation, l'espérance même ; en les accou-
tumant à la docilité par la douceur, et à une conduite régu-
lière ; en les amenant à avoir horreur de leurs fautes, par la
comparaison de leur sort antérieur, avec leur état présent.
On sent que, pour entreprendre ces utiles réformes avec
quelques succès, il faut appeler la religion au secours de la
morale.

Les auteurs qui traiteront le sujet que l'on vient d'esquisser, doivent surtout se pénétrer de l'idée qu'il ne s'agit pas d'établir une vaine théorie, ni, par conséquent, de proposer des améliorations, sans se rendre compte des obstacles que leur exécution pourrait rencontrer, et, comme parmi ces obstacles, la dépense est le plus ordinaire, il conviendra d'évaluer, avec précision, celle qui devra résulter des innovations proposées.

Entre les divers projets qui seront présentés, la société appréciera surtout ceux dont l'application sera générale, et dont l'exécution sera possible, sans de grands frais.

Les ouvrages envoyés au concours, devront être écrits en français.

Ils seront remis franc de port au secrétariat général de la société, avant le 1ᵉʳ mai 1820.

Les auteurs ne se feront point connaître ; ils mettront en tête de leur ouvrage une épigraphe, et y joindront un billet cacheté, sur lequel ils inscriront cette même épigraphe et leur nom.

Ces ouvrages seront enregistrés et numérotés, et on en délivrera un reçu à la personne qui en aura fait la remise, si elle le désire ; mais ils ne seront point rendus après le jugement du concours.

On ne décachetera que le billet contenant le nom de l'auteur dont l'ouvrage aura été jugé digne du prix.

Toutes personnes peuvent concourir, sans distinctions de Français ou d'étrangers, à l'exception des membres du conseil général de la Société.

GYMNASE FRANÇAIS.

Discours prononcé par M. Amoros, à l'occasion de la clôture annuelle du cours d'éducation physique et gymnastique, et de la distribution des prix, et procès verbal de la séance du 28 novembre 1819.

La clôture du Cours d'éducation physique, gymnastique et morale, dirigé par M. Amoros, ainsi que la distribution des prix, a eu lieu cette année comme les années précédentes. Le temps rigoureux que nous avons éprouvé tout le mois de novembre dernier, n'a pas empêché plusieurs élèves de fréquenter le Gymnase avec constance, et de disputer les prix avec ardeur. Cependant, un grand nombre d'élèves ont cessé de venir au Gymnase depuis le mauvais temps et les vacances. Quoique M. Amoros n'ait invité personne, à cause de l'intempérie de la saison et de la situation du local, le Gymnase s'est rempli, et nous avons remarqué plusieurs dames, un pair de France et grand nombre de généraux, d'officiers supérieurs et d'autres personnes marquantes.

La séance a commencé par le chant royal, suivi du chant pour la patrie. La musique de l'un et de l'autre est excellente, et a été bien exécutée par les musiciens et bien chantée par les élèves. M. Amoros a lu ensuite le discours suivant :

Messieurs,

« La Gymnastique serait l'art le plus mécanique, le plus méprisable, le plus dangereux, peut-être, si elle ne se proposait pour but de toutes les actions qu'elle peut pro-

duire, l'utilité publique et particulière, la bienfaisance, l'amour du prochain, l'exercice enfin de toutes les vertus civiles et morales. L'apologue de la langue du bon Ésope, est celui qui convient le mieux pour exprimer les dangers ou les avantages de la Gymnastique, selon l'application qu'on fera des facultés qu'elle développe. Aucun exercice purement corporel, ne pourra jamais avoir la moindre influence sur le cœur ; au contraire, plusieurs de ces exercices, tels que les luttes et autres, sont capables de nous rendre rudes et grossiers, comme on l'a dit déjà plusieurs fois, et même féroces et barbares, comme l'histoire le prouve. Il fallait donc trouver un moyen qui, faisant partie des mêmes exercices, pût corriger et même empêcher leurs inconvéniens. Il fallait ne pas rendre l'homme indigne de cette magnifique description du Pline français. « Tout
» marque dans l'homme, dit-il, sa supériorité sur tous
» les êtres vivans ; il se soutient droit et élevé, son atti-
» dude est celle du commandement, sa tête regarde le ciel,
» et présente une face auguste sur laquelle est imprimée
» le caractère de sa dignité ; l'image de l'âme y est peinte
» par la physionomie ; l'excellence de sa nature perce à
» travers les organes matériels, et anime d'un feu divin les
» traits de son visage ; son port majestueux, sa démarche
» ferme et hardie annoncent sa noblesse et son rang ; il
» ne touche à la terre que par ses extrémités les plus
» éloignées ; il ne la voit que de loin et semble la dé-
» daigner ; les bras ne lui sont pas donnés pour servir de
» piliers d'appui à la masse de son corps ; sa main ne doit
» pas fouler la terre, et perdre, par des frottemens réité-
» rés, la finesse de toucher, dont elle est le principal or-
» gane ; le bras et la main sont faits pour servir à des
» usages plus nobles, pour exécuter les ordres de la
» volonté, pour saisir les choses éloignées, pour écarter
» les obstacles, pour prévenir les rencontres et le choc
» de ce qui pourrait nuire, pour embrasser et retenir ce qui

» peut plaire, pour le mettre à portée des autres sens. »
(Histoire naturelle de l'homme, par M. Buffon.)

Cherchant à mettre d'accord l'éducation avec la nature
et la destination de l'homme, nous avons trouvé un moyen,
parmi plusieurs autres, qui exerce une influence supérieure.
Ce moyen est dans nos chants ; avec eux nous parlons au
cœur, nous ornons notre mémoire d'excellens préceptes,
et notre intelligence se développe ; nous faisons encore plusieurs choses à la fois, très-utiles, quoique moins importantes, et nous relevons la Gymnastique, en lui faisant
franchir l'espace immense qui existe entre le métier avi-
lissant des athlètes et la profession sublime qui forme des
hommes, non pas des hommes vulgaires, *mais forts et sages
et ayant le cœur rempli des sentimens les plus élevés.*

Je ne me permettrais point de me servir de ces expressions, si elles n'avaient été consignées dans le registre de nos
séances, ou ailleurs, par les personnes qui nous ont jugés.

Mais, indépendamment de la musique, ou des cantiques, nous avons encore d'autres moyens pour diriger l'enfance
dans le sentier de la justice et de la vertu, tels que notre
jury, notre prix d'honneur, qui est le prix de la vertu, et
quelques autres donnés à des qualités morales qui se développent dans nos exercices ; nos règlemens, notre petit
code de lois, et les exemples que nous offrons aux yeux
de nos élèves, soit dans le choix des principes les plus
sages, ou des tableaux qui représentent les plus belles
actions. L'influence des images sur nos sens et notre souvenir, est trop connue pour que je doive m'arrêter à la
prouver.

Quand le *Gymnase français* sera placé dans un local
digne de lui, et capable de développer et de mettre à exécution toutes nos idées, la galerie des actions grandes, in-
trépides ou héroïques, qui ont été faites par la connaissance
et la pratique des règles de l'art gymnastique, sera bien
considérable et bien utile. Pour le moment, je dois me

contenter de vous présenter quelques-unes de ces actions dans les gravures qui ornent la classe, et quelques pensées de *Montaigne*, *Thomas*, *le Roy* et *Rousseau*, dans les boucliers qui sont suspendus aux arbres du jardin. La littérature française est très riche en axiomes qui approuvent nos procédés et la méthode physique, gymnastique et morale que nous avons présentée à la France. Notre éducation est *physique* par les connaissances qu'on donne de notre organisation, des lois de la station, du centre de gravité, du mouvement et autres que nous comprenons sous la dénomination générale de *physiologie gymnastique* : elle est *physique* encore par l'introduction du chant et par l'éducation des sens qui aura lieu dans le 3e période de notre cours, ou dans la 3e année, pour le rendre véritablement *l'apprentissage de toutes les professions*, comme l'a dit la société pour l'instruction élémentaire. Notre éducation est *gymnastique*, et l'on pourrait ajouter *perfectionnée*, parce qu'elle comprend tous les exercices corporels anciens et modernes, abstraction faite des exercices dangereux et vils, comme le pugilat et des exercices ridicules qui *sentent la planche*, et le *funambulisme des boulevarts*, *comme ceux de baiser la terre*, *le saut du bouc*, *à terre*, *en arrière*, *marcher sur les mains*, *fixé par les pieds*, et plusieurs autres. La partie corporelle ou gymnastique de notre méthode, a sur les autres l'avantage de comprendre une multitude d'exercices nouveaux et très-utiles, des machines et des instrumens mieux conçus et mieux faits, d'après le témoignage des voyageurs qui nous ont honorés de leur présence, et ainsi que plusieurs ouvrages même le prouvent. Notre éducation est *morale*, par l'influence des cantiques que les élèves apprennent, par l'institution du jury, par l'observation de nos règlemens, et par l'adjudication de plusieurs prix qui récompensent des qualités morales, et de celui de *vertu*, qui est le principal but de tous nos efforts. Mon recueil de cantiques explique bien cette partie de

notre méthode , et les résultats et le public ont rendu
justice à nos méditations et à notre système. Notre éducation est enfin *morale* par l'influence des images, et par
les traits de bienfaisance ou d'héroïsme qu'elle offre à nos
élèves.

L'histoire militaire ancienne et moderne est féconde
en traits sublimes de force , d'adresse, de courage , de constance et de grandeur d'âme. La France nous fournira les
premiers exemples que nous devons étudier pour les imiter, si l'occasion s'en présente : elle est bien riche en pareils exploits. Je n'ai pas besoin de vous expliquer ceux
qui sont exposés à vos regards (1). J'en ai encore un grand
nombre que le local ne me permet point de vous transmettre. Après ces faits glorieux et nationaux, les autres pays
nous fournissent aussi des modèles dignes d'imitation.

Le temps approche où nous aurons un local vaste et
la même protection que nos efforts méritèrent en Espagne,
sous le gouvernement sage et heureux de Charles IV. Là,
comme ici, notre méthode fut examinée profondément,
approuvée et applaudie. Nous vîmes un prince , un fils
de ce respectable souverain, confié à notre direction,
prendre rang parmi nos élèves, le sac sur le dos et suivant tout-à-fait nos principes... Les promenades publiques,
les jardins du roi, le palais même, étaient les arènes, les
xistes, les portiques où notre éducation était permise, et
où elle pouvait se déployer et s'étendre. Ce ne sont pas des
rêves que j'ai présentés à la France, ce sont des faits ; et
plusieurs hommes distingués, qui doivent leur naissance
ainsi que leur infortune à la malheureuse Espagne, attes-
teront l'enthousiasme que nos procédés inspirèrent, et les
résultats avantageux qu'ils produisirent. Quelques-uns de

---

(1) Un choix des estampes litographiées , représentant les actions héroïques ou bienfaisantes des Français, qui ont été faites en se servant
de moyens gymnastiques.

ces hommes, qui se trouvent à Paris, et que l'Espagne regrettera un jour, peuvent dire si je trompe, si je m'abuse ; *Non, jamais* (répondront-ils avec assurance) *le mensonge n'a souillé les lèvres de l'homme qui a pris pour devise*, Vitam impendere vero.

Je dois à présent vous exposer les principes qui nous ont dirigés cette année, ce que nous avons pu faire dans ce petit emplacement, les résultats obtenus et les récompenses qui ont été accordées par le jury.

Les essais sur l'application de la Gymnastique, à une maison particulière d'éducation, cessèrent tout-à-fait avec la fin du Cours de 1818. Il serait hors de propos d'en expliquer les motifs ; mais les jugemens portés sur nos procédés existent, et les faits et les résultats obtenus sont des vérités que tout le pouvoir du monde ne peut faire disparaître.

Le Cours de cette année a été donc purement public, ou pour les élèves externes qui sont venus au Gymnase les jeudis et les dimanches. Nous avons enregistré cette année plus de trois cents élèves ; mais ne vous imaginez point qu'ils ont tous pris part en même temps aux exercices. Nous avons été forcé de les diviser en deux séances, qui ont été plus ou moins fréquentées. Quelques élèves ont cessé de prendre part aux exercices, sans que l'on puisse en expliquer le motif ; d'autres n'ont pu continuer par des obstacles réels et imprévus. Une foule de contradictions et de tracasseries se sont aussi opposées à nos efforts ; mais nous avons toujours déployé la même constance, la même énergie, secondées par le zèle et la persévérance des personnes qui ont voulu partager nos fatigues.

Le malheur d'avoir éprouvé ce mois un temps rigoureux a empêché les élèves de fréquenter le Gymnase, et le Concours pour les prix a été imparfait, ou fait entre un nombre peu considérable d'élèves.

Ainsi les prix gagnés par quelques élèves, qui ont triomphé sans beaucoup d'efforts, auraient été le partage d'autres plus habiles, s'ils étaient venu les disputer. Par ces considérations, j'étais d'avis de remettre la distribution des prix au printemps prochain, et dans un autre local plus digne de voir se renouveler la belle fête de l'année dernière ; mais j'ai cédé aux désirs du plus grand nombre des membres du jury, qui ont voulu que la distribution des prix eût lieu quelque temps qu'il fît, et malgré toutes les difficultés des circonstances. Cependant, comme je veux que mon institution ne soit ni un jeu d'enfant, ni un objet de spéculation, des prix complets n'ont été accordés qu'à ceux qui ont vaincu trois fois dans les mêmes exercices ; et des couronnes et des mentions honorables à ceux qui ont vaincu deux fois dans un même exercice, ou dans deux exercices différens.

Nous allons nommer les élèves qui ont remporté les prix, et nous les invitons à conserver le hausse-col qu'ils vont recevoir, parce qu'ils devront se présenter, par la suite, avec ce signe distinctif, les jours de séance générale, et qu'il leur permettra de jouir de droits, qu'ils aimeront peut-être à exercer.

Après la lecture de ce discours et la distribution de ces prix, que les mères mêmes, les pères et plusieurs dames ont eu le plaisir de transmettre aux élèves, on a chanté les cantiques analogues, qui ont été aussi bien exécutés que les précédens. Le morceau qui a été chanté par le gymnasiarque et par les professeurs, a mérité la préférence parmi les autres. Voici le *morceau* :

« O vous dont nous soignons l'enfance,
» Jeunes et brillans rejetons,
» Fils du printemps et de la France ;
» Parez de fleurs vos nobles fronts...
» Croissez à l'abri de l'orage,
» Vers le ciel portez vos rameaux,
» Et puisse un jour sous votre ombrage
» Le pauvre oublier tous ses maux. »

Des applaudissemens continuels ont été donnés à tous ces procédés, et quelques exercices ont terminé cette séance intéressante, qui a prouvé, comme les antérieures, les progrès des élèves, et la grande habileté des professeurs français que M. Amoros a formés et qui secondent ses travaux, ainsi que leurs droits à l'estime de leurs concitoyens; enfin, tous les assistans ont manifesté un vif désir de voir bientôt cette institution établie dans un local plus vaste, plus convenable, et le gouvernement lui accorder la protection qu'elle n'a cessé de mériter, par l'influence qu'elle exerce sur l'amélioration du caractère, sur l'élévation des sentimens et sur le respect que l'on doit aux autorités et aux lois.

BIBLIOGRAPHIE.

Essai sur l'instruction publique, et particulièrement sur l'instruction primaire;

Par M. Ambroise RENDU, substitut du procureur général du Roi près la cour royale de Paris, et inspecteur général de l'Université de France. — 3 vol. in-8°., prix, 10 fr. 50 cent.

QUEL qu'ait été l'homme que la Providence, dans les décrets impénétrables de sa sagesse, avait destiné à ramener la France sous l'autorité légitime et tutélaire des *Bourbons*, on conviendra, sans doute, qu'au milieu de ses projets gigantesques, résultat nécessaire du système d'envahissement qu'il avait conçu, il eut une grande pensée, lorsque, pour reconstruire, sur la double base de la religion et des mœurs, l'édifice morcelé de l'instruction publique, il en coordonna les diverses parties de manière à les faire toutes aboutir à un centre commun, à un seul corps enseignant, essentiellement placé sous l'autorité surveillante et protectrice du prince et de la loi. Avant lui, tous les bons esprits faisaient des vœux pour cette heureuse unité; et, plusieurs fois, avant comme depuis les états généraux de 1789, on avait tenté une réforme, qui était jugée nécessaire sous tous les rapports, par quiconque jetait un coup d'œil impartial sur l'état de l'instruction publique.

Le défaut d'harmonie se faisait sentir dans tous les degrés de l'enseignement, long-temps avant la révolution.

« Jusqu'en 1792, les petites écoles ou écoles primaires » furent partagées, comme l'observe M. Rendu, entre dif-» férentes congrégations plus ou moins soumises à la juri-» diction de l'ordinaire, et des maîtres isolés, qui exer-» çaient leur état avec l'approbation préalable et sous la » direction immédiate, soit de l'archidiacre, soit de l'éco-» lâtre, soit du grand-chantre ou de son vicaire, soit enfin » des curés. »

Quant aux écoles supérieures chargées d'enseigner les humanités, la rhétorique, les sciences physiques et mathé-matiques, elles étaient confiées à vingt-quatre universités, dont la plus célèbre fut, sans contredit, celle de Paris; et à plusieurs corporations religieuses, parmi lesquelles on re-marquait surtout la congrégation de l'*Oratoire*. Mais Paris seul offrait un système complet d'éducation. Cependant cette université, si ancienne et si illustre, n'exerçait aucune in-fluence directe sur les autres, qui s'éloignaient plus ou moins de sa méthode, et n'avaient entre elles aucun rapport, au-cune communication. Il en était de même des congréga-tions religieuses, gouvernées chacune, d'après des statuts particuliers, par leurs généraux d'ordres respectifs. Enfin, une foule de colléges isolés, sous la surveillance des com-munes où ils se trouvaient, péchaient par le même défaut de correspondance et de direction centrale. Ainsi, tout en appréciant les services multipliés rendus à l'instruction publique par les anciens corps enseignans, et surtout par l'université de Paris, cette mère des bonnes études et des saines doctrines, si féconde d'ailleurs en grands hommes de tout genre sortis de son sein, on peut assurer que l'instruction, réduite à une sphère trop étroite, laissait de plus à désirer l'uniformité dans la méthode d'enseignement, et l'heureux ensemble qui règne aujourd'hui dans l'université royale.

M. Rendu développe cette vérité, avec tout le zèle et toute la sagacité que l'on devait attendre d'un homme qui réunit à l'étude approfondie des bonnes traditions, l'amour éclairé de la religion.

Il s'occupe d'abord, d'après la nature de son plan, des écoles primaires, et réduit à trois méthodes tous les modes d'enseignement; savoir, *l'enseignement individuel*, *l'enseignement simultané*, et *l'enseignement mutuel*.

« Le premier mode est nécessaire et forcé lorsqu'un
» maître se trouve placé vis-à-vis d'un enfant seul; alors
» il y a privation de tout autre secours, absence d'émula-
» tion, ennui et dégoût presque inévitables, longueur et
» perte de temps; mais encore une fois, dans la position
» donnée, tout cela est forcé. »

Après avoir défini ce premier mode, que la propagation des lumières et la nécessité de l'instruction pour toutes les classes de la société, *ignorantia omnium origo malorum*, bannissent comme de concert, surtout des écoles destinées à l'enfance, M. Rendu traite de l'enseignement simultané qui fut introduit en France vers la fin du XVIIe. siècle, par M. de Lasalle, chanoine de Reims, fondateur des Frères de la doctrine chrétienne, et qui fut adopté et propagé en 1711, par l'abbé Tabourin, fondateur d'un autre communauté également consacrée au service des petites écoles.

L'auteur examine, dans le plus grand détail, ce second mode d'enseignement. Il en indique la marche, les moyens d'exécution, les avantages réels, et les progrès successifs. Mais ce qui répand infiniment d'intérêt sur une discussion naturellement sérieuse et quelquefois aride, c'est que l'examen des statuts et des règlemens de l'une et l'autre communautés lui fait bientôt découvrir le germe préexistant de l'enseignement mutuel, dans la méthode qu'ils prescrivent. Certes, diront quelques personnes peu faciles à persuader, il faut une rare perspicacité pour trouver un semblable résultat. Cependant l'évidence est pour l'auteur; et, si l'on suit bien le fil de ses raisonnemens, un frère des écoles chrétiennes serait en droit de dire aux fondateurs des nouvelles écoles : De quoi vous glorifiez-vous? Nous faisons, et nous savons tout cela depuis plus d'un siècle.

Voici, en peu de mots, comme M. Rendu s'exprime à ce sujet, liv. Ier., chap. 21, pag. 156 et suivantes :

« Nous voyons établis de tous temps, chez les frères des
» écoles chrétiennes, soit de l'Institut, soit de la Commu-
» nauté, ces procédés si utiles, dont, grâce au ciel, le
» bienfait se généralise pour toute la France, pour toute
» l'Europe, pour le monde entier ;

» La division des enfans, suivant le degré de leur science
» ou plutôt de leur ignorance ;

» L'uniformité des livres et des leçons, la simultanéité
» des exercices pour tous les élèves d'une même division ;

» L'emploi continuel et régulier des enfans les plus in-
» struits, et qui savent le mieux se faire obéir, sous les titres
» divers d'inspecteurs, de censeurs, de sous-maîtres, etc.,
» pour seconder les maîtres soit dans la surveillance, soit
» dans l'enseignement, et dans l'enseignement même de la
» religion ;

» Ces différens grades ou offices, exercés soit en la pré-
» sence des maîtres, soit en leur absence, et donnés ou
» retirés selon le mérite ou le démérite des titulaires ; . . .
. . . .

» Enfin, pour couronnement de toutes les connaissances
» nécessaires à l'homme social, la religion et la morale soli-
» dement enseignées à l'homme chrétien.

» Il est donc incontestable que l'enseignement mutuel,
» qui renferme et suppose l'enseignement simultané, n'est
» point une innovation et une innovation étrangère qui
» doive, à ces seuls titres, exciter l'enthousiasme ou l'hor-
» reur. Il est prouvé que la France en a tout le mérite ;
» que, de plus, cette méthode *abominable*, *impie*, nous
» vient du pieux fondateur des écoles chrétiennes, et que
» cette nouveauté date de cent cinquante ans. »

On appréciera sans doute, malgré l'ironie un peu forte,
mais motivée par la prévention ou la mauvaise foi des adversaires, cet élan d'un cœur vraiment français, jaloux de la
gloire de sa nation, et qui ne se plaît pas, comme plusieurs
écrivains, à la réduire au rôle secondaire qui consiste à perfectionner les découvertes des autres peuples. Ici, au contraire, le Français invente, et l'Anglais perfectionne. En
effet, s'il s'agit de l'*enseignement mutuel*, proprement dit,
abstraction faite de la simultanéité, on sait que cette méthode fut imaginée par le chevalier *Paulet*, et encouragée
par *Louis XVI*. Elle fut, il est vrai, perfectionnée par deux
étrangers amis de l'humanité, MM. *Bell* et *Lancaster* ;
mais la priorité n'en reste pas moins à l'inventeur français.
Nous ajouterons que cette prétendue nouveauté est connue
dans l'Inde depuis un temps immémorial, et que les Brames
font usage de cet ingénieux procédé pour enseigner aux enfans la lecture, l'écriture et le calcul. Lisez la *Revue En-
cyclopédique*, tom. Ier, page 39.

Nous sommes donc parvenus à l'enseignement mutuel,
cette conquête précieuse du dix-neuvième siècle sur la routine et les préjugés ; cette méthode si simple, si naturelle,
si appropriée aux besoins et aux facultés de l'enfance. L'auteur en développe d'abord l'origine, les principes, les
moyens d'exécution, la marche progressive, la supériorité
marquée sur les autres modes d'enseignement, et les succès
multipliés. Il combat ensuite, avec l'ascendant de la raison,
le système des adversaires de cette belle invention. Nous in-

diquerons seulement quelques-unes des objections , et nous les résoudrons d'une manière conforme aux idées de l'auteur , en regrettant de ne pouvoir citer les endroits de cette partie de l'ouvrage qui nous ont paru les plus brillans.

Des hommes prévenus ou peu éclairés ont prétendu que la méthode de l'enseignement mutuel n'était ni assez *chrétienne*, ni assez *monarchique*. La réponse à cette assertion singulière est claire et précise.

Toutes les écoles de ce genre, qui sont maintenant au nombre de plus de quinze cents, n'ont été établies que sous la surveillance immédiate de l'Université, essentiellement religieuse par son institution, et sous la protection puissante d'un monarque ami des sciences, par conséquent de l'instruction, et de toutes les découvertes utiles. Un prince aussi éclairé, aurait-il, je ne dis pas seulement protégé et encouragé, mais même fondé ou permis de fonder des établissemens que la religion pourrait ne pas avouer, ou dont elle ne serait pas la base essentielle? Non, non, le fils aîné de l'église est aussi son plus ferme appui ; mais il sait que la propagation des lumières ne saurait être en opposition avec l'esprit de l'Évangile ; il sait que son divin auteur est nommé par l'apôtre Saint-Jacques, le père des lumières. *Omne donum optimum, et omne donum perfectum desursùm est, descendens à patre luminum :* tout don parfait et excellent vient du ciel, et descend du père des lumières.

Que voyons-nous, au reste, dans les nouvelles écoles qui puisse autoriser une semblable objection ? Il n'en est pas une seule où le signe du salut ne soit élevé au-dessus de l'image chérie du meilleur des rois. Telle est la décoration constante et indispensable des nouvelles écoles, dont le simple ornement se réduit d'ailleurs à des tableaux de lecture, remplis des maximes de l'Ancien Testament et de l'Évangile.

Ainsi les élèves sont continuellement rappelés à l'amour de la religion et du souverain qui nous gouverne ; et ces sentimens leur sont inspirés non-seulement par leurs maîtres, mais par les instrumens mêmes qui servent à leur instruction. Nous ajouterons que les livres élémentaires sont prescrits par la *commission royale de l'instruction publique*, d'où il est juste de conclure que la religion, la morale, l'amour du prince, le respect pour les parens, la soumission au gouvernement et aux autorités constituées, doivent en former la base essentielle. Enfin, Sa Majesté vient elle-même d'accorder un local dans le château de Versailles, pour une école d'enseignement mutuel, et une somme de 2000 francs pour les frais de premier établissement. L'assertion précitée est donc destituée de toute espèce de fondement.

Une autre objection plus spécieuse accuse les rapides progrès que font les élèves dans la lecture et l'écriture, au moyen de l'enseignement mutuel. Sans doute, les adversaires veulent en induire que ce qui s'apprend aussi vite s'oublie de la même manière; mais, sans nous arrêter à l'écorce des choses, cherchons à les approfondir, et nous verrons bientôt qu'il s'agit d'abord d'un enseignement extérieur et *mécanique*, qui, par conséquent, ne demande aucune contention d'esprit. Or, on sait, que tout procédé simple et ingénieux, qui frappe surtout l'imagination de l'enfant, reste long-temps gravé dans sa mémoire :

Quo semel est imbuta recens, servabit odorem
Testa diù......

Horat. lib. 2, Ep. 29, v. 69.

Concluons de ce principe, que la meilleure de toutes les méthodes, relativement à la lecture, à l'écriture et au calcul, doit être celle qui opère de la manière la plus prompte et la plus sensible, avec le moins de frais et d'efforts.

Enfin, le nouveau mode est adopté non-seulement en France et en Angleterre, mais dans la plupart des états de l'Allemagne, en Prusse, en Russie, dans la Suède et le Danemarck, en Italie, dans toute la Grèce, et même en Amérique.

Un concours si unanime et des succès si prononcés dans
l'intervalle de trois ans., ne prouvent-ils pas d'une manière
invincible l'excellence de l'enseignement mutuel ?

Rempli de cette idée , l'auteur se livre à un noble enthousiasme, tom. Ier., chap. vi, p. 107.

« Grâce à un siècle impatient de jouir , grâce au ra-
» pide mouvement de tous les esprits , grâce au besoin plus
» grand que jamais d'une instruction universelle , grâce
» aussi à des oppositions maladroites et passionnées, l'en-
» seignement mutuel grandit tous les jours ; il marche à pas
» de géant ; il parcourt l'Europe , il fait le tour du monde.
» La terre est à lui, il éclairera les peuples civilisés , il civi-
» lisera les nations barbares , et concourant avec la propa-
» gation des livres sacrés , s'avançant à la suite et sous les
» auspices de la religion , il achèvera la conquête de l'uni-
» vers au christianisme. »

Les bornes d'un article purement analytique ne nous permettent guère un plus long détail. Il est cependant une troisième objection qui pourrait séduire les esprits faibles , et
que , pour cette raison, il nous importe de résoudre.

La méthode de l'enseignement mutuel , répètent de concert les opposans , apprend à se passer de *maître*.

Il est vrai que, dans les nouvelles écoles, l'autorité du
maître n'agit le plus souvent que par l'intermédiaire des *moniteurs* et autres officiers établis par les règlemens ; mais
l'instituteur est toujours présent ; seul , il dirige le mode
d'instruction. Son œil actif , débarrassé des menus détails ,
n'en surveille que mieux l'ensemble des opérations ; il est le
centre unique où tout aboutit. C'est une sorte de monarque
qui gouverne par ses préposés ; et puisque dans l'instruction
on se propose surtout de former des hommes , ne doit-on pas
préférer , entre toutes les méthodes , celle qui présente le
plus d'analogie avec le gouvernement sous lequel ils doivent
vivre. Voyez au reste l'ordre et le silence résulter comme
nécessairement de cette heureuse combinaison , et régner
dans toutes les divisions d'une école nombreuse , sans qu'il
soit besoin d'user de sévérité.

Nous terminerons cette discussion sur l'enseignement mutuel, par une pensée malheureusement trop vraie , extraite
du livre Ier., chap. xvii, pag. 113. « Toute l'histoire des

» découvertes heureuses et des sages institutions tend à
» établir ces deux vérités : la première, que le creuset de
» la contradiction doit éprouver tout ce qui est bon ; la
» seconde, que tout ce qui est bon résiste à la contradiction.
» Le feu s'est éteint, l'alliage a disparu, l'or est resté. »

Qu'il nous suffise d'ajouter que la plupart de ces précieux établissemens sont dus au zèle actif et éclairé de la Commission d'instruction publique. Aussi est-elle devenue en quelque sorte le point de mire d'une certaine classe d'hommes, qui, rêvant sans cesse le retour à de gothiques institutions que la force irrésistible des choses et la charte constitutionnelle ont abolies à jamais, osent encore se proclamer les amis exclusifs du *roi et de la religion*. M. Rendu, en sa qualité d'inspecteur général de l'Université royale, était bien fondé à se constituer son défenseur. Telle est l'honorable tâche qu'il remplit dans la troisième partie de son ouvrage, où les argumens serrés d'une logique vigoureuse se trouvent réunis à ce ton de décence et de réserve que se doivent réciproquement les gens de lettres.

P. F. L., ancien professeur.

PETIT MANUEL de morale élémentaire, à l'usage des enfans, contenant douze leçons et trois histoires, avec des séries de questions propres à exercer à la fois la mémoire et l'intelligence des enfans. — 1 vol. in-12, prix, 1 fr. 25 c. *Paris, chez L. Colas, imprimeur-libraire, rue Dauphine, n°. 32.*

Cet ouvrage a obtenu le suffrage de la société pour l'instruction élémentaire.

La méthode nouvelle d'interrogation, dont cet ouvrage offre l'essai, consiste à reproduire les sujets des leçons et des lectures, dans des questions adressées aux enfans, pour s'assurer, par leurs réponses, qu'il ont bien compris ce qu'ils ont lu ou entendu. Cette méthode, pratiquée avec succès en Angleterre, et parfaitement appropriée à l'excellente méthode d'enseignement mutuel, qui obtient de si grands succès en France, paraît devoir procurer plusieurs avantages importans : 1°. d'exercer à la fois le jugement et la mémoire de l'enfant ; 2°. de l'amener à tirer lui-même la conséquence morale de ce qu'il a lu ou entendu ; 3°. de fixer son attention sur le point le plus important ; 4°. enfin, de fournir aux moniteurs, dans les écoles d'enseignement mutuel, les modèles des questions qu'ils doivent adresser aux élèves.

Voici la marche à suivre pour l'application de cette méthode.

L'instituteur ou le moniteur, qui doit seul avoir ce livre entre les mains, fera épeler ou lire, dans les exercices par cœur, une phrase telle que celle-ci : « Dieu a fait tout ce que nous voyons. » Il demande ensuite : « Qui a fait tout ce que nous voyons ? » L'élève répondra, « Dieu. » Ainsi, l'esprit de l'enfant s'arrêtera sur la pensée de Dieu, créateur de toutes choses : il la comprendra mieux encore par les explications qui suivent, toujours développées par lui de la même manière : il sera attentif, parce qu'il attachera une idée à sa réponse ; il finira par tirer, de lui-même, la conséquence dont il sentira la nécessité. Pour éviter de surcharger la mémoire de l'élève, le moniteur ne lira qu'une phrase à la fois, selon l'ordre dans lequel elles sont numérotées dans les douze premières leçons, et il fera la question aussitôt après. Dans les histoires où l'on n'a pu établir la même progression, il devra s'arrêter, à chaque phrase qui présente un sens déterminé, et questionner l'élève.

On fera observer que les réponses, tirées des leçons mêmes, n'ont pas été mises à la suite des demandes ; mais, toutes les fois qu'on s'est écarté du texte, on a aidé le moniteur et les élèves, par l'explication, ou du sens d'un mot sur lequel ils auraient pu se méprendre, ou d'une conséquence un peu difficile à saisir. La petite moralité qui se trouve à la fin des chapitres de l'histoire du pauvre Jacques, sera lue par le moniteur, si l'enfant ne la saisit pas bien de lui-même.

Une chose que je regarde comme essentielle, est de ne pas toujours exiger des élèves des réponses littérales, mais de s'attacher plus au sens des mots et à la justesse des idées, qu'à l'expression qui doit seulement être claire et précise, Il vaut beaucoup mieux que les enfans aient bien *compris*, que bien *appris par cœur* ce qu'ils ont lu. Cette méthode est plutôt destinée à exercer leur intelligence que leur mémoire.

JOURNAL D'ÉDUCATION.

N°. III. — Décembre 1819.

Vᵉ. *Année.*

ENSEIGNEMENT ÉLÉMENTAIRE.

EXTRAIT

Des procès verbaux du conseil d'administration

DE LA SOCIÉTÉ POUR L'INSTRUCTION ÉLÉMENTAIRE.

Séance du 8 décembre 1819. — *Présidence de M. le duc*
DE LA VAUGUYON.

Son Exc. le ministre de l'intérieur, par plusieurs lettres dont il est donné lecture, informe le conseil des secours qu'il a accordés à diverses écoles des départemens.

M. Pacaud, vicaire de Beaune, adresse au conseil un opuscule qu'il a composé en faveur de la méthode.

M. Lemaire, directeur de l'école de la Villette, près Paris, annonce qu'il vient d'introduire dans sa classe l'enseignement du dessin linéaire ; il ajoute à cette communication, des détails satisfaisans sur l'état où se trouve son établissement et sur les résultats qu'on y obtient.

Les élèves de l'école fondée dans la prison de Montaigu

remercient le conseil, des livres dont il leur a été fait présent. M. de Gérando profite de cette occasion pour donner à M. Appert-Bouché les éloges que méritent les soins gratuits donnés par lui à cet établissement.

M. de Jussieu demande que la commission chargée de l'inauguration de l'école de l'abbé Gaultier, soit autorisée à y faire placer un buste de cet honorable collaborateur. — Approuvé.

L'enseignement mutuel fait des progrès en Espagne. Cette nouvelle est transmise par M. Chabran, correspondant à Toulouse. L'école de Barcelone, fondée par M. Castanos, a des succès marquans, et qui font espérer de voir bientôt la méthode généralement admise dans la Catalogue.

M. le comte de Larac, correspondant de la société, conseiller privé et chambellan de S. M. l'empereur de Russie, étant présent, M. le président l'invite à assister à la séance. — Mention au procès verbal.

M. le président de la commission des fonds rend compte de l'état de la caisse de la société.

M. Basset donne communication d'une note sur la visite qu'il a faite dans l'école d'enseignement mutuel de Soissons, dirigée par M. Tissot, et contenant 70 enfans. Des renseignemens qui viennent de parvenir à M. Basset lui annoncent que la presque unanimité du conseil municipal a voté une somme de 1000 francs pour les besoins de cette école.

M. Basset, au nom d'une commission spéciale, fait au conseil un rapport sur l'état de l'école israélite de la rue des Singes, n°. 3. (Voyez ci-après). M. le rapporteur propose d'adresser des remercîmens à M. Cologna, grand rabbin, président de la société israélite, sur le choix d'un maître qui réunit tous les suffrages, et de l'assurer de tout l'intérêt que le conseil prend au succès de cet établissement. — Adopté.

M. Francœur annonce que l'école de Chartrette, près Melun, est dans un état très-favorable ; il propose que vingt exemplaires de l'Évangile soient envoyés à cette école pour récompenser les meilleurs élèves. — Accordé.

Des rapports de diverses commissions remplissent le reste de la séance.

Séance du 22 décembre 1819. — Même présidence.

Plusieurs lettres de S. Exc. le ministre de l'intérieur annoncent que des fonds ont été accordés à titre de secours à diverses écoles.

M. Rachailles écrit qu'il vient de former une école près de Libourne.

Le conseil d'administration de Bourbon-Vendée annonce que la distribution des prix a été faite dans l'école de cette ville. On renvoie au comité des méthodes plusieurs propositions relatives à des perfectionnemens. La même lettre donne avis que le conseil municipal de cette ville a voté 2100 francs, pour subvenir aux dépenses de l'école en 1820. Le dessin linéaire y est maintenant en pleine activité.

Madame Quignon met sous les yeux du conseil des travaux d'aiguille faits par les petites filles de l'école qu'elle dirige.

A Perpignan, à Nangis, on a adopté l'enseignement du dessin linéaire. — M. Peigné, instituteur à Châteauroux, fait l'envoi de divers dessins d'architecture, exécutés par ses élèves qui n'ont encore reçu que 36 leçons.

Le président du comité central de Saverdun annonce l'ouverture de l'école de cent élèves établie en cette ville.

M. Brun, de Besançon, donne des détails sur l'état de l'enseignement dans le département du Doubs ; il est aussi satisfaisant qu'on peut le désirer. L'arrondissement de Pontarlier possède vingt écoles.

Beaucoup de personnes qui avaient été conduites aux eaux de Luxeuil, par des motifs de santé, ont fait des dons en faveur de l'école de cette ville.

Les habitans de Luçon, formant le comité cantonnal, écrivent que M. Le Gallot, chargé de diriger l'école de cette ville, n'a pu obtenir du recteur de l'académie de Poitiers, les autorisations nécessaires, malgré les preuves les plus positives de son zèle, de sa capacité et de sa moralité, garanties par le comité même. Un extrait du procès verbal de ce comité cantonnal, à l'appui de cette lettre, établit en fait constant, que de criantes iujustices ont été mises en œuvre et secondées par le recteur même, jusqu'à la persécution, pour détruire cet établissement, quoiqu'il eût l'approbation formelle de tous les habitans de Luçon. Ces pièces ont été apportées par la députation de la Vendée, qui s'intéresse beaucoup à cette institution et à M. le Gallot. L'école est d'ailleurs dans l'état le plus satisfaisant.

M. Werdet, instituteur, fait l'offre de recevoir gratuitement vingt élèves.

M. Jomard fait connaître les états de situation des diverses écoles de France, parmi lesquelles on en remarque 21 nouvelles.

M. Bienvenu annonce que le nombre des élèves à l'école de Saint-Brieux est doublé, et celui des souscripteurs triplé, depuis l'attaque irréfléchie de M. de la Mennais. M. Basset demande qu'il soit écrit à M. Bienvenu, pour le féliciter de son zèle, et qu'il soit nommé correspondant de la société. — Adopté.

On entend plusieurs rapports du comité du fonds.

M. Coutelle propose d'accorder le titre de correspondant à M. le docteur Chandon, qui a contribué, par son zèle actif, à la fondation d'une école dans la commune de Bellesme.

M. le Roy annonce que, conformément au vœu du conseil, il a fait la distribution des cartes de dispensaires dont la société peut disposer, et qu'il les a consacrées aux écoles mêmes de la société. Des cartes semblables seront données, selon les besoins, aux autres écoles gratuites de Paris.

M. le Roy propose qu'il soit envoyé une députation au respectable président de la société , M. le duc de La Vauguyon , qui a eu le malheur de perdre son fils. Le bureau et M. le Roy sont chargés de représenter le conseil dans cette visite de condoléance.

Enfin , le même membre demande le renvoi au comité des adultes , d'une proposition ayant pour objet de faciliter aux membres des sociétés de prévoyance et de secours des divers quartiers de Paris, l'admission de leurs adultes et enfans dans les écoles d'enseignement mutuel. Ces sociétés sont au nombre d'environ 80.

M. Jomard propose que le comité des maîtres soit chargé de préparer le travail d'après lequel doivent être présentés à la société les noms des instituteurs qui , depuis la dernière distribution de médailles, ont droit , par leur zèle et leur moralité, à recevoir de semblables encouragemens. — Adopté.

RAPPORT

Sur l'école élémentaire des Israélites.

Messieurs,

M. Berr , plusieurs de nos collègues et moi , avons été, sur votre invitation, visiter l'école élémentaire des Israélites, le dimanche 5 du courant. Nous avons été reçus par les membres du comité de surveillance et d'administration, et par M. le grand rabbin de Cologna, président.

L'école, située rue des Singes , n°. 3 , saine, bien proportionnée et passablement éclairée , peut contenir 100 enfans. Dans ce moment, le nombre ne s'élève qu'à 75 , depuis l'âge de cinq ans jusqu'à treize. La population israélite pourrait fournir 300 élèves à l'instruction primaire.

Nous avons fait faire tous les exercices en notre présence, et sans nous appesantir sur des détails qui se trouvent partout où la méthode est en vigueur. Nous nous bornerons à vous annoncer que notre satisfaction a été complète sous tous les rapports, et qu'excepté ce que la différence de religion exige, tout se passe dans cet établissement comme dans une de nos bonnes écoles. Les jeunes Israélites jouissent d'un avantage de plus, de l'étude de la langue hébraïque, ajoutée à celle du français. En conséquence, les exercices de lecture et d'écriture sont doubles, et les tableaux sont faits pour l'hébreu, de manière qu'à commencer de la 3e. classe, les deux langues se lisent et se traduisent l'une par l'autre. Nous avons remarqué avec plaisir, et non sans surprise, que la prononciation gutturale de la langue hébraïque, n'influait en rien sur la pureté de la prononciation française.

Une administration sage a les yeux sans cesse ouverts sur cette école, et elle marche d'après un règlement qui a reçu l'approbation du grand rabbin et de tous les membres du consistoire de Paris. M. Drach, un de nos maîtres de premier ordre, rabbin considéré et savant modeste, remplit avec zèle et intelligence les fonctions de directeur. Comme un des témoignages des succès qu'il a déjà obtenus, il nous a remis une liste de 16 élèves qui, sur 75, ont passé, en moins de quatre mois, et sans rien savoir à leur entrée, de la 1re. à la 7e. et 8e. classes de lecture et d'écriture.

En conséquence, votre commission pense qu'il serait convenable que le bureau écrivît à M. de Cologna, président du comité israélite, pour le féliciter sur le bien qu'il fait à ses coreligionnaires, sur le choix du maître qu'il leur a donné; enfin, pour l'assurer de tout l'intérêt que votre conseil d'administration mettrait à recevoir, de MM. les Israélites, des communications sur les progrès de leurs écoles.

Paris, 5 décembre 1819.

Signé, Michel BERR et BASSET.

CORRESPONDANCE.

Lettres de son excellence le ministre de l'intérieur au conseil d'administration de la société.

Du 13 novembre 1819.

MESSIEURS,

L'administration du département de la Loire vient de me désigner les villes d'Ancenis, Châteaubriand, Savenay, Paimbœuf, Guérande, etc., où il paraît possible d'introduire l'enseignement mutuel. Je vous annonce que, pour seconder les efforts de M. le préfet, je viens de mettre à sa disposition une somme de 1000 francs.

Du même jour. — Messieurs, il existe deux écoles d'enseignement mutuel dans les villes chefs-lieux du département de Loir-et-Cher ; l'une à Blois, l'autre à Romorantin ; et deux écoles de campagne, l'une à Cour-Cheverny, l'autre à Chaumont-sur-Taronne.

J'ai pensé qu'il serait convenable de former une institution semblable à Vendôme ; et je viens de mettre à la disposition de M. le préfet une somme de 600 fr., pour être employée à cet usage.

Du 18 novembre. — Messieurs, je vous annonce que je viens de mettre à la disposition de M. le préfet du Morbihan une somme de 775 francs.

Ce fonds sera accordé, à titre d'indemnité, à l'instituteur de Lorient, qui a épuisé toutes ses ressources pour l'établissement et l'entretien de l'école d'enseignement mutuel de cette ville.

Du même jour. — Messieurs, plusieurs communes, dont Caumont est le centre, ont exprimé le désir que le maître de l'école de Caumont fût admis, pendant trois mois, à une école-modèle d'enseignement mutuel.

Je vous annonce que je viens de mettre à la disposition de M. le préfet de l'Aisne une somme de 300 fr., destinée à l'instituteur désigné, pour frais de séjour à l'établissement normal de Saint-Quentin, où il doit se former aux procédés de la nouvelle méthode.

Du 2 décembre. — Messieurs, les protestans de la ville de Nancy désirant élever une école primaire particulière où leurs enfans puissent recevoir l'instruction religieuse, dont ils sont entièrement privés dans les écoles de la ville, je vous annonce que je viens de mettre à la disposition de M. le préfet de la Meurthe une somme de 1000 francs, pour acquitter les frais de premier établissement de l'école d'enseignement mutuel que ces religionnaires se proposent de former dans la ville de Nancy.

Du 4 décembre. — Messieurs, je vous informe que je viens de mettre à la disposition de M. le préfet des Basses-Pyrénées une somme de 1000 francs.

Ce secours doit être réparti entre les villes de Saint-Jean-Pied-de-Port et de Salies, où l'on se propose d'élever des écoles d'enseignement mutuel. Celle de Saint-Jean aurait pour objet de généraliser, dans le pays basque, l'usage de la langue française ; celle de Salies, de faire jouir les enfans du culte protestant des avantages de l'enseignement mutuel, dont jouissent déjà les enfans catholiques.

Du 7 décembre. — Messieurs, je vous annonce que je viens de mettre à la disposition de M. le préfet de Lot-et-Garonne une somme de 500 fr., pour l'école fondée à Agen, par la société d'agriculture, sciences et arts de cette ville.

Cette subvention était nécessaire pour soutenir ce bel établissement que l'on doit aux membres de la société, et répond au désir que vous m'avez exprimé dans votre lettre du 30 septembre dernier.

Du 9 décembre. — Messieurs, je vous annonce que je viens d'accorder, à la société d'enseignement mutuel formée à Châlons-sur-Saône, un secours de 200 francs pour l'école de cette ville.

Cette somme forme, avec celle de 600 fr. que j'ai précédemment accordée pour la même destination, une ressource, à l'aide de laquelle les souscripteurs pourront hâter la prospérité de l'établissement.

Du 31 décembre. — Messieurs, j'ai trouvé jointe à votre lettre du 18 de ce mois, celle que vous avez reçue des détenus de la prison militaire de Montaigu, qui suivent les leçons de l'enseignement mutuel de M. Appert-Bouché. On ne saurait trop applaudir à l'expression des sentimens que renferme la lettre de ces militaires, et qu'ils paraissent avoir puisés dans les leçons de leur instituteur. Je vous remercie, Messieurs, d'une communication qui offre déjà des preuves sensibles de l'instruction morale de ces détenus, et garantit le succès des autres améliorations qu'on se propose dans le régime des prisons.

Agréez, etc.

Le ministre secrétaire d'état de l'intérieur,

Signé le comte DECAZES.

—————————————————

DÉPARTEMENT DE LA COTE-D'OR.

Nous avons annoncé dans le temps l'ouverture de l'école établie à Beaune. Nous n'avions pas encore eu connaissance du discours prononcé à la messe du Saint-Esprit, célébrée à cette occasion, par M. le grand-vicaire Pacaud. Ce discours a été publié depuis par ordre de M. le préfet du département. En le lisant, on formera des vœux pour que tous les ministres de la religion arrivent à manifester les mêmes sentimens qui y sont exprimés, et on nous saura gré, nous n'en doutons pas, de lui avoir donné une nouvelle publicité.

DISCOURS

Prononcé par M. Pacaud, grand-vicaire de Beaune, le 23 juillet 1819, à la messe du Saint-Esprit, célébrée pour l'ouverture de l'école de cette ville.

Audite, filii, disciplinam patris, et attendite.
Enfans, écoutez les leçons de votre père, et méditez-les.

Monsieur le Préfet et Messieurs,

Qu'il serait consolant pour notre ministère d'avoir toujours à vous entretenir de sujets aussi intéressans que celui qui nous rassemble aujourd'hui ! Ce n'est plus contre des vices grossiers que je vais élever la voix, c'est à une jeunesse studieuse que je vais répéter les leçons de la sagesse. Placés au commencement d'une carrière dont l'entrée vous a été ouverte par des mains bienfaisantes, jeunes élèves, suivez-moi un instant dans le développement des motifs qui doivent exciter votre émulation et soutenir votre courage. Je ne veux point, flattant votre espérance, vous promettre dans la route de l'éducation un chemin de roses sans épines, ni des fruits trop faciles à cueillir. Qu'y aura-t-il d'effrayant pour vous, lorsque vous saurez qu'en vous instruisant, vous travaillez au bien de l'état et à celui de la religion?

Si nous jetons un rapide coup d'œil sur les différens peuples qui occupent la surface du globe, nous serons frappés d'un spectacle bien étonnant. Ici, je vois des malheureux, dans lesquels on distingue à peine les traits de l'homme, passer des jours infortunés, sans que l'industrie leur ait appris les arts utiles dont nous jouissons. Ne cherchez parmi eux aucune notion du juste ou de l'injuste : la loi y consiste dans le droit du plus fort sous le joug duquel ils restent en frémissant, attendant que les circonstances leur présentent l'occasion de le secouer impunément. Ailleurs, je vois des villes s'élever, des découvertes utiles, des lois sages concourir au bonheur des citoyens. Que j'aime à voir, chez ces derniers, la sagesse présider aux délibérations publiques, et conseiller des entreprises toujours suivies du succès, cette subordination qui règle les devoirs des différens membres de l'état, et établit l'harmonie la plus parfaite dans le corps politique ! Ne demandez pas, messieurs, pourquoi cette différence ? Chez les uns, la plus profonde ignorance enveloppe tous les esprits, et chez les autres les lumières ont chassé les ténèbres. A leur aurore apparurent, comme des phénomènes heureux, des hommes qui semblent avoir été chargés de remplir auprès de leurs semblables les fonctions de la Providence. Leur voix persuasive rassembla les hommes dispersés, les états se formèrent, et les citoyens, se partageant en différentes classes, rivalisèrent d'efforts pour venir apporter en tribut à la patrie les fruits de leur industrie. Si telle est l'influence des connaissances pour l'ordre social, qu'il lui doive son origine et ses progrès ; s'il est incontestable qu'en multipliant les causes on augmente les effets, pouvons-nous douter qu'en propageant les bienfaits de l'éducation, on n'accroisse aussi la gloire des états ? A quelle époque fixera-t-on la gloire de la France ? La reporterons-nous jusqu'à ces siècles d'ignorance où les rois s'honoraient du titre de fainéans, et laissaient les rênes de l'empire dans les mains de leurs ambitieux ministres ; lorsque d'insolens voisins parcouraient en vainqueurs nos provinces désolées ? Nous gémirions encore sur l'esclavage de la patrie, si une dynastie, féconde en princes sages, n'eût paru sur le trône pour assurer notre bonheur ! Non, il n'appartenait qu'au cœur paternel du plus généreux des monarques de donner à son peuple, avec

la constitntion la plus parfaite, tous les moyens d'instruction, comme la preuve la plus évidente de son amour. Il
sait que, pour procurer à son royaume toute la splendeur
qu'il peut acquérir, il faut qu'il commande à des sujets instruits et laborieux. Le ministre d'un despote a bien pu
livrer aux flammes une immense bibliothéque ; mais un
prince tel que nous le possédons, aussi jaloux de faire notre
bonheur que d'encourager les talens, ne s'effraie pas aux
approches d'une raison éclairée : il aime à contempler, dans
ses sujets instruits, les plus fidèles observateurs des lois,
les amis de l'innocence, et ses serviteurs les plus dévoués.

Un apôtre de l'erreur pourrait tout craindre, pour ses dog-
mes mensongers, des progès des lumières ; mais la religion n'a
rien à redouter du grand jour : toutes les alarmes à cet égard
seraient impies. Grâces vous soient rendues, ô mon Dieu !
nous avons, pour nous rassurer, les autorités les plus puis-
santes ! Vous subsisterez à jamais dans nos annales sacrées,
siècle de gloire pour l'église, lorsque les Augustin, les Ambroise, les Jérôme, les Grégoire, les Bazile, et tant d'autres
saints personnages, édifiaient l'église par leur piété, en
même temps, qu'ils honoraient les lettres par leurs connaissances ! A peine commença-t-on à rentrer dans les ténèbres, que des sectaires impies déchirèrent l'unité et semè-
rent leurs erreurs avec des succès d'autant plus faciles,
qu'on avait moins d'hommes éclairés à leur opposer.

La France, faite pour donner à l'Europe le modèle des
plus sages institutions, présente avec confiance, à ses voisins, un moyen de faciliter l'éducation de la jeunesse. Ce
n'est pas une tentative que nous ayons besoin de justifier par
l'expérience : depuis long-temps d'autres contrées jouissent
des bienfaits de l'enseignement mutuel ; partout, les plus
heureux résultats ont démontré sa supériorité sur les autres
modes jusqu'ici employés. Voulons-nous juger sainement de
la bonté de la nouvelle méthode ? Examinons les objets
qu'elle se propose, et les moyens qu'elle met en oeuvre.

Ces objets sont : de former les enfans aux connaissances nécessaires à tous les hommes ; de graver dans leur cœur les principes de la morale, et d'en faire, pour l'État, des citoyens utiles, et pour la religion des enfans soumis. Tout le monde sait qu'un ignorant est un poids inutile à la terre, incapable de remplir aucune charge publique, et qui souvent ne tient à la société que par des vices dont il l'infecte. Mais si, dans sa jeunesse, on l'eût conduit dans des écoles publiques, si son esprit eût été cultivé, et si on eût fait naître dans son âme l'amour de la vertu, il serait aujourd'hui un fils soumis, un bon époux, un père tendre.

En effet, que se propose-t-on dans les différentes parties de l'éducation ? Élève-t-on les regards de la jeunesse vers les cieux, c'est pour la pénétrer des plus profonds sentimens d'admiration pour le créateur de ce bel univers. La conduit-on, pour ainsi dire, sur la surface de la terre, pour lui faire remarquer les continens et la vaste étendue des mers ; lui montre-t-on les chaînes immenses des montagnes qui se dirigent dans tous les empires du monde, pour être comme les réservoirs des fleuves qui sortent de leur sein ; découvre-t-on à ses yeux toutes les merveilles de la nature, la beauté des plantes, la variété des animaux, c'est pour lui persuader qu'elle est dans un sanctuaire où il faut adorer sans cesse la bonté et la puissance divine qui y brillent de toutes parts. Lui révèle-t-on les secrets de l'histoire, c'est pour lui faire voir le vice en horreur, et la vertu honorée ; c'est pour présenter à son imitation les hommes illustres qui nous ont précédés, et qui ont laissé leur nom porté comme en triomphe jusque chez les générations à venir. Applique-t-on son esprit aux calculs pénibles des sciences exactes, c'est pour lui faire comprendre combien l'intelligence de l'homme est bornée, et de quels efforts nous avons besoin pour obtenir quelques étincelles de la vérité dont Dieu est la source et la plénitude.

On ne manquera pas de me répondre qu'il est impossible que tous les hommes soient instruits ; qu'il faudrait pour cela multiplier les maîtres à l'infini, et qu'il resterait encore la classe indigente qu'on ne parviendra pas à éclairer. C'est ici, messieurs, le triomphe de l'enseignement mutuel. Supposez autant d'élèves qu'il est possible d'en placer dans une même classe ; quel que soit leur âge, s'ils sont assez forts pour parler et marcher, ils vous convaincront bientôt qu'un seul maître suffit pour diriger leurs études. Ce ne sera point par une application gênante qu'on les instruira : on fera de leur éducation un exercice amusant. Ils n'auront jamais à redouter les punitions corporelles, ils seront plus sensibles à l'humiliation : on entretiendra leur émulation par des récompenses ménagées à propos et distribuées avec la plus sévère impartialité. Voilà les moyens qu'on emploie dans l'école de l'enseignement mutuel. Et, pour que les enfans n'oublient jamais qu'ils sont Français et chrétiens, ils auront sans cesse sous les yeux le buste de Louis-le-Désiré ; ils commenceront et termineront leurs exercices par une prière devant l'image de notre rédemption. Ils ne seront pas étrangers au culte de leurs pères ; on conduira leurs pas dans nos temples ; on leur fera remarquer la pompe auguste de nos cérémonies ; on leur montrera l'autel sur lequel Dieu, dans sa bonté, veut qu'on renouvelle chaque jour le sacrifice que son fils lui a offert une fois sur la croix. Approchez, leur dit-on, approchez avec respect de ce tabernacle de la nouvelle alliance ; adorez-y un Dieu caché sous les symboles les plus expressifs de son amour. Cette eau que vous voyez est la fontaine salutaire dans laquelle vous avez été purifiés des souillures de la tache originelle : c'est en sortant de ce bain sacré qu'on vous a revêtus de la robe d'innocence. Les tableaux qui décorent ce temple nous représentent des hommes faibles comme nous, mais qui ont eu le courage de rester fidèles à la grâce de J.-C. qui en a fait des saints. Ils nous ont tracé la route que nous devions suivre : puissions-nous la parcourir comme ils l'ont fait, et laisser à ceux qui viendront après nous l'exemple de nos vertus à imiter !

Pendant les troubles qui ont agité notre patrie, on a pu apprécier l'utilité des principes religieux. Il n'est, je crois, personne qui ne convienne que les vertus morales n'ont pas de plus solide fondement, et que la tranquillité des nations ne repose sur aucune base plus inébranlable.

D'où vient donc, messieurs, qu'une si belle institution a trouvé des détracteurs ? Nous cesserons d'en être surpris, si nous faisons attention que tel a été le sort des découvertes les plus avantageuses. Malgré l'évidence du succès, on s'est toujours plu à le révoquer en doute. Ainsi les difficultés qu'on élève contre le système de l'éducation mutuelle, s'évanouissent assez quand on les examine de près. « Quand » les enfans auront appris tout ce qu'il leur importe de » savoir, qu'en faire, dit-on, jusqu'à ce qu'ils aient at- » teint l'âge de pouvoir s'occuper à des arts mécaniques ? » Ce que vous en ferez, pères et mères, écoutez l'Esprit Saint, il vous l'apprend lui-même : *Un fils sage et soumis*, nous dit-il, *est la couronne de ses parens*. L'instruction qu'il a reçue est un principe de vie qui développe chez lui toutes les forces morales, et qui le rend plutôt capable de travailler, que s'il était resté dans l'ignorance. Vous ne saurez qu'en faire ! vous étudierez ses goûts ; vous remplirez à son égard un devoir bien négligé des parens : vous examinerez devant Dieu quels sont les desseins de la Providence sur lui, et dès lors vous le préparerez à parcourir la carrière qu'il aura un jour à remplir. Il vous délassera de vos travaux en vous répétant ce qu'on lui aura appris ; vous jouirez d'une satisfaction bien pure, en voyant en lui l'amour du travail, et la noble impatience de partager vos fatigues.

Je conviens, avec les adversaires de l'enseignement mutuel, que ce plan d'études eût été bon pour les temps où il s'agissait de tirer les peuples de la profonde ignorance dans laquelle ils étaient ensevelis. Mais, pourra-t-on nier que cette ignorance, si heureusement dissipée dans nos villes, ne règne encore dans nos campagnes? Nous avons des savans qui ont médité des plans d'une meilleure culture ; c'est à leurs veilles que nous devons tant de connaissances précieuses sur l'agriculture, la nature des engrais, la variété des terrains et les moyens de les mettre en valeur : des sociétés formées par les soins du gouvernement, font de généreux efforts pour encourager l'industrie des cultivateurs ; mais trouve-t-on dans les champs des hommes assez éclairés pour étudier leurs principes? en trouve-t-on beaucoup d'assez dégagés des préjugés, pour quitter le chemin battu de la coutume, pour suivre la voie découverte par l'expérience, et indiquée par la raison? Dans tous les hameaux, cependant, on rencontre des personnes qui doivent instruire les jeunes gens ; mais malheureusement les enfans, qui n'ont pu donner dans l'année que quelques mois à l'étude, oublient bien vite ce qu'ils n'ont appris que très-superficiellement, et arrivent à l'âge viril, sans avoir retiré aucun fruit de leur instruction. Qu'on leur fasse suivre les leçons de l'école de l'enseignement mutuel, dans peu, vous les verrez assez avancés pour ne plus rien redouter de l'interruption de leurs travaux ; ils quitteront même leur idiome si contraire à la pureté du bon langage, et pourront puiser dans les auteurs les connaissances les plus utiles à leur profession. Ils liront et reliront sans cesse la charte que nous tenons de la sagesse de notre monarque ; ils sentiront que rien ne doit manquer au bonheur de l'État, puisque le prince qui nous gouverne veut si franchement la félicité de ses peuples. Que des esprits, ennemis de la paix, essaient de les entraîner dans leur rébellion, ils fermeront l'oreille à leurs discours perfides, parce qu'ils auront su apprécier, par eux-mêmes, les avantages de notre législation.

Pourrait-on raisonnablement blâmer les mouvemens divers des élèves? On conviendra sans peine que, pour éviter un plus grand tumulte, dans un nombre si prodigieux d'enfans, il faut les astreindre à des exercices qui évitent la confusion dans laquelle on tomberait sans cela. A ces objections et à toutes celles qu'on pourrait faire, nous ne répondrons que par ce peu de mots : le roi protége ces écoles, et la nation entière applaudit à leur formation.

Voilà, jeunes élèves, la carrière que vous vous disposez à parcourir ; en suivant cette méthode, vous franchirez en peu de temps, et sans efforts, un long espace que nous avons arrosé de nos sueurs et de nos larmes.

Pour moi, messieurs, il me semble voir dans cet établissement, le principe du bonheur de l'État : partout naîtront des génies qui seraient restés dans l'oubli, s'ils n'étaient venus recevoir une éducation première. Semblable au feu sacré que les prêtres de l'ancienne loi entretenaient continuellement dans le temple de Dieu, l'enseignement mutuel entretiendra parmi nous un foyer toujours ardent de lumières.

Chers enfans, si quelquefois on vous a appelés l'espérance de la patrie et de la religion, quand avez-vous mieux mérité de l'être, que dans ce moment où vous vous préparez à vous rendre utiles à l'une, et à devenir la consolation de l'autre, par votre piété sincère et éclairée. Si vous doutiez un moment de l'intérêt que l'État met à vos succès, jetez les yeux sur le premier magistrat de ce département : il suspend ses plus importantes fonctions, pour venir encourager, par sa présence, vos faibles essais. Quelle satisfaction pour le chef suprême de cet empire, de voir ses vues de bien public remplies avec une attention qui honore le choix qu'il a fait ! Oui, monsieur le préfet, votre démarche, infiniment précieuse aux yeux des parens, ne l'est pas moins aux yeux de la religion. Sans doute elle comptera parmi ses jours de triomphe, celui où elle aura vu réunis au pied de ses autels cette intéressante jeunesse qui demande à Dieu de bénir ses succès, et les dépositaires de l'autorité qui viennent unir leurs vœux à ceux de tous les pères de famille. Nous espérions beaucoup de cette noble activité que vous mettez dans toutes les parties de votre administration ; mais nous étions loin de connaître jusqu'où peuvent s'étendre les vues de bienfaisance dont vous nous donnez chaque jour de nouvelles preuves.

Et vous, messieurs, qui êtes arrivés au comble de vos vœux, applaudissez-vous des sacrifices que vous dicta le bien général. Si quelque chose est capable de vous en dédommager, c'est la persuasion qu'il viendra un jour où ces élèves feront servir à l'utilité de leur pays le fruit des leçons qu'ils auront reçues.

Déjà je crois apercevoir dans un avenir prochain une génération nouvelle, formée par ces soins, s'avancer à pas de géant au milieu des débris des générations précédentes, et briller d'une clarté toute céleste. Je n'y distingue plus ces vices grossiers, ces rivalités funestes, ces débats honteux qui déshonorent nos mœurs présentes, les bienséances y sont plus scrupuleusement observées, les vertus chrétiennes plus exactement pratiquées. Chaque famille voit un père tendre sans faiblesse, des enfans dociles sans hypocrisie ; l'État n'a que des défenseurs zélés, qui, tout en sachant mourir pour sa conservation, ambitionnent le plaisir de vivre pour le servir. De ce département sont sortis des génies qui ont honoré les sciences, les lettres et les beaux-arts ; cette terre n'a pas perdu sa fécondité. Espérons donc que les principes d'une bonne éducation y développeront le germe précieux des talens. C'est le vrai moyen d'ouvrir la source d'une félicité présente, que couronnera un bonheur éternel.

DÉPARTEMENT DU JURA.

Extrait du procès verbal de la distribution des prix à l'école-modèle de Lons-le-Saulnier, le 12 septembre 1819.

LE douze septembre, à deux heures après midi, les autorités civiles et militaires réunies, à l'hôtel de la préfecture, aux membres du comité de l'enseignement mutuel, ayant à leur tête M. le préfet, se sont rendues dans la grande salle de la cour criminelle, pour, en exécution des règlemens et de l'arrêté du 31 août dernier, y distribuer les prix solennellement.

Les élèves s'y trouvaient rangés par classe.

Un concours nombreux de dames et de citoyens de tous les ordres s'était empressé de venir assister à cette intéressante cérémonie.

Les fonctionnaires ayant pris place selon leurs grades, M. le préfet a ouvert la séance par le discours suivant :

« JEUNES ENFANS,

» Déjà dans cette enceinte, nous avons distribué à vos frères aînés, il y a quelques jours, les prix du travail et de l'émulation. C'est avec un nouveau plaisir que nous venons, à votre tour, vous offrir les récompenses dues à vos premiers efforts. La sollicitude du gouvernement pour l'éducation de la jeunesse, après avoir apprécié le mode d'enseignement que vous suivez, l'a encouragé par toute la France, et bientôt, sur tous les points du royaume, se sont formés des écoles qui répondent, par leur succès, à l'espoir qu'elles avaient fait concevoir.

» Profitez, intéressans enfans, de ce mode perfectionné,

qui, en faisant disparaître pour vous une partie des difficultés qu'ont eues à vaincre vos pères, vous permet de marcher plus vite dans la carrière de l'instruction convenable à vos âges. Mais aussi, dans cette marche plus rapide vers les connaissances humaines, soyez toujours accompagnés par la religion, par la morale, guides certains qui assureront vos premiers pas dans la vie. Mon cœur ne peut avoir qu'un langage pour toute la jeunesse qui s'élève, pour ainsi dire, sous mes yeux dans cette ville ; je vous répéterai ce que je disais, le 29 du mois dernier, dans cette même salle : jeunes enfans, aimez le roi qui, du haut du trône, protége tous les genres de connaissances, qui récompense le savant distingué, et qui sourit aux essais de l'enfant qui, de son faible doigt, trace des lignes incertaines sur un sable léger. Respectez son auguste famille qui partage pour les Français ces sentimens d'amour, et dont les membres se distinguent bien plus encore par leurs vertus que par le reflet éclatant du trône qu'ils entourent. Attachez-vous au gouvernement qui prépare aujourd'hui le bonheur de la France, et qui doit assurer le vôtre. Respectez toujours vos parens, et que, chez vous, le savoir qui flatte ne nuise jamais à la modestie qui plaît. Enfin, jeunes enfans, sortez de cette école préparatoire en nous faisant présager vos succès, lorsque vous serez appelés à des études plus profondes. Mais, quelle que soit la carrière que vous êtes destinés un jour à parcourir, honorez-la par votre foi, votre fidélité, votre attachement à Dieu, au Roi et à la Patrie.

» *Vive le Roi ! vive son auguste famille !* »

Immédiatement après, M. Colin, procureur du roi, prenant la parole, s'est expliqué en ces termes :

« MESSIEURS ET MESDAMÉS,

» C'est une fête de famille que nous célébrons aujourd'hui ; ce sont nos plus jeunes enfans qui se montrent à nous dans la simplicité de leur âge, et dans la candeur de leurs premiers efforts. Séduits par une heureuse méthode, ils s'instruisent quand ils ne croient que s'amuser. Une émulation toujours excitée maîtrise leur légèreté naturelle ; ils se plaisent à ces combats où ils sont leurs propres juges, où la victoire seule fixe les rangs, et où le vaincu, s'il devient plus attentif, ne tarde pas d'être vainqueur à son tour. Déjà les idées d'ordre et de justice germent parmi eux : leur demande-t-on quel est le plus digne? la faveur et la complaisance n'ont aucun empire sur leurs âmes ; ou, s'ils peuvent être influencés dans leur choix, ce ne sera que par un sentiment admirable de générosité. Ainsi, nous les avons vus décerner le prix d'excellence, celui de bonne conduite, à un élève qu'une maladie longue et douloureuse retient hors de l'école, mais dont les titres sont restés sacrés à leurs yeux.

» Tels sont les avantages incontestables de l'enseignement mutuel : les pleurs ont cessé de couler ; l'enfant ne s'effraie plus à l'aspect de cet abécédaire, dont les signes étaient long-temps des énigmes pénibles à deviner. Ses progrès dans l'écriture et dans le calcul ne sont pas moins rapides. Tout annonce que cette méthode, fruit précieux de la civilisation, vainement repoussée par l'ignorance ou par la prévention, triomphera de tous les obstacles, et que, s'étendant à toutes les connaissances élémentaires, elle préviendra à jamais le retour de ces siècles de ténèbres et de barbarie, époque, chez tous les peuples, la plus désastreuse de leur histoire.

» Quel brillant contraste nous offrent les temps actuels ! la France qui réhausse l'éclat de sa gloire militaire par ses conquêtes aussi brillantes et plus durables dans les arts et dans les sciences, qui a remplacé le chaos des lois politiques et civiles par cette charte, monument de sagesse, où le prince lui-même a consacré le droit de la nation, et par ces codes uniformes où se trouvent garanties la fortune et la liberté des citoyens !

» L'Europe, qui a cessé de craindre l'ambition de la

France, mais qui s'étonne encore de sa prospérité, admire la belle forme de son gouvernement, et s'agite pour obtenir ses généreuses institutions !

» Partout l'ordre se rétablit et se répare. L'instruction, devenue populaire par le perfectionnement des méthodes, prêtera un salutaire appui à la religion, épurera les mœurs publiques, animera l'industrie, détruira les préjugés, fera éclore les talens, favorisera toutes les bonnes habitudes : les citoyens seront plus heureux, parce qu'ils seront éclairés ; plus libres, parce qu'ils le seront par les lois.

» Rappelons-nous avec reconnaissance que sa majesté, toujours occupée du bonheur et de la gloire de son peuple, a daigné sanctionner, par son auguste suffrage, la méthode d'enseignement mutuel.

» Rendons grâces à M. le préfet, qui a fondé cette école, et qui l'honore fréquemment de sa présence.

» Remarquons parmi les élèves un fils de M. le maréchal de camp Chabert, comme une preuve nouvelle du vif intérêt que les premiers fonctionnaires prennent à la prospérité de cet établissement.

» Enfin, ne doutons pas que bientôt, dans toutes les communes, l'autorité locale ne seconde l'intention bienfaisante du gouvernement, et ne se réunisse aux souscripteurs, dont le zèle a jusqu'ici vaincu toutes les difficultés. »

Ces deux discours ont été suivis d'applaudissemens unanimes.

M. Gerrier, secrétaire général a entretenu l'assemblée de la sollicitude du gouvernement pour l'école, et de l'intérêt distingué qu'il vient de lui témoigner, en lui adressant un prix à décerner au meilleur élève.

Il a été ensuite procédé à la distribution des prix.

Chaque élève appelé a reçu le prix qui lui était dévolu, une couronne de laurier, et a recueilli, au milieu des applaudissemens réitérés du public, les embrassemens du comité.

L'appel fini, M. Gerrier a terminé la séance par ce discours :

MESSIEURS,

« Nos jeunes élèves viennent de recevoir des récompenses méritées : elles ont été pour eux d'un prix d'autant plus grand, qu'elles leur ont été décernés par le premier magistrat du département, objet de leur vénération.

» Heureux jour, où leurs parens attendris recueillent, dans de doux épanchemens, leurs caresses empressées, où toutes les autorités et un public nombreux concourent à l'embellissement de leur triomphe !

» Quelle jouissance pour les fondateurs de cette école, qui obtiennent en ce moment les gages les plus chers de leur sollicitude ! Leur espoir n'a point été déçu ! Ils ont vu, avec un vif intérêt, germer dans le cœur de ces élèves, les maximes d'une saine morale, se développer rapidement et produire de merveilleux effets : sages appréciateurs de leurs travaux, ils ont approuvé ces méthodes bienfaisantes qui ont donné naissance à divers élémens de sciences également utiles et avantageuses.

» Le propre de la vérité est de dissiper tous les nuages, et de briller d'un éclat pur ; tel est l'apanage de l'enseignement mutuel ; l'Europe entière a propagé ses doctrines, propagé ses préceptes : il rend l'étude aimable, en la dégageant des formes longues et abstraites, en piquant la curiosité par des occupations variées, en excitant une émulation constante, en récompensant toujours le mérite.

» Les gouvernemens s'honorent par de bonnes institutions et perpétuent les souvenirs. L'instruction est le premier bien que les souverains puissent donner à leurs peuples, et qui provoque le mieux leur reconnaissance.

» Avec elle fleurissent les bonnes mœurs ; l'industrie et les arts en sont les fidèles compagnes, et le bonheur des nations en devient le plus précieux résultat.

» L'instruction forme l'esprit des citoyens, dirige leur raison, leur apprend à connaître le Très-Haut, à adorer ses ouvrages, à se soumettre à ses décrets, les rend sujets fidèles, et capables de remplir, avec distinction les emplois auxquels ils peuvent être appelés.

» Hommages à l'auguste monarque que le ciel nous a rendu, et qui illustre son règne en donnant essor à tous les genres d'instruction, et en protégeant l'enseignement mutuel.

» C'est dans le sein de ces écoles spéciales, que les principes du christianisme sont hautement professés, suivis, pratiqués : vous, ministres du culte du Dieu de nos pères, vous avez été témoins des élans pieux de ces élèves, et les avez conduits dans la voie du salut : la religion a applaudi à leur enthousiasme ; elle leur dictera les leçons de la probité, de l'honneur, de la sagesse, élèvera, ennoblira, perfectionnera leurs âmes, et, après avoir semé de fleurs leur passage terrestre, récompensera leur constante ferveur par des palmes célestes.

» L'amour du prince et de la légitimité est gravé dans le cœur de tous, et ils ne cessent d'adresser au Tout-Puissant des vœux et des prières pour le bonheur de sa dynastie. Oui, jeunes élèves, nous n'en doutons pas, vous êtes et vous serez toujours, comme nous, les fidèles sujets d'un monarque adoré à si justes titres, et l'ami prononcé des sciences et des lumières : vous lui devez ce que vous savez ; tout ce que vous apprendrez lui appartiendra. Comptez sur la haute protection de sa majesté, comme elle doit compter sur votre respect et votre amour, et répétez sans cesse ce cri devenu national et cher à tous les bons Français : *Vive le Roi !* »

L'assemblée entière et tous les élèves se sont levés, en faisant retentir la salle de mille cris répétés de, *Vive le Roi !*

Les membres du comité, étant rentrés à la préfecture,

ont arrêté qu'extrait du présent procès verbal serait adressé, par M. le préfet, qui en demeure prié, à son Exc. le ministre de l'intérieur, et à la société mère de Paris, dans la personne de M. de Gérando, secrétaire général.

Signé au registre : Chevalier de Coucy, préfet ; Chabert, maréchal de camp ; Chevillard, sous-intendant militaire ; Colin, procureur du roi ; Perrin, greffier du tribunal ; Danet, trésorier ; Guyétant, médecin, et Gerrier, secrétaire général et doyen du conseil de préfecture.

Pour extrait conforme :

Le secrétaire général,

Signé, GERRIER.

NOUVELLES

Extraites de la Correspondance.

Le 4 décembre, les détenus de la prison de Montaigu, qui suivent les leçons de l'école établie dans cette maison de détention, ont adressé au conseil d'administration de la société la lettre suivante :

Messieurs,

« Nous avons reçu avec la plus vive reconnaissance le livre que vous avez bien voulu nous envoyer par notre directeur. Nous éprouvons une douce consolation à voir que des hommes aussi puissans s'occupent d'adoucir notre captivité.

» Un tel don ne peut que nous être précieux ; puisque la religion nous est offerte, ainsi que la vie des guerriers français, nous ferons tous nos efforts pour graver dans notre esprit des principes de religion, des sentimens qui doivent animer le soldat français.

» Les soins de notre bon directeur, secondant vos bontés, nous forcent à croire que, pour prospérer en toutes choses, nous devons suivre les principes d'une telle instruction.

» Veuillez agréer, messieurs, l'hommage de notre reconnaissance et de notre respect.

» Maison militaire de Montaigu, le 4 décembre 1819. »

Suivent plus de vingt signatures.

— Il y a deux ans qu'une société s'est formée à Baugé (Maine et Loire), et a ouvert une souscription pour fonder en cette ville une école d'enseignement mutuel. Pendant long-temps, l'insuffisance des ressources de cette société, jointe à des oppositions et à des menaces, venant toujours du côté d'où l'on ne devrait attendre que charité et appui, ont fait craindre aux souscripteurs de ne pouvoir réussir dans leur entreprise. Enfin leur persévérance a triomphé de tous les obstacles; des fonds ont été accordés par le ministre de l'intérieur; et l'école a été ouverte dès le commencement de novembre. S'il est affligeant de voir l'obstination de quelques personnes qui ont cherché à effrayer, à intimider la classe indigente, il est consolant de voir le peu d'influence que cette malveillance a eue sur l'esprit des pauvres auxquels l'instruction était offerte. Dès son principe, l'école a reçu 130 enfans.

La société d'Angers avait envoyé à celle de Baugé, le jeune moniteur général Richard, qui fut mentionné si honorablement l'année dernière. Grâces au zèle, à l'intelligence de cet intéressant jeune homme et du maître qui a été choisi, l'école de Baugé présente déjà des exemples surprenans des avantages de la méthode. On cite entre autres, un enfant qui, en y entrant, ne savait ni lire ni écrire, et qui, au bout de trois semaines, avait déjà parcouru quatre classes avec assez de succès pour être fait moniteur de la quatrième.

Ces détails sont transmis par M. Lofficial, secrétaire de la société de Baugé, au nom de laquelle il exprime le désir de correspondre avec celle de Paris.

— Depuis l'établissement de son école de Nangis, M. le comte de Greffulhe lui donne des prix à la fin de novembre de chaque année. Cette distribution a eu lieu le 25 novembre dernier, en présence des autorités locales, des parens des élèves et des personnes distinguées de la ville. Le nombre complet des élèves, leur bonne tenue, la beauté et la propreté du local, tout a contribué à rendre cette séance extrêmement intéressante.

Les anciens élèves, qui ont obtenu des prix pendant les années où ils ont fréquenté l'école, avaient été invités et occupaient une place distinguée.

L'exercice a été soutenu dans l'ordre indiqué par le programme. On a vu avec intérêt les pièces d'écritures qui ont été produites ; et l'on a admiré la facilité avec laquelle les enfans écrivaient sur l'ardoise, et la précision de leurs réponses à des questions de grammaire et d'arithmétique.

M. le curé Doyen, président du comité cantonnal, et M. Lemaistre, délégué par M. de Greffulhe, absent, pour le remplacer, ont distribué les prix. Enfin, après le chant du *Domine, salvum fac regem*, l'assemblée s'est séparée en témoignant hautement la satisfaction qu'elle éprouvait.

Nous apprenons que plusieurs élèves, sortis de cette école, sont placés à Nangis chez des notaires, huissiers, percepteurs ; il règne dans tous ces bureaux une grande émulation pour l'écriture cursive, adoptée par la société.

—M. le président du comité cantonnal de Saverdun nous écrit, sous la date du 8 décembre :

« Je crois vous avoir annoncé, dans le temps, qu'il allait se former une école d'enseignement mutuel, à Calmont (Haute-Garonne), tout près de notre ville. C'est avec bien du plaisir que je puis vous confirmer aujourd'hui que cette école est définitivement établie ; elle compte, depuis le mois

de novembre dernier, une soixantaine d'élèves, presque tous
du même âge, et animés des meilleures dispositions ; grande
ardeur pour le travail, docilité profonde, ponctualité, exactitude à fréquenter les exercices publics et particuliers de
la religion, en un mot, édifiant tout le monde par leur
honnêteté, par une conduite et des mœurs irréprochables,
par une piété exemplaire ; tandis qu'auparavant ces enfans
étaient des objets de tourment, de chagrin perpétuel pour
les parens en particulier, et de scandale pour le public en
général, par leurs propos licencieux, par leur passion dés-
ordonnée pour le jeu, la dissipation et l'oisiveté. Telle est
l'admirable métamorphose opérée, dans cette génération
naissante, par une méthode envoyée du ciel, sans doute,
pour l'amélioration et le perfectionnement moral de l'espèce humaine. »

— L'école de Luxeuil (Haute-Saône), dirigée par les
frères Cabuz, se distingue par sa bonne tenue et par les progrès des enfans qui y sont instruits. Elle a été visitée par un
grand nombre des personnes recommandables par leur rang
ou par leur mérite personnel, qui se sont empressés de dé-
poser sur le registre le témoignage de leur satisfaction.
Parmi les diverses déclarations qui y figurent, nous remarquons celle de M. de Staël, ainsi conçue :

« De toutes les écoles que j'ai eu l'occasion de voir en
France, celle de Luxeuil est celle qui m'a le plus frappé
par la bonne tenue des élèves, par leur attention soutenue
et par l'intelligence des moniteurs. Puisse une telle méthode se répandre !... Ma mère a dit dans ses *Considérations
sur la révolution :* « Que l'instruction publique était négligée
» dans quelques parties de la France, au point de menacer
» toute espèce de gouvernement. » Grâce aux rapides progrès de l'enseignement mutuel, ce reproche, malheureusement si juste lorsqu'il a été écrit, cesse déjà d'être mérité !
Bientôt, il est permis de l'espérer, se formera une génération morale, parce qu'elle sera éclairée ; libre, parce qu'elle

sera morale ; et la France exercera, par ses lumières et par ses institutions, une influence plus durable que celle des conquêtes, et plus glorieuse aussi que ses triomphes. »

— Il résulte, des renseignemens qui nous sont transmis par M. le préfet de Saône-et-Loire, qu'il existe dans ce département douze écoles d'enseignement mutuel, savoir : deux à Mâcon, dont l'une pour 300, et l'autre, pour 40 élèves ; une à Tournus, de 130 élèves ; quatre à Châlons, une pour 300, une pour 166, une pour 70, une pour 64 élèves ; une à Chagny, de 64 élèves ; une à Verdun-sur-Doubs, pour 120 ; une à Louhans, pour 90 ; une à Cuiseaux, pour 80 ; une enfin à Charolles, pour 140 : en tout un nombre d'école suffisans pour recevoir 1664 élèves.

— M. Gendarme, maire de la commune de Vrignes-aux-Bois (Ardennes), a fait toutes les avances pour l'établissement d'une école dans cette commune, et a donné, au moins provisoirement, un local dans sa maison.

— Les détails suivans sont extraits d'une lettre adressée à M. Laffon de Ladébat, par M. Robert Forster, le 11 décembre 1819.

« En réponse à vos demandes sur notre digne ami W. Allen, je vous dirai que son voyage dans le Levant a été court ; après avoir passé deux ou trois semaines à Constantinope, il fit voile pour Smyrne, et de là, pour Athènes, en visitant les îles de Scio, ou Chios, Zéa, Tina, etc., et en traversant l'étroit continent de la Grèce : il a vu rapidement Corinthe, Patras, etc., et de là il s'est rendu à Zante, où il a eu une attaque de fièvres violentes qui l'avaient extrêmement affaibli, et l'avaient forcé de changer sa route : nous n'avons point eu de ses nouvelles de Corfou, d'où il comptait se rendre à Marseille, par la voie de Malte. S'il a suivi ce plan, il est probable qu'il aura le plaisir de voir ses amis, à Paris, dans le courant de ce mois.

» Ce voyage pénible de mon ami W. Allen, avec M. Étienne Grellet, de New-Yorck, né Français, ministre de la société religieuse des âmes, a été entrepris sous l'influence de l'amour divin pour ranimer la cause sacrée de la religion et de la vertu chez les nations qu'ils ont visitées. Partout ils ont cherché à répandre cet esprit de bienfaisance qui seul peut assurer le bonheur présent, et le bonheur éternel de la famille humaine. Ils ont trouvé des hommes d'un caractère pieux; ils ont conféré avec eux, ils ont visité les hôpitaux, les prisons, les écoles; et, comme vous pouvez bien le croire, un des grands objets des travaux de notre estimable ami Allen a été d'encourager et d'étendre l'éducation universelle, d'après le système de l'enseignement mutuel. En Norwège, en Suède, et jusqu'aux extrémités reculées de la Russie, il a eu des occasions fréquentes et favorables de recommander ce grand objet d'intérêt public aux hommes les plus éclairés et les plus influens par les places qu'ils occupent; il en a été de même à Constantinople. Il nous décrit les contrées du Levant comme plongées dans l'ignorance et la superstition; cependant nos voyageurs y ont trouvé quelques hommes d'un caractère recommandable. A Smyrne, ils ont été bien reçus par le bey Effendi qui, quoique disciple de Mahomet, ne leur a pas paru étranger à la connaissance de la vraie religion. A Scio, on a formé une société d'écoles élémentaires; le primat grec en a accepté la présidence. A Zante aussi, on a fait des arrangemens pour le même objet, et nous apprenons que le résident britannique à Corfou, M. Frédérick Adams, s'occupe d'y réaliser les mêmes plans; ainsi, nous pouvons espérer qu'avec les bénédictions de la providence, l'éducation pourra prospérer, et devenir l'heureux moyen de reporter la nation grecque vers le degré d'importance si remarquable qu'elle eut autrefois. Il est bien triste de voir ces contrées si renommées alors pour les lumières et les sciences, qui furent aussi le lieu des travaux de notre sauveur et de ses apôtres, et où l'évangile fut d'abord annoncé, plongées aujourd'hui dans cet excès de barbarie; c'est une leçon qui doit prouver aux autres nations que l'espèce humaine ne peut être long-temps heureuse, si elle ne vit pas sous la direction sacrée de la providence divine.

» Le comité de la société des écoles britanniques et étrangères continue à recevoir les rapports les plus intéressans et les plus encourageans sur les progrès de l'œuvre dont elle s'occupe au dedans et au dehors. L'Espagne, suivant l'exemple de la France, à cet égard, doit avoir le même succès. Une proclamation royale a été donnée, autorisant l'établissement des écoles dans tout le royaume, d'après le système de Lancaster. On nous informe qu'on y a reçu des demandes de diverses parties du royaume, pour avoir des maîtres.

» Notre secrétaire James Millar a été retenu à Bruxelles pour concourir à l'établissement d'une société pour les écoles dans cette cité, et je suis heureux de vous informer que son voyage a été couronné d'un entier succès. Une société a été formée sous la sanction du gouvernement, un emplacement a été disposé pour l'école, une souscription libérale est ouverte : ainsi, nous pouvons espérer que la Belgique éprouvera les heureux effets de l'instruction dont elle est à présent presque dénuée.

» Notre comité prend un bien vif intérêt aux succès des travaux du comité de Paris, et nous espérons que la nation française en bénira les heureux effets. »

ANGLETERRE.

Société pour les écoles britanniques et étrangères.

La société britannique a tenu la séance générale pour le quatorzième anniversaire de sa fondation, le 15 mai 1819. Nous avons reçu récemment le rapport de cette séance, dont nous étions impatiens de donner connaissance à nos lecteurs.

S. A. R. le duc de Kent occupait le fauteuil.

Le rapport a été lu par M. Joseph Forster, secrétaire.

Des témoignages de reconnaissance ont été votés unanimement au roi, qui protége l'éducation populaire ; aux ducs de Kent et de Sussex ; au président et aux vice-présidens de la société ; à S. A. R. la duchesse de Kent, protectrice du comité des dames ; à ce même comité des dames ; aux sociétés auxiliaires.

Sur la proposition de M. Sigismond Billing, appuyée par le rév. W. C. Kidd, l'assemblée a adopté comme vérité reconnue :

« Que l'institution moderne qui fonde l'instruction sur la religion et sur les préceptes de la sainte Écriture, est démontrée, par l'expérience de vingt et un ans, être un bienfait pour le genre humain ; que les progrès de la méthode dans toutes les parties du globe sont un sujet de joie et de félicitation ; qu'elle est adoptée en France sous la protection du gouvernement ; que les lois la protégent dans les états de New-York et de Pensylvanie ; qu'elle fait des progrès dans d'autres contrées de l'Europe, en Russie, en Allemagne, en Espagne et en Italie ; dans les États-Unis, dans l'Amérique anglaise, dans les Indes occidentales, à Ceylan, Haïti,

Antigue, la Dominique, dans les Indes orientales, et sur tous les points de la terre habitée. »

Nous allons mettre en entier sous les yeux de nos lecteurs le rapport de M. Forster.

Quatorzième rapport fait à la société pour les écoles britanniques et étrangères.

L'année qui vient de s'écouler a fourni à votre comité tant d'occasions de montrer son zèle pour la cause de l'éducation universelle ; elle lui a procuré tant de documens intéressans sur cette œuvre importante, qu'il a lieu d'espérer, dans la réunion de ce jour, que tous les vrais philanthropes se joindront à lui pour manifester une joie commune au sujet des succès qu'ont obtenus ses efforts pour propager la religion et la vertu.

Il appellera d'abord votre attention sur l'état de l'éducation dans les pays étrangers, et sur les tentatives qu'il a faites pour étendre ce grand bienfait au dehors ; il vous fera part des résultats de sa correspondance avec des hommes éclairés et bienfaisans de différentes contrées ; il vous entretiendra de ce qui a été fait pour attirer l'attention générale sur les moyens de faciliter l'instruction à toutes les classes, moyens adoptés et recommandés par votre société.

Jetons d'abord nos regards sur la *France*. Votre comité, dans les deux années précédentes, a déjà pu vous donner les plus satisfaisans détails et de bien heureuses espérances. Il a la jouissance de vous annoncer aujourd'hui que le grand œuvre marche avec une rapidité et un succès progressifs ; tous les rapports qui nous parviennent de ce pays en donnent l'assurance ; déjà même on a pu remarquer les effets salutaires et l'heureuse influence de la nouvelle instruction sur la génération naissante.

Le zèle actif de la société pour l'instruction élémentaire à Paris, secondée dans [ses bienfaisans travaux par l'in-

fluence de personnages puissans, continue de combattre
avec succès les obstacles que les préjugés et l'égoïsme opposent à l'instruction des classes inférieures. Plus de 1200
écoles d'après le nouveau mode offrent déjà un bienfait in-
calculable à la jeunesse française. La méthode a été introduite dans un grand nombre de régimens où l'on a formé
des écoles, et le ministre de la guerre a déclaré son intention de faire participer, dans le courant de l'année, tous les
corps de l'armée sans exception au même bienfait.

M. Martin, qui est maintenant fixé à Bordeaux, a persé-
véré dans ses efforts pour établir ou perfectionner des écoles,
de concert avec des personnes pieuses et charitables du culte
protestant; et, d'après les derniers rapports qu'il nous a fait
parvenir au commencement de cette année, nous avons
lieu de croire que dans peu des institutions aussi utiles seront attachées à tous les temples protestans de France. Le
comité central, établi à Bordeaux, s'occupe maintenant de
l'impression de nouvelles leçons d'écriture, et de favoriser
la formation d'écoles dans les communes les plus pauvres et
les plus ignorées de France.

M. Frossard, le digne collègue de M. Martin, dans l'organisation des premières écoles en France, d'après le mode
recommandé par vous, a publié un rapport sur les écoles du
département de la Charente-Inférieure, qu'il a fondées, as-
sistées ou visitées. Non-seulement il rend témoignage de
l'état satisfaisant de ces écoles, mais il parle aussi, dans les
termes les plus forts, de l'effet salutaire qu'elles produisent
sur les principes et les habitudes des enfans, sous le point
de vue de la politique, de la religion et de la morale.

La société de Paris pour l'instruction élémentaire a gran-
dement étendu la sphère de ses travaux, en formant un
comité de correspondance étrangère, dont M. le comte de
Lastérie est président, et M. Jomard, secrétaire. Ce comité
est déjà complétement organisé; il s'est partagé le travail
d'après les connaissances de ses divers membres dans les

différens idiômes que peut offrir habituellement la correspondance ; déjà les bons effets de cette organisation ont commencé à se faire sentir. Votre comité éprouve une vive et sincère satisfaction de cette active coopération de la société française ; et c'est avec plaisir qu'il adopte le sentiment d'un ministre d'état de ce pays qui a dit, en faisant allusion à votre société : « L'union entre les hommes zélés des deux nations peut produire les plus utiles et les plus vastes résultats. Le lien de services réciproques, l'échange de bons procédés, les communications de lumières faites de part et d'autre, contribueront puissamment à éteindre ces funestes rivalités qui ont coûté tant de sang à l'espèce humaine. »

Plusieurs tentatives ont été faites en France pour appliquer la méthode aux branches supérieures de l'instruction, et votre comité a la certitude que cela a été fait avec succès. Tel est le zèle des propagateurs les plus distingués de ce pays, qu'ils se sont réunis pour former une nouvelle société, dans le but spécial de pousser plus loin leurs premiers essais. Un traité du dessin linéaire, d'après la méthode, a été composé et publié pour être appliqué aux classes les plus élevées des écoles élémentaires, et déjà on a pu en reconnaître l'extrême utilité.

D'après les rapports que votre comité a reçu d'Espagne, l'école fondée l'année dernière, à Madrid, sous la direction du capitaine Kearney, continue de prospérer. Des mesures ont été prises pour répandre la méthode dans le royaume, avec l'autorisation du roi. La semence est jetée ; le germe se développera, avec le temps, sur ce terrain ingrat et stérile.

En Russie, votre comité a eu raison de prévoir des progrès rapides dans l'instruction populaire ; son attente n'a pas été trompée. Quoique les quatre jeunes Russes, dont il a été question dans le dernier rapport, ne fussent pas encore de retour à Saint-Pétersbourg, lorsque votre comité a reçu les dernières nouvelles de cette capitale, l'empereur cependant n'avait pas cru devoir attendre plus long-temps, pour prendre des mesures actives, afin de répandre les premières connaissances parmi les nombreux sujets de ses vastes états. L'ordre parfait établi, dans les écoles formées dans plusieurs régimens russes de l'armée d'occupation en France, a reçu précédemment de justes éloges. Votre comité a appris, il y a peu de temps, que de semblables institutions sont établies dans d'autres corps de l'armée russe. Une école a été ouverte, à Saint-Pétersbourg, dans le courant de cette année ; elle est sous la protection de l'empereur, et son succès ne peut être mis en doute. L'école fondée à Homeln, dans la terre du comte de Romanzoff, chancelier de l'empire de Russie, dans le gouvernement de Mohilow, école dont il a été parlé dans le précédent rapport, a été ouverte le 9 décembre dernier. Cinquante élèves ont d'abord été préparés par M. Heard, jeune homme qui, après avoir reçu une éducation libérale, a consacré quelques mois à étudier la méthode dans votre école centrale, et a été engagé, par son Exc., à aller l'introduire dans ses domaines qui contiennent, dit-on, une population de 14,000 âmes. Un bâtiment est préparé pour recevoir 400 enfans pendant tout le temps nécessaire à leur instruction, et pour en loger 200. Ce dernier nombre sera formé d'enfans choisis dans les familles qui habitent des lieux trop éloignés de l'école pour qu'ils puissent s'y rendre journellement, et ils seront entretenus et vêtus aux frais de son Exc. Outre la lecture, l'écriture et l'arithmétique, qui seront enseignées d'après le système anglais, et par des leçons puisées dans les saintes écritures, les enfans recevront encore des instructions sur les arts mécaniques et sur l'agriculture. Près du bâtiment principal seront construits des ateliers de diverses sortes, et un vaste jardin sera destiné aux récréations. Tel est le vœu du noble fondateur, que son institution puisse, en peu de temps, procurer à chaque village un homme habile et expérimenté dans chaque branche de l'industrie rurale et agricole.

M. Heard a déjà transmis à votre comité une série de leçons imprimées en langue russe.

En Allemagne, M. Hyrdess, mentionné dans le rapport de l'année dernière, a été transféré par le grand-duc de Weimar, de Eisenach à Ruhla, ville tout-à-fait favorable à l'introduction du système anglais d'instruction.

Votre comité a appris, avec une bien vive satisfaction, qu'une société pour les écoles s'est formée à Florence, sous l'approbation du duc de Toscane. M. Tartini, de cette ville, qui, après avoir acquis, à Paris, la connaissance théorique et pratique de la nouvelle méthode d'instruction, a fait un court séjour à Londres, et visité l'école de Borough-Road, a assuré votre comité que les premières dispositions sont déjà faites pour l'établissement d'une école à Florence, et qu'il espère être dans le cas d'en faire l'ouverture aussitôt après son retour dans son pays natal. Cette entreprise importante, une fois commencée avec succès, promet d'étendre ses effets bienfaisans sur toute l'Italie.

Une école, d'après le nouveau plan, a été établie à Sartiranne, dans le Piémont; une à Naples, et une à Bastia, en Corse.

Votre digne trésorier, M. Allen, qui est absent déjà depuis quelque temps, et qui a visité la Norwége, la Suède et la Russie, n'a laissé échapper, comme vous pouvez bien le penser, aucune occasion, soit de recueillir des documens sur l'état de l'instruction populaire, soit de propager et de hâter l'adoption des meilleures méthodes capables de la répandre. Il a déjà transmis à votre comité des renseignemens d'un haut intérêt et bien encourageans. M. Allen se loue hautement de l'accueil que ses diverses communications sur les objets dont s'occupe votre société, ont reçu de la part des personnes les plus distinguées dans les contrées qu'il a parcourues. Il est maintenant dans la partie méridionale de l'empire de Russie, et il n'y a pas de doute qu'à son retour il pourra ouvrir de nouvelles voies à vos efforts pour la propagation des connaissances premières.

Votre comité a entretenu une correspondance avec quelques personnes des plus recommandables de Bruxelles, dans le but d'encourager la création d'une école dans cette ville.

Votre comité a aussi préparé les voies à l'introduction du système à Malte, en admettant M. Joseph Naudi, natif de cette île, dans votre établissement central, où il a étudié pendant six mois. Il est maintenant sur le point de partir, après avoir été jugé capable de diriger une école d'après la méthode anglaise. Votre comité a reçu l'assurance que les principales autorités de l'île seconderont le zèle de plusieurs amis ardens et éclairés de l'humanité, et il est probable qu'une grande école y sera très-prochainement établie.

En se reportant au rapport de l'année dernière, votre comité éprouve une grande satisfaction à pouvoir vous annoncer que M. Pickton, engagé, par nous, sur la demande de celui de New-York, à réorganiser et à diriger les écoles qui sont sous la surveillance de ce comité, est heureusement arrivé en Amérique, et qu'il a commencé ses travaux avec un succès signalé. A l'époque où il écrivait sa dernière lettre, il avait non-seulement réorganisé déjà plusieurs écoles, soit catholiques, soit protestantes, où le nombre des élèves s'était considérablement accru; mais encore il avait secondé la création de nouvelles écoles. Il donne la nouvelle satisfaisante que, à New-York et dans le voisinage de cette ville, plus de 3600 enfans reçoivent l'instruction d'après la méthode anglaise, et qu'il existe de semblables écoles dans tous les états et dans quelques-uns en grand nombre; mais il se plaint en même temps de ce que dans certains endroits on a altéré la méthode par de prétendus perfectionnemens et des changemens mal conçus, ce qui lui a fait perdre un de ses principaux avantages, la simplicité. C'est à ces améliorations mal entendues qu'il attribue en partie les difficultés, qui, en Amérique comme ailleurs, retardent l'adoption générale de la méthode ; et votre comité peut, d'après l'expérience même de ce pays, confirmer la justesse de cette observation. M. Pickton est chargé, par le comité de New-York, de diriger les écoles dans toute l'étendue de cet état. Il joint à une connaissance parfaite de la méthode un zèle aussi ardent que judicieux ; et, comme un de ses principaux devoirs est de former de bons maîtres, il y a lieu de croire qu'il contribuera puissamment à l'accroissement des écoles déjà existantes, et à la formation d'un grand nombre de nouvelles. M. Pickton a pris aussi la charge d'une école récemment établie pour 300 filles. Les rapports venus de Philadelphie ne sont pas moins satisfaisans : une école-modèle pour mille enfans a été ouverte le 21 décembre dernier. Le système anglais, adopté par nn acte de la législature, offre le bienfait d'une bonne instruction à près de 300 enfans de la ville et des faubourgs, sans compter les diverses écoles du voisinage : votre comité a appris que Joseph Lancaster est appelé à la direction générale de ces écoles.

Les inspecteurs des écoles publiques, dans leur dernier rapport publié au commencement de cette année, ont produit un état comparatif des frais de l'éducation d'après l'ancien et d'après le nouveau système. Cet état a donné la preuve que l'éducation de chaque enfant qui coûtait autrefois onze dollars au trésor de Pensylvanie, ne coûte plus que trois dollars et demi. Toutefois cet avantage, quelque précieux qu'il soit, est peu de chose comparé à l'influence salutaire qu'exerce le nouveau mode sur l'intelligence et sur les mœurs des enfans, dont les dignes directeurs des écoles de Pensylvanie font le plus complet éloge.

L'école fondée à Halifax par les soins de M. Bromlet, continue de prospérer. Le gouverneur, son Exc. le comte de Dalhousie, a accordé à la société royale acadienne, un remplacement avec des bâtimens convenables pour établir une école d'après le système anglais. Elle est située dans le centre de la ville, et de la manière la plus favorable. L'honorable chef de la justice, Blones, est un ardent ami de l'institution; et l'on prend des mesures pour faire participer les villages à l'instruction, au moyen de maîtres ambulans qui se rendront dans tous ceux où pourront se réunir 30 ou 40 enfans.

Le même zèle qui a créé les premières écoles à Haïti, continue de se manifester. M. Daniel et M. Gulliver expriment hautement la satisfaction qu'ils éprouvent de voir les fruits de leurs travaux qu'ils recueillent dans les progrès de leurs élèves. M. Daniel réunit aux fonctions de directeur de l'école celles d'instituteur des princes. Il a déjà peuplé le collége de jeunes élèves, destinés à se rendre aptes à l'exercice des charges publiques. Les instructions sont généralement données en anglais, car les enfans ne parlaient ni ne lisaient, en quelque sorte, aucune langue écrite, puisque le Créole diffère beaucoup du Français; cependant les progrès sont assez grands pour étonner les maîtres eux-mêmes, qui, trop modestes pour les attribuer à leur propre talent, exaltent prodigieusement la capacité de leurs élèves. « Tous les efforts que vous ferez en Europe, dit M. Daniel, ne vous feront point égaler nos progrès. »

Votre comité a été informé, que depuis le Port-au-Prince jusqu'à l'autre extrémité de St.-Domingue, l'école établie par M. Bosvorth jouit d'une grande renommée, et qu'elle marche toujours avec succès sous la protection du président Boyer, et sous la direction de M. André, natif de l'île. Le président a ordonné que les écoliers fussent habillés aux frais de l'état. L'estime qu'a acquise M. Bosworth, la valeur du bienfait qu'il a entrepris de répandre et en partie répandu sur la population de cette portion de l'île, sont parfaitement exprimées dans une lettre qu'a reçue votre comité, du président, et par l'empressement et la libéralité avec lesquels ce dernier a voulu défrayer M. Bosworth de toutes les dépenses de sa mission.

Indes orientales. — De toutes les nouvelles reçues de l'Inde, aucune n'a pu nous être plus agréable que celle de la fondation d'une société pour les écoles, à Calcutta. Cette institution, qui paraît devoir devenir si utile aux sujets de nos possessions dans l'Inde, a été établie le premier de septembre dernier.

Les statuts et règlemens de cette société sont basés sur les principes les plus libéraux. Il suffit à présent de dire qu'elle se propose un double but ; d'abord de soutenir et de perfectionner les écoles existantes, d'établir et d'entretenir de nouvelles écoles, dans la vue de propager le plus possible les connaissances utiles parmi les habitans de l'Inde, et spécialement des provinces soumises à la domination du fort Guillaume : en second lieu de choisir dans les écoles élémentaires des élèves d'un talent et d'un mérite distingués, et de pourvoir à leur instruction dans les écoles d'un ordre plus élevé, afin de former un corps de bons professeurs capables de répandre les lumières parmi leurs concitoyens, et de propager le système de l'éducation universelle.

Le comité est composé de 24 membres, dont 16 européens ou originaires d'Europe, et huit indiens de naissance ; et de quatre secrétaires, dont deux sont indiens. Les fondateurs adoptent, avec raison, dans leur première adresse le sentiment exprimé par les plus respectables autorités, que le seul moyen d'avancer la civilisation dans les contrées de l'Inde, aussi-bien que partout ailleurs, consiste dans l'éducation bien entendue de la génération naissante. Ils donnent, comme une preuve du désir qu'ont les Indiens de s'instruire, l'empressement qu'ils mettent à seconder la formation des écoles. Le principe si souvent mis en avant par votre comité d'encourager ceux qui doivent recueillir les principaux fruits de ces institutions, à concourir à leur formation et à leur entretien, est reconnu dans la société de

Calcutta, et sera mis en pratique par l'établissement d'associations auxiliaires. Le secrétaire nous a informés de la formation anticipée de douze écoles bengalies ; six dans la ville, et six dans ses environs, toutes sous une bonne surveillance : il dit aussi que les administrateurs du collége indou, dont la plupart sont souscripteurs de la société, et un membre du comité, ont consenti à admettre dans leur établissement vingt enfans indous, choisis pour la moitié du prix accoutumé, et qu'ils ont privé le comité de la société de faire les fonctions de visiteurs et d'examinateurs de l'institution.

Il existe aussi à Bombay une société pour les écoles, qui a publié son plan en langues persane, indouse, et guzarette.

Le nombre des enfans qui reçoivent l'instruction dans ces diverses écoles s'élève à 15,500.

Votre comité s'est empressé de profiter de l'avis qu'il a reçu du besoin qui se fait sentir d'avoir des écoles dans l'île de Ceylan, et de la circonstance qui semble favoriser leur établissement. Sir Alex. Johnston, à qui nous sommes principalement redevables d'avoir dirigé nos vues du côté de cette île, est entré dans notre pensée de la manière la plus humaine et la plus philanthropique, et a bien voulu nous aider de ses conseils.

Notre attention s'est naturellement portée sur les avantages précieux que l'on pourrait obtenir, en envoyant une personne capable, dans chaque île populeuse, pour y établir des écoles ; et même, si votre comité en avait eu les moyens, la sphère d'utilité d'un semblable individu eut été bien plus grande encore, en faisant venir un naturel en Angleterre, pour s'instruire dans la méthode, et en reporter la connaissance dans son pays natal.

L'exécution de ce projet n'a pas été au pouvoir de votre comité ; mais il ne la perd pas de vue, et déjà il a admis à l'école centrale deux missionnaires qui, sous les auspices

de la société wesleyenne des missions, sont maintenant par-
tis, l'un pour Ceylan, et l'autre pour Bombay, où ils vont
rejoindre leurs compagnons de travaux de la même société,
qui ont déjà commencé, avec beaucoup de succès, à répandre l'instruction parmi les habitans.

M. G. Fox écrit de Sierra-Leone, que les nombreuses
écoles de cette colonie sont dans un état florissant. 2104
enfans y sont admis tous les jours.

Revenons maintenant à ce qui concerne votre société,
messieurs; votre comité doit vous annoncer en premier lieu,
que les demandes des maîtres à l'école de Borough-Road,
ont été plus nombreuses cette année que jamais. Ce fait,
joint aux assurances exprimées dans les rapports venus des
différentes parties du royaume, ne permet pas de douter
que les avantages de la méthode ne soient de plus en plus
généralement reconnus. L'établissement, pour préparer des
maîtres, a dès lors vivement occupé l'attention de votre
comité, qui s'est efforcé de donner tout le soin que les
circonstances pouvaient permettre, à l'éducation de ces
élèves destinés à remplir l'honorable et difficile tâche de
maître d'école.

Des instituteurs ont été fournis à diverses écoles du
royaume, et ont été envoyés pour en établir à Ceylan,
à Bombay, à la nouvelle Galles du sud, à New-Yorck, à
Malte, et à Caen en Normandie.

Quelques autres écoles ont été réorganisées, ou pourvues
de maîtres provisoires pendant le séjour de leurs propres
instituteurs à l'école centrale pour se perfectionner dans la
connaissance de la méthode.

Quant à l'état et aux progrès des écoles particulières, votre comité a l'honneur de mettre sous vos yeux, dans l'ap-
pendix qui suit ce rapport, les détails que présentent les
rapports particuliers. Il ne peut toutefois se dispenser de
vous exprimer toute la satisfaction que doit faire éprouver
l'aspect général d'un succès si complet et si universel, soit

sous le rapport du nombre croissant des enfans appelés à l'instruction, soit sous celui de l'ordre et de la discipline qui règnent parmi eux. Il paraît tout-à-fait incontestable que le désir et l'empressement d'envoyer les enfans à l'école vont toujours croissant chez les classes pauvres et laborieuses. Mais on doit se féliciter aussi de voir les nombreux exemples de succès obtenus par les autres écoles où chaque enfant n'est admis que moyennant une légère rétribution. Il faut voir en cela l'honorable alliance de deux nobles sentimens, le désir de s'instruire, et l'amour de l'indépendance : le dernier est surtout, dans ce cas, bien digne d'estime ; car, en beaucoup de lieux, le défaut de travail a considérablement augmenté la gêne des ménages pauvres.

Votre comité a la satisfaction de vous annoncer la formation, pour le district de Bloomsbury et de Sud-Pancras, d'une nouvelle société auxiliaire, sous la protection de LL. AA. RR. les ducs de Kent et Sussex. Elle a été établie le 11 mars, sa grâce le duc de Bedfort, présidant l'assemblée nombreuse réunie dans cette même enceinte. Le comité nommé par cette société, est déjà activement occupé à rechercher les besoins de l'éducation dans ce district.

Nous remplissons, messieurs, un devoir qui nous est bien doux, en vous faisant connaître les succès obtenus par les sociétés auxiliaires qui se sont formées dans les années précédentes. A Southwark, deux nouvelles écoles ont été ouvertes en février dernier, et ont comblé le vide qui restait encore dans la paroisse de Christ-Church.

Cette société a élevé des écoles pour 1200 enfans, et il y a tout lieu de croire que ses efforts ne se ralentiront point jusqu'à ce qu'elle ait pourvu à tous les besoins de ce district populeux.

Votre comité vous prie d'observer que, malgré la proximité de ce lieu, où 1200 enfans reçoivent l'instruction, et quoiqu'un nombre égal soient instruits aux écoles nationales, le nombre de ceux qu'on admet à votre école centrale, depuis l'érection des nouveaux bâtimens, va toujours croissant.

Dans le district du Nord-Est, une école pour 250 filles a été ouverte le 8 février. On construit à Hackney un bâtiment pour 250 garçons, et de nouvelles associations se forment dans le même district.

On bâtit une école pour 300 garçons, dans le voisinage de Fleet-Market, où un grand nombre d'enfans sont encore privés d'instruction.

L'école des Juifs continue de prospérer ; elle a été l'occasion de la formation d'une société auxiliaire de dames, pour la distribution nécessaire aux enfans. Les progrès que font ces derniers sont si encourageans, que, d'après le rapport des administrateurs, les demandes nombreuses d'admission rendent l'agrandissement du local indispensable. Le comité s'occupe des moyens d'établir une école pour les filles.

Dans le midi du pays de Galles, quelques écoles ont déjà été organisées ; mais le comité déplore la modicité de ses ressources, qui ne lui permet pas de venir au secours des divers points qui les réclament, soit dans le nord, soit dans le sud, où une somme très-modique affectée à l'entretien des maîtres ambulans, produirait un très-grand bien.

En Islande, les bienfaits de l'éducation se propagent avec un succès constant. Sous les auspices de la société de Dublin, soutenue par les libéralités du parlement, une école modèle pour 500 enfans de l'un et de l'autre sexe, est sur le point de s'ouvrir. Cette institution fournira des maîtres et des maîtresses aux autres parties de l'Irlande.

La société hybernienne marche avec son zèle accoutumé, et augmente chaque année le nombre de ses écoles. Il en existe maintenant 480 sous sa protection, dans lequelles 46,976 enfans reçoivent l'instruction ; 88, recevant 14,460 élèves, doivent leur création à l'année dernière. La société de Dublin, pour les écoles du dimanche, continue également à cultiver un terrain qui offrait d'abord peu d'espérances, mais qui, grâce à l'influence de l'éducation, promet maintenant des fruits heureux.

Le dernier rapport de la société pour les écoles galliques, renferme les communications les plus satisfaisantes, et fournit de nouveaux motifs d'encouragement pour persister dans les efforts faits en faveur de la génération naissante. En un mot, chaque rapport sur les progrès faits dans l'intérêt de l'éducation générale, sont de nature à soutenir votre zèle dans une entreprise où il reste encore beaucoup à faire. Mais si ces comités particuliers avouent qu'il leur reste beaucoup encore à faire, et qu'une nombreuse population d'enfans réclame encore leurs soins et leur sollicitude, quel sera donc le devoir de votre comité, qui voit devant lui le monde entier, et qui est si loin d'avoir accompli la grande tâche qu'on a droit d'attendre de lui?

La nécessité d'augmenter les fonds de l'institution était suffisamment connue, il n'y a pas de doute, que la bienfaisance ne s'empresse d'y pourvoir. La même union et le même zèle qui sont mis en pratique pour la distribution des saintes écritures, mettraient le comité en état d'accomplir son œuvre au dedans et au dehors. Les besoins de l'éducation dans la métropole appellent la bienfaisance des personnes de tous les rangs. L'examen des districts de Londres ne laisse pas de doute sur le fait que 40,000 enfans manquent encore de moyens d'instruction, même malgré l'établissement des écoles du dimanche. Votre comité ne peut porter les yeux sur cette situation déplorable des pauvres dans la métropole, sans faire un appel instant à l'intérêt des amis de l'humanité.

De toutes les parties du royaume on s'adresse à votre comité pour obtenir de lui des secours. Nous sommes convaincus que, dans beaucoup de cas, un faible don de cinquante livres sterling serait suffisant pour aider à la formation d'une école, qui serait un bienfait durable pour le lieu qui la posséderait : nous exprimerions difficilement le sentiment pénible que nous sommes condamnés à éprouver, lorsqu'il nous faut renoncer à soutenir de si utiles entreprises.

Votre comité espère que le reproche, si souvent adressé aux écoles fondées sur le système britannique, que l'instruction religieuse y est négligée, est maintenant assez réfuté par l'expérience, et que ceux qui conservaient quelque inquiétude à ce sujet ont pu se convaincre de la réalité, en visitant ces mêmes écoles : mais, s'il restait encore quelques doutes dans leur esprit, le comité les supplie d'examiner les leçons employées dans ces écoles , et de s'assurer de l'exactitude avec laquelle les élèves sont conduits aux exercices du culte.

Pleinement convaincus que l'instruction reliugiese est le premier bienfait pour le genre humain , votre comité en a fait constamment la base de l'édifice à l'élévation duquel il est appelé à travailler. Il a la confiance que , sur une telle base , il doit rester debout , et devenir , dans la main du régulateur suprême de l'univers , un instrument de grâce et de miséricorde , pour réunir toutes les nations sous l'influence de l'Évangile de Jésus-Christ.

BIBLIOGRAPHIE.

Les petits livres du père Lami ; par M. L. P. de J. — (1) (ouvrage adopté par la société pour l'instruction élémentaire).

On a fait beaucoup de livres , bons ou mauvais , pour les enfans des riches qui commencent à lire. Il en existe peu ou point pour les enfans des pauvres au sortir de l'école. C'est à ces derniers que l'ouvrage que nous annonçons aujourd'hui est spécialement destiné : l'auteur les a eus uniquement en vue , et son livre tout-à-fait convenable pour eux , peut cependant encore être placé très-utilement dans les mains des enfans d'une autre classe.

Le père Lami est un vieux brave homme qui aime les enfans , et qui a le don de s'en faire aimer. Il se plaît à les visiter dans leurs écoles , et il a eu l'idée d'écrire pour eux des petits livres amusans , dont il leur fait cadeau. Voici de quoi se composent ses petits livres.

---

(1) Six petits vol. in-18 , avec gravures et cartes. A Paris, chez L. Colas , imprimeur-libraire de la société pour l'instruction élémentaire , 1819. Prix , 3 francs.

Les volumes se vendent séparément , si on le désire.

Le premier est une espèce de lanterne magique, dans laquelle le jeune lecteur passe en revue les objets physiques les plus communs, qui frappent chaque jour ses regards, et sur lesquels on lui donne des notions exactes, dans des termes appropriés à l'intelligence de son âge.

Le second est un petit Recueil d'anecdotes amusantes, où l'enfant trouve mis en action tous les préceptes de morale qui conviennent à l'enfance, et rien de plus, puisque cette lecture est destinée au premier âge.

Le troisième est une petite géographie très-abrégée. L'auteur n'a voulu donner à ses jeunes élèves que les connaissances strictement nécessaires, et qui sont à leur portée. Ainsi, il leur fait simplement connaître la division de la terre, les principales contrées des quatre parties du monde; il entre dans de plus grands détails sur l'Europe, et dans de plus grands encore sur la géographie de la France.

Le quatrième est un petit abrégé de l'Histoire sainte; le cinquième une petite Histoire de France, comprenant seulement les règnes les plus remarquables, et les noms des rois que le peuple doit connaître.

Le sixième enfin renferme quelques notions sur les arts et métiers, et des conseils sur le choix d'une profession. Ces conseils sont appuyés par un double exemple présenté dans une jolie nouvelle qui termine ce dernier volume.

On voit que tout est gradué dans cette utile petite composition, qui nous paraît atteindre parfaitement son but. Il serait difficile de se mettre plus parfaitement au niveau de l'enfance, et de lui parler un langage plus intelligible et plus attrayant pour elle.

Les petits livres du père Lami ont déjà obtenu un succès très-honorable. La société d'instruction élémentaire les a adoptés pour la bibliothèque populaire. S. Exc. le ministre de l'intérieur, après avoir pris elle-même connaissance de l'ouvrage, en a acheté 300 exemplaires pour être distribués dans diverses écoles des départemens, et entre autres dans celle qu'elle a fondée elle-même. De tels suffrages doivent garantir à M. L. P. de J. qu'il a atteint le but qu'il s'était proposé. Il ne met point son nom à cette nouvelle production, mais on reconnaît les initiales de l'auteur de *Simon de Nantua.*

JOURNAL D'ÉDUCATION.

N°. IV. — Janvier 1820.

V^e. Année.

ENSEIGNEMENT ÉLÉMENTAIRE.

~~~~~~~~~~~~~~~~~~~~~~~~~~~~~~~~~~~

EXTRAIT

Des procès verbaux du conseil d'administration

DE LA SOCIÉTÉ POUR L'INSTRUCTION ÉLÉMENTAIRE.

Séance du 5 janvier 1820. — Présidence de M. le duc
DE LA VAUGUYON.

Plusieurs lettres de son Exc. le ministre de l'intérieur annoncent que des secours ont été accordés à diverses écoles des départemens. (*Voyez* correspondance.)

Un anonyme qui signe, l'hermite d'Herbelay, près Argenteuil, écrit que, pénétré des avantages du nouvel enseignement, il a fait un travail sur cette matière ; il en transmet le manuscrit au conseil, qui renvoie au comité des livres l'examen de cet ouvrage.

Le conseil municipal de Limoux envoie un procès verbal qui constate que l'école de cette ville est dirigée avec zèle par M. Lhomond fils, et demande des encouragemens pour cet instituteur.
~~~~~~~~~~~~~~~~~~~~~~~~~~~~~~~~~~~

M. Jomard donne communication au conseil, des états de situation parvenus au bureau depuis la dernière séance : on y remarque quatre écoles nouvelles dans le département de l'Ain , et une dans la Corrèze.

M. Francœur annonce au conseil qu'un anonyme vient de donner à la caisse d'épargnes un contrat de 8000 fr. de rentes sur l'état , au profit des actionnaires de cet établissement. Comme la société a , dès l'origine , montré l'intérêt qu'elle prend à cette association , et qu'elle y fait fructifier des fonds pour servir aux pensions de ses instituteurs , elle doit apprendre avec plaisir un don qui assure l'existence future de la caisse d'épargnes et améliore son dividende.

M. Sarrazin présente au conseil des modèles de dessin linéaire , tracés par les élèves de l'école qu'il dirige , et qui, exécutés sans le secours des instrumens, prouvent leurs progrès dans ce genre d'étude.

On entend le rapport du comité des fonds.

M. le curé de Saint-Wrain , correspondant de la société, présent à la séance , donne connaissance des observations qu'il a faites dans diverses écoles du midi de la France ; celle de Marseille est dans l'état le plus prospère , ainsi que celles de Grenoble , de Moulins et les écoles protestantes de Montpellier. M. le président fait à M. le curé les remercîmens du conseil.

M. Bally , après avoir exposé les services qu'a rendus le journal de la société , pense que le moyen d'en rendre de nouveaux serait de publier chaque mois , outre ce journal, une feuille contenant le travail des comités , sur le manuscrit qu'en livrerait chaque président , comme l'une de ses obligations. Cette proposition est renvoyée aux comités de correspondance et des fonds.

M. de Lasteyrie demande qu'une commission spéciale soit chargée d'examiner les meilleurs moyens de former et de diriger une petite école selon la méthode mutuelle, telle que l'abbé Gaultier l'avait envisagée. La commission chargée de ce soin est composée de MM. Lasteyrie, Bally, de Jussieu, Lardant et Colas.

On s'occupe du travail relatif à la prochaine assemblée générale qui est fixée au 3 février.

Séance du 19 janvier 1820. — Même présidence.

M. le président annonce que les travaux pour l'assemblée générale sont prêts, et que cette assemblée aura lieu le 3 février prochain.

On donne lecture de la correspondance.

Plusieurs lettres de son Exc. le ministre de l'intérieur informent le conseil de nouveaux secours accordés aux écoles.

(*Voyez*, pour les nouvelles des écoles des départemens, l'article correspondance ci-après.)

Des leçons de morale, traduites de l'anglais, sont transmises au conseil par M. Basset; l'auteur les a destinées à l'instruction des jeunes filles. Cet ouvrage est renvoyé au comité des livres.

M. Huzard fait hommage au conseil, des procès verbaux, des séances publiques des écoles vétérinaires d'Alfort et de Lyon. Le même membre annonce au conseil que l'enseignement du dessin linéaire est établi maintenant dans ces écoles, selon la méthode de M. Francœur.

M. Amoros fait hommage au conseil, d'un opuscule intitulé : *Gymnase français*, etc.

Sont présentés et admis comme membres de la société :

MM. *Hennin*, trésorier de la couronne d'Italie ; *St.-Genis*, fondateur de l'école d'Agen, et ingénieur des ponts et chaussées ; *Jacquin*, capitaine d'artillerie à Douai.

M. Jomard, en l'absence de M. de Gérando, lit un rapport au nom d'une commission spéciale sur la proposition faite par M. Bally, dans la séance précédente, de publier un bulletin mensuel.

Le conseil délibère sur cet objet, et adopte le projet d'arrêté de la commission. (*Voyez* ci-après.)

RAPPORT

De M. le baron de Gérando, au nom d'une commission spéciale, sur une proposition faite par M. Bally.

Messieurs,

Votre bureau vous avait plusieurs fois exprimé le vœu d'un genre de communication avec vos souscripteurs, qui les tînt constamment instruits de la marche et du résultat de vos travaux. Sur notre proposition, vous aviez adopté l'idée de joindre au journal de la société un bulletin qui, sous une forme concise, aurait offert chaque mois, à vos sociétaires, la substance de ce qui peut les intéresser. Votre bureau en avait préparé l'exécution pour six mois; il ignore les causes qui ont pu en paralyser l'exécution.

L'un de nous, alors, conçut l'idée de donner à ce travail une utilité encore plus étendue, en faisant du bulletin mensuel une sorte de publication périodique, à l'usage des instituteurs primaires; et M. Colas, notre libraire, avec lequel il s'en était entretenu, avait offert, avec son dévouement et son zèle accoutumés, de se charger de la portion économique et typographique de ce plan.

Votre bureau auquel vous avez renvoyé l'examen de la proposition faite dans notre dernière séance, par notre honorable collègue, n'a donc pu qu'y applaudir en y retrouvant, avec les vues judicieuses de l'auteur, l'expression de ses propres désirs déjà accueillis par vous.

Après s'être concerté avec le comité des fonds, il a pensé devoir réduire en articles la substance de ce plan, afin de pouvoir la soumettre à la sagesse de vos délibérations, et en rendre compte ensuite à la prochaine assemblée générale.

Le comité de correspondance et des fonds réunis, après avoir pris connaissance de la proposition de M. Bally, tendant à distribuer entre les six comités du conseil d'administration, la rédaction du bulletin mensuel, destiné à faire connaître, sous une forme concise, la marche des travaux de la société, arrête que cette proposition sera soumise à l'adoption du conseil.

La proposition a été adoptée, et le premier numéro du bulletin sera publié à la fin de février.

CORRESPONDANCE.

Ministère de l'intérieur.

Lettres de son excellence le ministre de l'intérieur, reçues dans le courant du mois de janvier 1820.

Du 4 janvier 1820.

Messieurs,

Une école d'enseignement mutuel vient d'être fondée à Bellesme, par un comité de souscripteurs que préside M. le sous-préfet de Mortagne.

Je vous annonce que je viens de mettre à la disposition de M. le préfet de l'Orne une somme de 400 francs, pour diverses améliorations qui sont désirées dans cette école.

Du 11 janvier. — Messieurs, je vous annonce que je

viens de mettre à la disposition de M. le préfet de la Corrèze uné somme de 5oo francs sur le fonds de 1820.

J'ai lieu d'espérer que cet encouragement aura, sur les
progrès de l'enseignement mutuel, une heureuse influence,
et donnera des résultats non moins satisfaisans que ceux
dont je vous ai informés, le 16 du mois dernier.

Du 18 janvier. — Messieurs, le sieur Gesta, moniteur
à l'école mutuelle de Bastia, a exprimé le désir qu'il lui
fût alloué un secours pour aller se perfectionner à l'école
modèle d'Aix. Je vous annonce que, d'après les renseignemens favorables que j'ai recueillis sur cet instituteur, une
somme de 600 fr. vient d'être mise, pour cet objet, à la
disposition de M. le préfet de la Corse. Ce sujet, dont le
zèle et la moralité ne laissent rien à désirer, paraît d'autant
plus digne de la faveur que j'ai cru devoir lui accorder,
qu'il pourra être utilement employé à propager, dans le
département de la Corse, un mode d'enseignement, dont
l'application y serait extrêmement avantageuse.

Du 20 janvier. — (Son Exc. annonce à la société qu'une
gratification de 200 francs vient d'être accordée au sieur
Meaulme, instituteur primaire, à Aubusson.)

Du 25 janvier. — Messieurs, je vous annonce que je
viens de mettre 3oo francs à la disposition de M. le préfet
de Vaucluse. Cette somme sera consacrée à indemniser le
sieur Pascal, qui s'est livré à d'assez grandes dépenses pour
établir une école d'enseignement mutuel dans la ville d'A-
vignon. J'ai lieu d'espérer que cet encouragement sera de
quelque utilité dans un département où les bonnes méthodes
n'ont pas encore fait de grands progrès, et où elles auraient
une si heureuse influence sur l'éducation du peuple.

Du 27 janvier. — Messieurs, je vous annonce qu'une
somme de 2,000 francs vient d'être mise à la disposition de
M. le préfet de la Charente. A l'aide de cette allocation,
M. le préfet pourra continuer, en 1820, les encouragemens

auxquels il attribue les progrès de l'enseignement mutuel, dans le cours de l'année dernière, et qui semblent promettre d'heureux résultats pour l'instruction primaire, en inspirant une salutaire émulation aux instituteurs.

Agréez, messieurs, etc.

Le ministre secrétaire d'état de l'intérieur,

Signé le comte DECAZES.

~~~~~~

DÉPARTEMENT DE MAINE-ET-LOIRE.

Procès verbal de la séance générale, du 30 décembre 1819, présidée par M. de CHALUP.

M. le président donne lecture d'une lettre de M. le préfet dont l'insertion au procès verbal est proposée et arrêtée. M. le président fait ensuite à l'assemblée un exposé succinct des opérations du bureau pendant le semestre qui vient de s'écouler, et donne un aperçu des progrès de l'école pendant le même temps. Il fait sentir les avantages que l'on doit attendre de l'introduction de l'enseignement du dessin linéaire dans un établissement principalement destiné à la classe ouvrière, et annonce à l'assemblée que les premiers succès obtenus sont un sûr garant des heureux résultats que l'on doit en attendre.

Le secrétaire obtient la parole, et fait, au nom du bureau, le rapport suivant.

« MESSIEURS,

» Trois années se sont écoulées depuis que vous avez posé les bases de cette société. Vous n'aviez alors qu'une faible connaissance de la méthode de l'enseignement mu-
~~~~~~

tuel. L'expérience ne vous donnait que des lumières incer-, taines sur les avantages que l'on pouvait en retirer. Elle était de toutes parts le but des attaques, et parmi les oppo-sans on comptait des hommes distingués par leurs connais-sances et par d'éminentes vertus. Le gouvernement, le corps auquel l'instruction publique est confiée, s'étaient à peine prononcés. On protégeait les essais, on examinait avec soin les résultats, les succès étaient comptés, on se tenait en garde contre les illusions et l'enthousiasme. On attendait, pour s'élancer dans la carrière, des preuves certaines de la supériorité de cette méthode sur toutes les autres.

» C'est dans ce moment, messieurs, que vous vous êtes montrés jaloux de coopérer à ce grand ouvrage. Déjà tous, vous étiez convaincus qu'il était juste, qu'il était nécessaire de donner à la masse la plus considérable du peuple ces con-naissances premières que l'on acquiert dans nos écoles. Vous sentiez la faiblesse des moyens employés jusqu'alors, et vous applaudissiez aux efforts que faisait une société de sa-ges, pour en trouver de meilleurs. Toutes les probabili-tés étaient en faveur de celui présenté, qui réunissait à une exécution facile les avantages de la célérité et de l'économie, qui dépouillait l'étude de son aridité, qui la présentait à l'enfance presque sous la forme d'un jeu, et qui tendait à développer à la fois ses facultés physiques et morales. Vous avez alors fait justice de toutes les vaines déclamations dictées par le préjugé ou par l'intérêt; et, malgré l'incertitude du succès, vous avez jugé que cette incertitude n'était pas un motif suffisant pour renoncer à la tenter. Loin de vous re-buter, les obstacles n'ont fait qu'enflammer votre courage, et vous vous êtes proposé deux choses dans votre associa-tion; d'abord de faire, à l'aide de légers sacrifices, si vous obteniez le succès désiré, un bien immense à votre pays, un bien dont la génération actuelle ne ressentira pas seule les effets, qui s'étendront aux générations futures. Vous avez ensuite voulu, par votre concours, prêter des armes à ceux qui combattaient pour cette utile innovation, contre la défiance, les préventions, la malveillance même. Contemplez maintenant votre ouvrage, messieurs, l'enseignement mutuel, que vous avez saisi à son berceau, est devenu une colonne que nuls efforts maintenant ne peuvent abattre. Vous avez contribué à son accroissement, à ses développemens. La France compte aujourd'hui plus de deux mille écoles. Un seul département, celui de l'Oise, en contient cent douze. Chaque jour en voit plusieurs s'établir. Le gouvernement les protége, les soutient. L'enseignement mutuel fleurit en France, en Allemagne, en Angleterre, en Russie ; il s'établit en Italie, en Espagne, en Portugal, en Amérique, et jusques sur les rives sauvages de l'Afrique. Que l'on cherche maintenant encore à le ridiculiser, à lui trouver des dangers ou des vices : un pareil concours répond à toutes les objections, et dispense de repousser une vaine censure autrement qu'avec les armes de la persévérance.

» Je n'ai rien de nouveau à vous dire de votre école, messieurs ; elle est ce qu'elle était il y a six mois. On y apporte les mêmes soins à l'instruction de la jeunesse, et elle s'empresse d'en profiter, quoique tous n'obtiennent pas les mêmes succès. Le préjugé, plus fort ici qu'ailleurs, nuit au progrès de l'établissement, et plus du tiers des places de l'école est encore vacant. Néanmoins, si nous récapitulons le bien qu'elle a déjà fait, nous aurons lieu de nous féliciter. Trois cents enfans au moins en ont déjà emporté l'instruction qu'on leur a donnée. Un pareil nombre leur succède, et cette génération ne finira point. Ces enfans bientôt deviendront pères. On ne leur persuadera pas que l'instruction est une chose nuisible ou au moins inutile pour le bonheur de leur famille, qu'ils enverront la chercher sur les bancs où ils l'auront puisée eux-mêmes ; on ne leur persuadera pas non plus que la jeunesse court dans vos écoles des dangers pour la pureté de sa foi, pour l'innocence de ses mœurs. Ceux que leur insouciance ou leur crédulité auront retenus, en rougiront et ne voudront pas que leurs enfans aient à rougir comme eux. Vous ne retirez aujourd'hui qu'une partie des fruits que vous avez à attendre de vos efforts. L'arbre que vous avez planté n'est encore qu'un faible arbrisseau ; mais cultivez-le, facilitez son accroissement, et il vous donnera des fruits innombrables.

» Nous avons adressé, messieurs, à S. Exc. le ministre de l'intérieur et à la société de Paris, le procès verbal de votre dernière séance. Le ministre, en accusant la réception de ce procès verbal, nous assure de l'intérêt qu'il prend à nos succès, et nous autorise à compter sur son appui. La société de Paris nous donne toujours les mêmes marques d'intérêt et d'attachement. Le ministre n'a pas encore répondu à la demande qui lui a été faite au nom de la société d'une place à l'École des Arts pour le jeune Richard. Cet élève vient encore d'acquérir de nouveaux titres à votre bienveillance. Il a été envoyé à Baugé pour aider l'instituteur à former l'école d'enseignement mutuel ; il s'est parfaitement acquitté de sa mission, et cette école est dans ce moment dans l'état le plus prospère. On se souvient que c'est ce même Richard qui a aidé à la formation de l'école de Cholet, digne émule de la nôtre.

» Vous avez reçu de la société de Marseille, le procès verbal de sa séance générale du 26 mai. Elle vous témoigne l'intention de correspondre avec vous ; le sentiment qui l'anime est le même que le nôtre, et la société ne peut qu'accueillir avec empressement une offre dont elle attend de précieux avantages. Je propose à l'assemblée d'arrêter que le procès verbal de la présente séance sera adressé à la société de Marseille.

» M. l'abbé Tardy a accepté la présidence honoraire et perpétuelle que vous lui avez déférée. Je vais vous donner lecture de sa lettre, dont le bureau demande l'insertion au procès verbal.

» Le 20 septembre dernier, M. le préfet a adressé à la société de l'enseignement mutuel établie à Angers, un exemplaire de l'ouvrage de M. Francœur sur le dessin linéaire, avec invitation de mettre dans notre école cette branche d'enseignement le plus promptement qu'il nous serait possible.

» Jalouse de procurer aux enfans qu'elle a adoptés, tous les avantages d'une éducation à leur portée, la société s'est empressée de seconder les intentions de M. le préfet et du gouvernement paternel dont il est l'organe. Elle a chargé son comité des inspecteurs de faire faire les tableaux, les règles de diverses mesures, les rapporteurs et autres objets indiqués par M. Francœur, de recommander à M. Gellerat d'étudier cette nouvelle méthode, de former des moniteurs et de commencer sans délai l'instruction du dessin.

» M. Gellerat avait demandé l'autorisation de donner une vacance ; elle lui a été accordée pour quinze jours, qui ont commencé le 15 octobre et se sont terminés le 1er. novembre.

» M. Gellerat, au zèle de qui nous avons toujours rendu justice, au lieu de consacrer ce temps de vacance à ses affaires ou à son repos, l'a employé à former dix moniteurs, à les instruire dans la manière de se servir des tableaux et autres instrumens, et à s'y instruire lui-même ; et, dès la rentrée, quarante élèves des 7e. et 8e. classes ont été appelés à ce nouvel enseignement.

» Le succès commence à répondre aux efforts faits jusqu'à présent et surpasse même les espérances. Le cours est divisé en cinq classes, et la première est partagée en deux subdivisions. Déjà un grand nombre des élèves admis est parvenu à la seconde subdivision ; ainsi ces enfans commencent à pouvoir tracer toutes les figures qui se composent de lignes droites sur des mesures données, sans le secours de la règle et du compas ; à abaisser une perpendiculaire sur une ligne tracée, à mener une ligne parallèle à une autre ligne, à construire toutes les espèces de triangles ; et déjà l'on peut remarquer les heureux effets de cette instruction, et en prévoir les résultats.

» En général les élèves se livrent avec plaisir à ce genre d'instruction trop nouvellement établi, pour qu'il soit encore possible d'en faire un rapport détaillé. Le bureau aura soin de tenir M. le préfet, qui l'a demandé, au courant des résultats ultérieurs.

» Le compte que va vous rendre, messieurs, M. votre trésorier, vous prouvera que les finances de la société sont dans un état de prospérité qui permettrait de vous présenter quelques fondations nouvelles. Nous comptions depuis long-temps vous proposer de fonder une seconde école d'enseignement mutuel dans la Doutre; mais l'établissement projeté des Frères nous en ôte pour le moment l'idée. Nous sommes si éloignés de vouloir entraver cette institution que nous voulons même en repousser le soupçon. Nous professons une estime sincère pour cette utile congrégation, quoique nous considérions la méthode de l'enseignement mutuel comme aussi supérieure à la leur, que celle des Frères est supérieure à l'enseignement individuel : nous laisserons au temps et à l'expérience le soin de démontrer cette vérité.

» Nous comptions encore vous proposer de fonder une école pour les jeunes filles; mais il paraît qu'au moyen des fondatrices pieuses des congrégations, et des dons particuliers, il y a des ressources suffisantes pour l'enseignement gratuit de ce sexe. Elles ne laisseraient rien à désirer si la nouvelle méthode pouvait s'y introduire, et c'est ce qui arrivera, car les inventions utiles finissent toujours par triompher des obstacles que leur oppose l'aveugle routine. Attendons, messieurs, ménageons avec soin nos ressources; nous en aurons un besoin pressant, si, en définitif, les Frères ne s'établissent pas : nous en aurons besoin pour le local qui bientôt rappellera votre attention.

» Nous vous proposerons cependant, messieurs, d'introduire dans l'école l'enseignement du plain-chant; votre établissement sera nécessairement la pépinière des instituteurs primaires, et il est très-utile que, se répandant dans les campagnes, ils y portent cette branche de connaissances, qu'ils pourront ensuite propager. On sait combien la régularité du chant dans nos offices ajoute à la majesté du culte; d'ailleurs, les instituteurs capables de remplir les fonctions de chantres, en retireraient des émolumens qui, quelque modiques qu'ils soient, amélioreraient toujours leur situation. Nous ne sommes pas encore préparés sur cet objet, dont nous n'avons pas combiné les moyens : nous pensons seulement que l'enseignement du dessin linéaire, étant pris sur les heures qui étaient auparavant destinées aux autres branches d'instruction, il ne faudrait pas y ajouter encore le plain-chant, et qu'il serait convenable d'y consacrer une heure et demie le jeudi matin et autant le dimanche après le retour de la messe. Nous ne pouvons donc que vous prier d'investir votre bureau du droit de former cet établissement.

» Tels sont, messieurs, les comptes que j'avais à vous rendre, et les propositions que le bureau m'a chargé de vous présenter. Vous sentez combien votre concours est encore utile pour le bien qui vous reste à faire ; combien il importe même d'augmenter nos ressources pour nous prémunir contre les événemens. Il est indispensable que la société ait un fonds toujours disponible pour l'appliquer à un besoin imprévu.

» Le local de l'école n'est à notre disposition que pour trois années encore ; peut-être devrions-nous déjà penser à le remplacer. La société de Nantes est propriétaire du sien, et, si nous pouvions avoir le même avantage, ce serait un moyen de perpétuer la durée de l'établissement. On peut s'y prendre de plusieurs manières, dont la plus facile paraîtrait être un fonds fourni par des actions, sous la forme d'une tontine. Nous vous prions, messieurs, de réfléchir sur cet objet, et d'apporter à la prochaine assemblée générale le tribut de vos lumières et de vos observations.

» Dans cette prochaine assemblée, nous pourrons encore avoir une proposition à vous faire, sur laquelle nous vous prions d'être préparés. Tous habitans d'Angers, nous ne sommes occupés que de la ville d'Angers ; mais le département entier réclame notre sollicitude.

» Chollet, Baugé, Saint-Florent, peut-être encore quelques autres communes possèdent des écoles d'enseignement mutuel ; mais Saumur, Beaufort, Chalonnes, les Ponts-de-Cé, et plusieurs autres grandes communes, n'en ont pas, et il serait utile d'y en établir. Les campagnes mêmes où la population ne paraît pas se prêter à des écoles de cette nature, peuvent encore participer aux avantages de l'enseignement mutuel.

» Pour opérer ce bienfait, il faudrait que notre société, au lieu de se borner à la ville d'Angers, s'étendît à tout le département, que tous les propriétaires fussent appelés à s'y réunir : c'est une idée mise en avant. Elle donnera matière à vos réflexions, messieurs, et, si vous jugez ce projet utile et praticable, je ne doute pas que bientôt il n'ait son exécution. »

La parole est accordée à M. le trésorier, qui expose dans un rapport la situation financière de la société, et dépose sur le bureau le compte de l'exercice de 1819, et les pièces à l'appui.

M. le président annonce ensuite que le temps d'exercice de M. le vice-président, et celui de M. le secrétaire sont expirés ; ils doivent, aux termes du règlement, être remplacés par la voix du scrutin, auquel il est de suite procédé.

M. Desmazières est réélu vice-président, et M. Lebas secrétaire.

M. le président annonce que les membres du bureau, sortant cette année d'exercice, sont MM. Baranger, Cordelet, Gazeau, Giraud, Gontard, Huart, Gaignard et

Dolsegary ; il sera procédé à leur remplacement conformément au règlement dans la plus prochaine assemblée du bureau.

Séance levée.

Copie de la lettre de M. l'abbé Tardy, à la société d'Angers.

Messieurs,

Après avoir été honoré trois fois de vos suffrages, rien ne pouvait me flatter davantage que la présidence honoraire et perpétuelle d'une société que j'ai vue si cordialement disposée à contribuer au bonheur des pauvres. Entre tous les bienfaits que l'on pouvait répandre sur eux, le plus précieux est sans contredit l'éducation que vous procurez à leurs enfans. Elle ne peut manquer d'avoir la plus heureuse influence sur toute leur vie. Car je suis plus que jamais convaincu que le mode d'enseignement que vous avez adopté, est le plus propre à développer en eux le germe des vertus, et à les attacher aux préceptes de la religion dont vous leur faites aimer l'étude et la pratique en fécondant leurs moyens d'existence.

Lorsque vous m'offrîtes la présidence comme un hommage que vous vouliez rendre à cette religion sainte, un motif aussi louable et le caractère dont je suis revêtu, me firent un devoir d'accéder à vos vœux ; l'unanimité de vos suffrages m'en fit un plaisir ; mais aujourd'hui je reçois avec beaucoup plus de plaisir encore l'honneur que vous m'avez conféré après mon départ, parce que cette nouvelle marque de votre bienveillance et de votre estime prouvera encore mieux que toutes les précédentes que je ne me suis pas laissé abuser, comme l'ont gratuitement prétendu les personnes prévenues contre vos intentions. C'est précisément parce que j'en connais bien la pureté, que je me féliciterai toujours d'avoir été l'interprète de vos sentimens ; et d'être conservé parmi les dignitaires d'une société aussi éminemment utile.

Je vous prie d'agréer l'assurance de toute ma reconnaissance, etc.

Pour copie conforme :

Le secrétaire de la société,

Le Bas.

<div align="center">~~~~~~</div>

DÉPARTEMENT DU GERS.

Rapport sur les Écoles de Mirande et de Beaumarchez, par M. le Maire de Beaumarchez.

Messieurs ,

L'école d'enseignement mutuel de Mirande, département du Gers, fut fondée sous les auspices de M. de Lascours, préfet de ce département. Ce magistrat m'ayant fait l'honneur de m'associer à ses nobles intentions, je mis tous mes soins à diriger l'organisation de cet utile établissement, et l'ouverture s'en fit en septembre 1818. J'eus l'honneur de vous adresser peu après un discours imprimé, où je tâchais de démontrer les avantages de ce nouveau mode d'instruction. Vous daignâtes, messieurs, recevoir cet opuscule avec quelque bonté, et vous me chargeâtes de vous rendre compte des succès de cette école. Peu de jours me suffirent pour me convaincre que les avantages de la nouvelle méthode n'étaient point au-dessous de ce qu'on en publiait, aussi je formai le désir d'en faire jouir la commune que j'ai l'honneur d'administrer ; mais la modicité de ses revenus ne me permettant pas de réaliser ces projets, je pris le parti de créer l'établissement à mes frais.

Il fut en activité au premier janvier 1819. Voici les observations que j'ai recueillies sur ces deux écoles :

L'introduction de la nouvelle méthode n'était pas sans difficulté dans la ville de Mirande ; plusieurs instituteurs se partageaient l'éducation des enfans du peuple, et tous craignaient de perdre leur état, par l'effet du nouvel établissement ; cependant, deux de ces instituteurs qui avaient les écoles les plus nombreuses, s'étant accordés pour être à la tête de la nouvelle institution, l'école s'ouvrit sous d'heureux auspices : 104 élèves, dont plusieurs s'y rendaient même des campagnes voisines, vinrent s'asseoir sur les bancs de l'école. Les progrès répondirent à cet empressement, et on vit aux épreuves publiques, en septembre 1819, des enfans qui n'avaient commencé leur abécédaire qu'en 1818, lire dans des livres d'une manière satisfaisante : on remarqua même avec surprise, dans le nombre, un enfant de cinq ans qui n'avait que dix mois d'école.

La prononciation, si mauvaise dans cette ville, s'était sensiblement améliorée.

Les progrès de l'écriture n'avaient pas été au-dessous ; on écrivait correctement sous la dictée, ce qu'on n'avait jamais vu dans nos écoles primaires.

La conduite morale des enfans, dont on avait beaucoup à se plaindre sous le régime antérieur, répondait à ces avantages.

Une expérience si décisive, en faveur de la nouvelle méthode, convainquit enfin les incrédules, et réduisit les détracteurs au silence.

On s'attendait que l'école serait fréquentée avec plus de confiance et d'empressement, à l'ouverture des classes en 1819 ; mais une nuée d'instituteurs ignorans, de la ville et des campagnes voisines, sont dans ce moment les seuls ennemis qui entravent notre marche. Forcés de reconnaître l'excellence de notre institution, ils ont pris une autre tactique pour l'attaquer : ils se sont mis à parodier sur quelques points notre méthode qu'ils défigurent entièrement , en sorte que nous sommes menacés d'une confusion plus ridicule et plus nuisible qu'une ignorance absolue. Ils ont diminué le prix ordinaire de l'instruction , et ont déchaîné leurs élèves contre ceux de l'enseignement mutuel qu'ils font appeler *moutons ,* sans doute à cause de l'obéissance , premier principe de nos écoles ; peut-être aussi à cause du bruit occasioné par la lecture simultanée , et par rapport à la prononciation de l'è ouvert dont leur ignorance combat la nécessité. Ces ridicules plaisanteries , qui ne se passent pas toujours tranquillement , ont fait plus de mal à l'école nouvelle que tous les argumens des antagonistes. Cependant l'école s'est soutenue avec avantage.

Je pourrais appliquer , messieurs , à l'école de Beaumarchez , une partie de ce que je viens d'avoir l'honneur de vous dire sur celle de Mirande : mêmes efforts de la part des *syllabistes* voisins ; mêmes moyens pour éloigner les parens de la nouvelle méthode. L'école de Beaumarchez , dont la salle peut contenir 100 élèves , en a eu l'an passé jusqu'à 80 , tandis que dirigée d'après l'ancienne méthode , elle n'en réunissait pas plus de 25 à 30. Je n'ai d'ailleurs que des éloges à donner aux élèves qui la fréquentent. La conduite morale de ces enfans , auparavant presque barbares , est admirable de telle sorte qu'on ne saurait croire à une semblable métamorphose , si on n'en était témoin ; leurs progrès sont aussi très-satisfaisans ; la religion leur est particulièrement enseignée.

Telle est , messieurs , la douce récompense que je recueille de ma surveillance , soit comme fondateur de cette école , soit comme administrateur de la commune.

Je termine ce rapport , messieurs , en joignant mes vœux à l'hommage des sentimens , etc.

Signé Bonnés.

NOUVELLES

Extraites de la Correspondance.

La société de Vallerangue nous transmet les détails suivans, relatifs à l'école qu'elle a fondée en cette ville :

« La conduite morale des élèves continue de s'améliorer. Nous remarquons avec plaisir, au scrutin qui a lieu tous les samedis pour la distribution des médailles, que la plupart des élèves de la 8ᵉ. classe, après avoir désigné le plus sage d'entre eux, répondent à la question : *Quel est le plus polisson?* qu'il n'y en a point.

» Les élèves qui ont obtenu la médaille choisissent entre eux deux moniteurs dits *de sagesse*, chargés de surveiller la conduite des écoliers hors de l'école. Ces moniteurs font leur rapport le samedi suivant ; et, s'ils dénoncent quelque délit, l'accusé est immédiatement cité devant ses camarades, qui prononcent sur l'accusation, et infligent la punition méritée, lorsque le cas l'exige, après avoir entendu la défense de l'accusé, la déposition des témoins, et recueilli l'opinion du petit jury.

» Nous avons établi la règle de faire descendre d'une classe les élèves, lorsqu'ils ont enfreint, quatre fois dans une séance, la loi qui leur est imposée de garder le silence. Le silence absolu est ce que nous avons le plus de peine à obtenir. »

— Le préfet de la Seine-Inférieure nous écrit :

« Il est en cette ville un établissement public qui renferme un grand nombre d'enfans et dans lequel la création d'une école d'enseignement mutuel aurait, selon moi, les plus utiles résultats. Je veux parler de l'hôpital général, où l'on retire une partie des enfans trouvés et abandonnés à l'expiration du temps qu'ils passent à la campagne. Je viens d'écrire à la commission administrative, en l'engageant à prendre les mesures convenables pour remplir ce but utile ; et, lorsque j'aurai sa réponse, je réclamerai du zèle de M. Appert-Bouché, de venir à Rouen nous faciliter les moyens du prompt et complet établissement de notre école. »

— Dans la séance du 29 janvier, tenue par MM. les souscripteurs de la société formée aux Andelys, une nouvelle souscription a été ouverte pour 1820, aux fins d'affermir l'école élémentaire fondée au grand Andely.

Le rapport fait à cette assemblée, prouve que cette école marche de succès en succès, et que dans un an elle pourra se soutenir sans secours étrangers. La protection des autorités locales, et le zèle de l'instituteur ont contribué également à ce triomphe.

« Ce fut, est-il dit dans ce raport, le 25 janvier, que M. François ouvrit le cours de ses exercices. Sept enfans formaient alors tout le noyau de son école : au premier février, le nombre était déjà de 23, et au premier mars, de 39 ; au premier avril, l'instituteur comptait sur son registre d'entrée, 47 élèves ; au premier mai, 56 ; au premier juin, 62 ; au premier juillet, 77 ; au premier août, 81 ; au premier septembre, 84 ; et au premier octobre 89. Depuis cette époque, le nombre n'en est pas augmenté, non qu'il ne soit plus susceptible d'accroissement, mais bien, parce que la saison rigoureuse de l'hiver retient chez leur parens beaucoup de jeunes enfans que le printemps nous ramènera....

» La division des classes, qui a une si grande influence sur les progrès des élèves, est faite avec avec tant d'habileté, et surveillée avec tant de soin, par l'instituteur, qu'il serait difficile d'en déranger un seul, sans qu'il se trouvât déplacé dans la classe supérieure, ou dans celle immédiatement au-dessous....

» M. François a commencé le premier décembre à donner des leçons de dessin linéaire ; ses plus forts écoliers en arithmétique composent la première classe. Ils y sont exercés au tracé et à la division des lignes. Lorsqu'ils seront assez habiles pour former la 2e., de nouveaux élèves les remplaceront dans la première, et insensiblement tous les enfans se trouveront initiés à cette partie de l'instruction, si utile dans les arts et métiers. La précision avec laquelle les nouveaux débutans opèrent, nous promet d'heureux succès....

» Les principes de la morale et de la religion, base de toute société, et sans lesquelles l'instruction pourrait devenir un bien funeste, sont enseignés par l'instituteur avec un soin tout particulier. Les prières se font avec un saint respect à l'entrée et à la sortie de la classe : le samedi tout entier est consacré au catéchisme : sur ce point, plus encore peut-être que sur tous les autres, M. François est d'une rigidité inflexible. La plus grande propreté est exigée des élèves : l'esprit d'ordre leur est imprimé par l'exercice journalier qu'ils en font ; l'honnêteté et la décence se font remarquer chez tous....

» D'heureux changemens se sont opérés chez plusieurs enfans : quelques-uns regardés comme incorrigibles par leurs parens, sont devenus des modèles de conduite pour les autres ; plusieurs pour lesquels l'étude était une espèce de supplice, se rendent maintenant avant l'heure à la salle d'exercice, pour s'y occuper à lire et à écrire ; d'autres enfin, qui n'avaient pu rien apprendre chez d'anciens maîtres d'école, se développent et s'instruisent, depuis qu'ils sont confiés aux soins de M. François. »

— Voici un nouveau moyen employé par les ennemis de l'institution, pour décrier les nouvelles écoles. Ces personnes charitables ont cherché à faire croire aux habitans des Andelys, que l'établissement, dont nous venons de parler, était un piége qu'on leur tendait, pour leur arracher leurs enfans et en faire autant de soldats. L'artifice est grossier, et il faut espérer de rencontrer une bien lourde crédulité, pour s'aviser d'en faire usage.

GRANDE-BRETAGNE.

Cinquième rapport du comité des dames de la société pour les écoles britanniques et étrangères, fait à la séance générale du 15 mai 1819 (1).

LE comité des dames pour la direction des écoles de filles, ne peut commencer son rapport d'une manière plus flatteuse pour lui qu'en vous annonçant que, depuis votre dernière réunion, il a été honoré du patronage de S. A. R. la duchesse de Kent, qui a bien voulu recevoir avec bonté ses respectueuses communications. Votre comité trouve dans un si précieux appui le plus puissant motif d'encouragement et d'émulation.

C'est une grande satisfaction pour lui de pouvoir vous dire que l'expérience de cette nouvelle année a pleinement justifié l'opinion exprimée antérieurement sur les avantages qu'il y aurait à transporter l'établissement normal à Borough Road. Les maîtresses qui y ont été formées à la méthode anglaise, y ont trouvé plus de facilité, à cause de l'attention plus suivie que le comité s'est vu à portée de leur donner, et qui doit, nous l'espérons, influer non-seulement sur les progrès et sur l'habileté de ces institutrices, mais, par une conséquence naturelle, sur la discipline et le bon ordre des écoles qui leur seront confiées. Votre co-

____

(1) *Voyez* dans notre précédent numéro le rapport du comité, auquel celui-ci fait suite.

mité a donné des soins particuliers aux diverses branches des travaux d'aiguilles. Il ne doute pas que les ouvrages qui ont été envoyés comme échantillons de côté et d'autre, pendant l'année qui vient de s'écouler, ne soient regardés comme très-bien exécutés, surtout si l'on veut faire attention qu'ils sont entièrement l'ouvrage des enfans eux-mêmes, et que ces pauvres enfans passent à l'école un temps si limité, que votre comité gémit de les voir enlever sitôt par leurs parens, et privés ainsi du précieux avantage de compléter leur éducation. On a remarqué que l'école toute entière a été renouvelée dans l'année dernière.

L'école est toujours pleine, et un nombre considérable d'enfans attendent le moment de leur admission. Ce fait peut être considéré comme une preuve du désir croissant des parens de procurer à leurs enfans le bienfait de l'instruction ; si l'on songe surtout que plusieurs écoles de filles ont été depuis peu ouvertes dans des lieux très-rapprochés.

Votre comité ne pourrait, sans injustice, omettre de vous signaler le zèle et l'assiduité de la directrice et de la maîtresse de l'école, dont les soins ont puissamment contribué aux progrès et à l'amélioration des enfans, aussi bien qu'à l'instruction des maîtresses dans les procédés de la méthode. L'importance de cette branche de l'institution sera évidente pour quiconque voudra réfléchir, car il est certain que le succès des écoles dépend matériellement de l'habileté des maîtres auxquels la direction en est confiée. Votre comité vous apprend avec un vif plaisir que les rapports venus des diverses écoles auxquelles l'établissement central a fourni des institutrices, constatent que la conduite de ces maîtresses a été des plus satisfaisantes.

Dans notre dernier rapport, nous avons cru de notre devoir d'appeler l'attention du public sur la nécessité de redoubler d'efforts en faveur de l'instruction des filles. Nous sommes heureuses de reconnaître que notre vif désir à ce sujet a été en partie rempli. Les demandes de maîtresses sont devenues plus nombreuses. De nouvelles écoles pour les filles ont été récemment ouvertes dans la capitale, à Hackney Road et à Christchurch, auxquelles l'institution a fourni des maîtresses. D'autres institutrices ont encore été formées pour diverses écoles de campagne, depuis votre dernière réunion; pour Belper, Swansea, Sheerness, Liverpool, Hammersmith, Croydon, Chelsea, Hitchin, etc.

Ces succès ne sont, aux yeux de votre comité, que de nouveaux motifs pour renouveler ses instances de persévérer dans les mêmes efforts en faveur de l'éducation des filles, qui n'est pas moins importante que celle des garçons au bonheur du genre humain.

Les rapports de plusieurs écoles de filles sont un grand encouragement pour nous, sous le point de vue des effets moraux et religieux produits par ces efforts pour créer une génération de femmes bien élevées, et pour leur donner la connaissance des saintes Écritures où elles doivent puiser la sagesse qui conduit au salut.

Une excellente école est établie depuis quelques années à Farnham, dans le comté de Surrey. Il résulte du rapport du comité qui la dirige que le plus grand soin y est donné à l'accomplissement des devoirs pieux. Ainsi se trouve complétement réfutée par le fait, l'imputation contre le plan libéral de la société, que ce plan doive éloigner les enfans de l'église, car depuis quatre mois on observe que le nombre des enfans qui assistent aux exercices religieux à l'église de la paroisse est souvent double, quelquefois plus que double, et toujours plus considérable que celui des élèves de l'autre institution attenante à l'église. Une petite fille, interrogée sur ce qu'elle avait appris à l'école, répondit : « J'ai appris que je dois aimer Dieu et obéir à ses commandemens ; que je dois vivre honnêtement et obéir à mes parens. » — Une autre petite fille répondit à la même question par ces mots : « J'ai appris que Jésus-Christ est mon sauveur ; que je dois l'aimer et obéir à ses commandemens ;

que je ne dois offenser personne, ni en pensée, ni en paroles, ni en action. »

Et de si désirables résultats ne sont pas observés seulement dans des écoles établies depuis long-temps. A Reading, une école de filles fut ouverte au mois d'avril de l'année dernière, et les rapports qui nous en parviennent annoncent que déjà les bons effets de l'ordre et de la discipline sont sensibles, et que les habitudes de désobéissance et d'obstination ont cédé à l'heureuse influence de l'éducation. Une jeune fille dont la conduite antérieure était si désespérante que les parens, qui s'étaient chargés d'elle, étaient presque résolus à la renvoyer, a subi un changement si heureux, qu'elle est devenue un être charmant pour tous ceux qui la connaissent. Une autre, d'une paresse remarquable, est considérée maintenant comme un modèle d'application et d'activité. Quelques-unes, qui sont entrées en service, se conduisent, dit-on, parfaitement bien. A la réunion annuelle de la société de Reading, on a vu un homme du peuple qui, ayant reconnu que ses filles, par l'instruction qu'elles recevaient, étaient devenues capables de lui enseigner à lire, était déjà parvenu à lire des mots, et espérait pouvoir dans peu de temps lire la Bible.

Le comité de l'école de filles de Sheffield rapporte un fait relatif à une jeune fille de dix ans, qui paraissait n'avoir eu jamais sous les yeux que des exemples de méchanceté. Son caractère était d'une violence extrême ; elle n'était bonne qu'à se battre, à jurer et à faire du mal. Pendant neuf mois, tout ce qu'on put faire pour la corriger parut inutile. Dans une circonstance, son langage devint si insoutenable, qu'il parut tout-à-fait indispensable de la renvoyer de l'école. Cependant on voulut tenter un dernier effort. Lorsque les autres élèves furent sorties, on la fit rester ; et, après lui avoir fait une remontrance sur l'horrible inconvenance de sa conduite, on lui remit un écrit intitulé : *la Prière du Jureur*, qu'elle promit de lire attentivement. Neuf mois se sont écoulés depuis, et elle n'a donné, pendant ce temps, sujet à aucune nouvelle plainte. Elle est maintenant une des meilleures monitrices de l'école. D'autres exemples permettent à votre comité de vous affirmer que, dans ces écoles, les *jureuses* ont appris à redouter un jurement, les menteuses à respecter la vérité, les irréligieuses à entrer avec empressement et décence dans le temple de Dieu.

Les détails relatifs à une école ouverte l'été dernier à Belper, près de Derby, ne sont pas moins encourageans. Ce pays était autrefois entièrement dépourvu de civilisation, et les familles n'y étaient soumises à aucune règle. Il n'y a donc rien d'étonnant à ce que, dans le premier moment, l'école n'ait pas obtenu l'assentiment des parens, et surtout des mères, qui, ne pouvant apprécier les bienfaits qui étaient offerts à leurs enfans, s'y montrèrent d'abord opposées. Mais il n'a fallu que peu de temps pour les convaincre de leur erreur. Les soins d'une dame qui consacre la plus grande partie de son temps à cette école, et la bonne conduite de la maîtresse ont triomphé de tous les obstacles. Les mères sont maintenant satisfaites des bons effets de la méthode, dont elles trouvent la preuve dans l'amélioration du caractère de la plupart de leurs enfans, qui, de paresseux, malpropres et intraitables qu'ils étaient, sont devenus actifs, doux, propres, soignés et aimables sous tous les rapports. Le local de l'école, à Belper, est disposé de manière à recevoir des filles adultes à une classe du soir ; et dans les soirées consacrées aux travaux de l'aiguille, une de celles qui lisent le mieux fait à haute voix la lecture de quelques livres instructifs et amusans.

Votre comité aurait pu s'étendre davantage sur les faits divers qu'il vous a exposés ; il se félicite du succès de ses soins ; il recommande aux dames qui ne font point partie de sa réunion, de se livrer aussi à l'utile et douce tâche de la surveillance des écoles de filles ; il leur promet, d'après sa propre expérience, que leur âme pieuse et bienfaisante y trouvera une véritable satisfaction. Instruire les enfans dans la connaissance des principes religieux de la sainte Écriture, est le moyen le plus sûr de les diriger dans la voie qu'ils doivent suivre, et de laquelle, avec la grâce de Dieu, ils ne s'écarteront pas dans leur vieillesse.

PIÉMONT.

Rapport sur l'école fondée à Sartirane;

Par M. le marquis de Brême.

Le 3 novembre 1818, l'école fut rouverte au nombre de 62 élèves, et la première séance n'eut d'autre objet que l'organisation des classes. Quinze postulans y furent admis en remplacement d'un nombre égal d'anciens élèves qui en étaient sortis. Par cette réception, la quatrième division de l'école se trouva entièrement renouvelée. Celle-ci, composée d'enfans, dont aucun ne dépasse l'âge de six ans, fut d'abord appliquée à la lecture et à l'écriture des lettres capitales sur l'ardoise : les autres divisions reprirent chacune leurs exercices de l'année précédente. Les deux premiers mois furent employés à rappeler aux élèves et à bien graver dans leur mémoire ce qu'ils avaient appris avant les féries d'automne.

Au commencement de janvier 1819, la première division, ayant achevé de parcourir exactement tous les tableaux de lecture et d'écriture, fut appliquée à la lecture courante sur des livres imprimés, et l'on substitua les cahiers aux ardoises. Au bout de deux mois d'écriture, avec la plume, ces enfans se trouvant à même de bien former toutes sortes de lettres, on cessa de faire usage dans cette division des modèles d'écriture, et les élèves commencèrent à écrire sous la dictée du moniteur.

Les exercices d'arithmétique se succédèrent aussi graduellement. Aussitôt que les enfans de la première division donnèrent des preuves satisfaisantes de leur perfectionnement dans les trois premières opérations de l'arithmétique ; on leur enseigna le rapport et l'application du calcul décimal aux fractions de l'ancienne monnaie de Piémont, ce qu'ils apprirent fort bien et en très-peu de temps.

Ce qui contribua beaucoup à leurs progrès, ce fut l'émulation, éveillée et soutenue par les fréquentes visites des personnes marquantes et instruites qui honorèrent de temps en temps leur classe, telles que l'intendant, l'évêque et les autres principales autorités de la province, et de celles qui l'avoisinent, nommément de Mgr. le comte de Cardenay, réformateur des études, homme non moins respectable par ses lumières, que cher aux jeunes gens pour ses manières douces et engageantes. L'intérêt qu'il témoigna prendre aux progrès de ces enfans, dans la séance du 5 février dernier, à laquelle il assista, le fit entrer dans le plus exact détail de leur instruction, et le suffrage de ce magistrat éclairé laissa un souvenir ineffaçable dans le cœur du maître et des écoliers.

A l'occasion de l'examen mensuel du premier mai, le marquis de Brême, fondateur de cet établissement, qui présidait à la séance, ayant reconnu que la première division avait atteint le degré d'instruction qu'il s'est proposé dans la création de cette école, laquelle ne doit pas aller au delà de la lecture, de l'écriture et de la connaissance parfaite des trois premières opérations de l'arithmétique ; et, ayant pourvu d'ailleurs aux moyens d'une instruction plus étendue en faveur de ceux de ces jeunes gens qui voudraient continuer leurs études ; il déclara que cette division céderait sa place à celle qui suivait ; et ainsi de proche en proche, ce qui donna lieu à l'admission de quinze nouveaux aspirans.

Ce fut donc après quinze mois d'assiduité à la susdite instruction élémentaire que plusieurs de ces enfans se trouvèrent, par cette méthode d'enseignement mutuel, à même de passer à l'étude des élémens de la langue latine. Quant aux autres qui, faute de moyens, furent rappelés dans leur famille et au travail de la campagne, ils partirent pourvus, par le fondateur de l'école, des effets et des livres requis, parmi lesquels Simon de Nantua traduit en italien, pour pouvoir, sans frais de leur part, cultiver les principes et les connaissances qu'ils venaient d'acquérir. A l'aide de ces secours prolongés, il n'y a pas de doute que cette population verra se généraliser parmi elle l'utilité de ce mode d'enseignement.

Messieurs les comtes Porro et Confalonieri, gentilshommes milanais, lesquels, dans la vue philanthropique de créer à leurs frais un pareil établissement dans la capitale de la Lombardie, étaient venus assister aux exercices de ces enfans, présens à cette séance, ne furent pas moins étonnés de l'esprit qui les animait, que de leurs progrès rapides, et il en fut de même des différens chefs de corps militaires et autres personnes qui vinrent visiter successivement, durant le cours de l'année scolastique échue, l'école de Sartirane, dans la vue de former des établissemens semblables, lesquels, en effet, s'étendent journellement dans le Piémont, au point de s'être introduits dans la forteresse même de Fenestrelle, par les soins du gouverneur, à l'avantage des vétérans qui en forment la garnison, et des prisonniers qui s'y trouvent renfermés.

La marche de l'instruction fut suivie, et constamment la même durant toute l'année scolastique, et les prix d'encouragemens distribués à chacun des examens mensuels servant d'aiguillon à de nouveaux efforts, produisirent les plus heureux résultats, lesquels viennent d'être constatés, de la manière la plus flatteuse pour cet établissement, à la séance publique qui a eu lieu le 26 juillet échu, présidée par Mgr. le chanoine Travelli, professeur de belles-lettres et directeur des écoles royales de Mortare, chef-lieu de la province ; cet examinateur et les autorités du canton et de la commune qui y assistèrent, en témoignèrent au professeur, par des applaudissemens réitérés, leur satisfaction ; ils furent surtout étonnés de la célérité et de l'exactitude avec lesquelles ces enfans s'acquittaient de leur devoir. Ceux de la première division qui n'occupaient cette place que depuis deux mois, lurent couramment et écrivirent très-correctement sous la dictée de leur moniteur, quelques périodes de l'histoire sacrée et profane ; une multiplication composée de fractions qu'ils exécutèrent avec la plus grande précision à l'aide du calcul décimal, fit voir qu'ils étaient parfaitement instruits dans cette partie. La 2ᵉ. division lut quelques passages de la doctrine chrétienne, et écrivit sur l'ardoise des maximes de morale ; la soustraction fut son essai d'arithmétique. Les enfans de la 3ᵉ., admis à la classe au commencement de l'année scolastique, lurent, sur l'indication de leur moniteur, des mots composés de quatre syllabes qu'ils écrivirent sur leur ardoise, et chacun d'eux fit successivem ent une addition complexe. La 4ᵉ. divisionenfin, qui ne compte pas encore trois mois d'instruction, lut sur les tableaux, interrogés par l'un des élèves de la 2ᵉ., y faisant les fonctions de moniteur, toutes les lettres des différens alphabets, et les écrivit de suite sur l'ardoise.

D'après cet examen, les élèves de la première division ayant été reconnus avoir appris parfaitement tout ce qui était exigé par les règlemens de cette école, le président déclara que cette division, à l'instar de la toute première, congédiée au mois de mai précédent, était suffisamment instruite, et pouvait, abandonnant l'école, faire place aux autres ; d'où il résulte que, dans l'espace de 18 mois, l'école d'enseignement mutuel, établie à Sartirane, a rendu à leurs parens 32 élèves parfaitement instruits dans la lecture, l'écriture et dans les premières règles de l'arithmétique. D'après cela, la séance fut close par des encouragemens aux enfans, et par des vœux bien sincères pour la prospérité de leur protecteur.

Fait et clos le 31 juillet 1819.

Signé, Pierre-Jérôme MOLLA,
directeur des écoles de Sartirane.

TOSCANE.

Lettre de la société de Florence à celle de Paris.

J'ai le plaisir de vous apprendre, messieurs, qu'au commencement de la nouvelle année, notre société a pris une nouvelle forme. Elle n'est plus uniquement composée des six membres qui, les premiers, établirent le nouveau système dans ce pays ; elle est maintenant formée des habitans les plus respectables, les mieux intentionnés et les plus riches de cette ville. Dans le prochain numéro de notre journal vous en trouverez la liste : une grande partie d'entre eux appartiennent à l'académie des *Géorgophiles* ; mais la société, pour la propagation de la méthode d'enseignement mutuel, est indépendante de celle-là, et tient séparément et régulièrement ses séances. J'aurai le plaisir de vous transmettre incessamment la copie de nos règlemens ; je vous prie, en attendant, de vouloir bien être aussi bienveillant pour notre société ainsi accrue, que vous l'avez été pour ses premiers fondateurs. Vous nous obligerez infiniment, si vous avez la bonté de continuer à nous envoyer votre journal que vous voudrez bien, ainsi que vos lettres, adresser au secrétaire de la correspondance.

Signé, Carlo Pucci, *président* ;

Ferd. Tartini, *secrétaire.*

Extraits du journal publié par la société de Florence, numéro du 3 janvier.

*Résultats obtenus à l'école normale pendant le premier
trimestre.*

L'enseignement mutuel a deux grands objets, l'éducation
physique et l'éducation morale : on obtient facilement le
premier, et toujours heureusement, parce qu'il est le fruit
d'une méthode qui est, pour ainsi dire, une machine, dans
laquelle l'élève une fois entré, est obligé d'en suivre l'impulsion, et de se conformer au mouvement qu'elle lui im-
prime. Il n'en est pas de même du second : l'enfant acquiert
le degré d'éducation morale auquel les qualités précédemment développées en lui lui permettent d'arriver ; et il ne
peut jamais en recevoir un plus élevé, avant qu'il ne soit
mis en état de l'obtenir. On est persuadé de cela, en réflé-
chissant que les progrès dans cette branche de l'enseignement dépendent absolument des sentimens d'honneur,
d'émulation et d'équité que possèdent les enfans ; voilà
pourquoi les progrès des élèves ne furent pas également
rapides dans les deux branches d'instruction, du moins
pendant les premiers temps après l'ouverture de l'école.
Les enfans admis dans celle que nous avons ouverte à Florence, le premier mois, à peine disposés en classe et initiés
à la méthode, firent subitement des progrès surprenans dans
l'écriture et la lecture ; mais il restait encore à désirer le
silence et la soumission aux moniteurs. Il était bien difficile
que les châtimens, qui blessent seulement l'honneur, fussent de quelque avantage pour punir des enfans entièrement
dépourvus de ce noble sentiment ; il ne restait pas d'autre
parti à prendre que celui de récompenser les bons, et de
laisser au temps et à l'exemple le soin de corriger les autres.
On reconnut les heureux effets de ce système, avant la fin

du premier mois, et jusqu'au moment où les enfans, rendus à la liberté, sortirent de l'école.

Quant à l'enseignement élémentaire, rien ne pourra mieux prouver son utilité et ses avantages, que d'examiner l'état des changemens de classes qui avaient eu lieu vers la fin du premier mois. De la première à la seconde, 12 ; de la seconde à la troisième, 10 ; de la troisième à la quatrième, 6 ; de la quatrième à la cinquième, 14 ; de la cinquième à la sixième, 17 ; de la sixième à la septième, 4.

Mais la docilité et la bonne conduite de ces enfans croissaient chaque jour de plus en plus ; et nous-mêmes pouvons dire, sans crainte de trop hasarder, que, vers la moitié du second mois, nous avions beaucoup plus obtenu que nous n'aurions jamais osé l'espérer : le silence, l'émulation, l'application à l'étude étaient portés à un degré, je dirais presque de perfection ; toutes les opérations s'exécutaient avec la plus parfaite précision et la plus grande exactitude.

Les progrès du second mois furent en proportion avec ceux du bon ordre ; on compte douze mutations de classes de la première à la deuxième ; dix-neuf de la deuxième à la troisième ; douze de la troisième à la quatrième ; quinze de la quatrième à la cinquième ; neuf de la cinquième à la sixième ; quatorze de la sixième à la septième ; enfin, au terme du premier trimestre, il y avait eu 119 passages d'une classe à la supérieure.

Nous n'avons pas manqué d'observer, dans l'école de Florence, quelques-uns de ces faits extraordinaires que les étrangers nous assurent être de même arrivés dans les leurs, et qui sont entièrement dus à l'excellence de cette nouvelle méthode.

Pascal Bresci, grenadier, âgé de 22 ans, se présenta à l'école, le 10 de mai, connaissant à peine les lettres de l'alphabet et sans en savoir former aucune ; le 1er. juin suivant, il se trouvait dans la cinquième classe, écrivant sous la dictée, très-correctement et lisant couramment. François Ghezzi Anziano fut admis à l'école le 1er. juin ; il connaissait l'alphabet, mais sans pouvoir assembler deux lettres ; à la fin de juin, il lisait déjà couramment, et écrivait sous la dictée. Tous les deux sont maintenant dans la dernière classe, et il ne leur reste plus qu'à se perfectionner dans l'écriture. Nous avons le plaisir de voir que le premier, inhabile jusqu'alors à quelque avancement que ce fût, par défaut d'instruction, fait aujourd'hui les fonctions de caporal. Quelques-uns des enfans qui commencèrent à fréquenter l'école le 1er. juin, en sont déjà sortis ; mais en même temps que nous goûtons la plus douce satisfaction à voir ces enfans en état de rendre quelques services à leurs parens, un léger remords nous reste de n'avoir pu les conduire jusqu'au degré d'instruction dont ils eussent été capables.

Extrait du procès verbal de l'assemblée du 9 août 1819.

Le trésorier a informé la société que le 31 juillet dernier, jour du premier trimestre, on a fait la première distribution des prix aux élèves les plus studieux, et que cette cérémonie sera renouvelée tous les trois mois.

Le surintendant de l'école a ajouté que toutes les personnes qui ont honoré la société et secondé ses vœux, en se rendant à cette petite fête, ont applaudi avec infiniment de bonté aux preuves qu'ont données les enfans de leur instruction, et qu'on a paru satisfait des progrès rapides que faisaient les élèves, particulièrement dans la calligraphie ; la société, en cette occasion, a adressé les plus honorables remercîmens au maître de l'école, qui remplit avec tant de zèle et de conscience l'importante charge qu'on lui a confiée.

Extrait du procès verbal de l'assemblée du 17 août 1819.

La société, pour donner une preuve de sa reconnaissance à ceux qui s'occupent avec le plus de zèle et de succès de la propagation de la nouvelle méthode, et afin de se mettre en état de profiter avec plus d'utilité du fruit de leurs soins, a nommé ses associés correspondans, MM. l'abbé Bruccialini, directeur de l'école normale ; le comte Girolamo Bardi ; le professeur Nesti, le professeur Sacchetti, le professeur Mazzoni, et le professeur Petrini.

BIOGRAPHIE.

Nous nous sommes fait un devoir, depuis l'origine de la publication de ce journal, de payer un juste tribut aux hommes qui ont consacré leurs soins et leurs talens à l'enfance, et dont la société pour l'instruction élémentaire a voulu associer les noms à ses travaux philanthropiques.

Il est un de ces hommes de qui le mérite, le zèle, le désintéressement réclament une mention spéciale ; et nous devons des remercîmens aux personnes qui ont été témoins de ses succès, et qui ont bien voulu nous procurer sur ce respectable pédagogue les détails renfermés dans l'article qu'on va lire.

Biographie pédagogique de M. Demeter, ancien curé et doyen à Rastadt, directeur du séminaire des jeunes instituteurs, établi dans la même ville, aujourd'hui curé à Salsbach, pays de Baden, et correspondant de la société de Paris pour l'amélioration de l'instruction.

M. Demeter, né à Augsbourg, le 1er. août 1773, reçut la première instruction dans l'école normale établie, à cette époque, près le grand chapitre de cette ville, et continua ses études dans le lycée de Saint-Sauveur, et plus tard à l'académie de Dilligen, sous les célèbres professeurs *Sailer*, *Zimmer* et *Weber*. Après avoir pris les ordres, l'an 1796, il fut nommé vicaire dans le village de *Plied*, appartenant au comte de Staussenberg, son protecteur. Ce fut là qu'en travaillant à l'amélioration de l'école, il se livra, pour la première fois, au penchant qui l'entraînait vers la pédagogie, et qui fut depuis sa passion dominante.

Possédant à fond les méthodes connues alors, depuis celles de Felbiger et de Baledow jusqu'à celle de Pestalozzi, il en appliqua les meilleurs procédés à l'école de Fauttlingen où il venait d'être nommé curé; bientôt elle fut visitée par tous les hommes des contrées voisines auxquels l'éducation tenait à cœur. Des curés, des propriétaires de seigneuries engagèrent M. Demeter à former leurs instituteurs. C'est ainsi qu'en simple particulier, il établit un institut qui était d'un intérêt général; et qui, fixant l'attention du feu roi de Würtemberg, l'engagea à nommer M. Demeter premier commissaire des écoles, avec 600 florins de traitement, en lui promettant des témoignages plus considérables de sa protection.

M. Demeter ayant publié, dans plusieurs journaux pédagogiques, une suite d'observations et de conseils sur l'amélioration des écoles, le grand-duc, Charles-Frédéric de Baden, cet excellent prince, constamment dévoué au bien de son peuple, le plaça en 1808 à la tête du séminaire des jeunes instituteurs à Rastadt, lui confia en même temps près du lycée la chaire de pédagogie et la cure de la même ville.

M. Demeter ne possède plus aujourd'hui ces places, peut-être par suite du dérangement de sa santé, affaiblie par trop de travail; il est curé à Salsbach, grand-duché de Baden, l'une des premières cures du pays; l'on voit à côté de son presbytère la place où périt Turenne, et le monument qui fut érigé à sa mémoire.

Lorsque l'un des meilleurs hommes qui aient jamais existé, M. de Lesay-Marnésia, alors préfet à Strasbourg, voulut assurer à son département le bienfait d'une école normale pour les instituteurs (après l'avoir procuré au département de Rhin et Moselle où il avait été préfet antérieurement), il s'empressa de consulter M. Demeter, qui répondit avec le zèle le plus méritoire à un appel aussi honorable. Il n'a cessé depuis de rendre de signalés services à un institut qui devait servir, dans une contrée de plus, la cause à laquelle il s'était dévoué ; et le bien qu'il fait ailleurs est pour lui une sorte de dédommagement de la retraite où il vit, loin de l'établissement à la prospérité duquel il avait consacré chaque instant des années pendant lesquelles il le dirigea.

BIBLIOGRAPHIE.

Leçons de géographie ancienne , suivies de la Géographie de l'Iliade et de celle de l'Énéide , d'après la méthode analytique de l'abbé Gaultier ; par l'un de ses élèves. Ouvrage adopté et suivi par les élèves réunis , ses collègues (1).

Lorsque l'ami de l'enfance fut enlevé aux nombreux pupilles que son cœur avait adoptés, il leur légua, avec ses précieux ouvrages, un petit nombre de disciples instruits dans ses méthodes, et auxquels il en avait inspiré l'esprit , capables enfin de continuer son œuvre philanthropique et de propager le bienfait qui devait durer plus que sa vie mortelle. Ce fut une douce consolation pour nous, au moment où nous répandions des larmes et des fleurs sur la tombe de l'abbé Gaultier, de pouvoir annoncer que de reconnaissans élèves, empressés de payer un digne tribut à sa mémoire,

_____

(1) Un vol. in-18. A Paris, au dépôt de l'auteur , rue Cassette, n°. 17; et chez L. Colas, rue Dauphine , n°. 32, 1819.

s'étaient réunis pour consoler indistinctement les enfans riches et les enfans pauvres de la perte qu'ils venaient de faire. Ces estimables jeunes 'gens ont tenu leur promesse. On le sait, les leçons de l'abbé Gaultier n'ont pas été entièrement interrompues. Il n'est plus là pour y présider ; ce regard encourageant ne brille plus dans le sein du petit lycée ; mais les héritiers de son art précieux continuent de le professer. Ce sont toujours les mêmes jeux, la même émulation, le même plaisir, les mêmes progrès. L'esprit et la lettre de la méthode subsistent, l'application en est la même. Ces jolies réunions dont nous parlions, il y a deux ans, n'ont pas cessé ; mais ce qui est mieux encore, ces réunions de pauvres enfans, choisis parmi les plus intelligens des écoles gratuites, ont également lieu. Digne et bon abbé ! si tu pouvais voir jusqu'à quel point et avec quel honorable scrupule tes élèves ont rempli la tâche que tu as à peine eu le temps de leur recommander ; tu t'applaudirais du choix que tu avais fait d'eux, et tu leur dirais : « C'est bien, c'est cela, courage, mes amis ! Vous n'avez pas abandonné mes pauvres enfans qui m'étaient si chers ; je vous en remercie et je vous bénis ! »

Mais ce premier devoir, ce devoir sacré, rempli d'une manière touchante et qui honore le caractère des disciples d'un homme de bien, n'était pas le seul que leur imposât la reconnaissance. Après avoir mis en pratique, pendant plus de cinquante années, cette méthode basée sur l'analyse ; après l'avoir appliquée aux connaissances les plus indispensables, soit d'un ordre inférieur, soit d'un degré plus élevé, l'abbé Gaultier songeait à en faire de nouvelles applications à d'autres branches d'instruction encore. Il allait s'occuper de ce nouveau travail, lorsque la mort vint l'enlever à ses nombreux amis, à trois générations d'élèves, à nous-mêmes qui écrivons cet article, et qui remplissons un devoir bien cher toutes les fois qu'il nous est permis d'offrir un hommage à sa mémoire. Il n'a pu exécuter ce plan utile ;

mais il l'avait développé à ses disciples , et ceux-ci ont cru devoir se charger de la tâche de l'accomplir. Ils y travaillent en ce moment. L'un d'eux vient déjà de publier l'ouvrage que nous annonçons. Faisant abnégation de tout amour-propre à ce sujet, ce n'est point sous son nom que le livre paraît, c'est sous les auspices de la société des élèves réunis; et c'est ainsi que paraîtront tous les autres. Cette réserve est encore un hommage , et nous osons annoncer qu'elle sera sentie , et qu'elle fera honneur à ceux qui l'ont adoptée.

Nous avons lu avec attention ce petit traité de géographie ancienne , et ce que nous pouvons dire de mieux à son éloge, c'est que, sans le titre , et si l'abbé Gaultier existait encore, nous n'eussions pas douté qu'il ne fût son propre ouvrage , et que lui-même ne l'eût ajouté à sa collection. Ce n'est pas seulement par le format et par l'enveloppe qu'il a l'air d'en faire partie, c'est réellement par le fonds. C'est une application tout-à-fait exacte et bien entendue de la méthode analytique. Peut-être se rappelle-t-on un des articles publiés dans ce journal sur les méthodes de l'abbé Gaultier ; et dans lequel il était question de sa méthode de géographie. Nous ne pourrions que répéter ici ce que nous écrivions à cette époque pour donner une idée du procédé employé dans l'enseignement de cette science. Nous n'avons donc en ce moment autre chose à faire que de nous référer à cet article, et d'ajouter quelques mots pour tracer le plan que le disciple a suivi dans cette nouvelle application de la méthode du maître. Pour cela nous ne pouvons mieux faire que d'emprunter quelques lignes à sa simple et courte préface.

« Pour lire , dit-il , pour étudier l'histoire, on convient qu'il est essentiel de connaître d'abord la géographie ; sans cette étude préliminaire , l'élève est arrêté par des difficultés qu'il rencontre à chaque pas dans les ouvrages historiques , et par lesquelles il est sans cesse rebuté.

» La géographie, comme l'histoire, se divise en trois grandes périodes, savoir : la *Géographie ancienne*, la *moyenne*, et la *moderne*. La première fait connaître l'état et la division de l'ancien continent, depuis les temps les plus reculés, jusqu'au cinquième siècle de l'ère chrétienne; celle du moyen âge présente l'état du monde, depuis le cinquième, jusqu'au quinzième et seizième siècles; enfin, la géographie moderne décrit les divisions politiques de la terre, adoptées par les peuples dont nous sommes les contemporains.

» La première étude de nos élèves est celle de la géographie moderne; elle est pour eux plus facile et plus spécialement nécessaire. Cette étude est embellie et variée par les récits et par les descriptions qu'on leur fait de vive voix, relativement au commerce, à l'histoire naturelle, aux productions du pays, aux mœurs des peuples, et même à quelques événemens historiques remarquables, que l'on sème en passant dans leur mémoire, pour qu'ils en recueillent le fruit plus tard. Curieux de savoir, c'est ainsi que, sans peine et sans dégoût, ils apprennent la statistique, qui leur est plus ou moins développée selon leur âge. Mais il est aisé de concevoir que cette instruction est insuffisante pour éclairer leur marche dans l'étude proprement dite de l'histoire. Ce qui leur est ici nécessaire, et ce qui le serait peut-être à plus d'une grande personne, c'est la connaissance de la géographie ancienne. Un traité élémentaire sur ce sujet manquait absolument : il existe des livres très-savans et remplis d'érudition, mais qui seraient fort déplacés dans les mains des enfans. Nous avons l'espoir que notre travail, ou du moins notre intention, sera bien accueillie de la part des parens, d'autant plus qu'ils y reconnaîtront sans peine l'application de ces mêmes principes, de cette méthode si précieuse qu'ils ont adoptée pour l'éducation de leurs enfans. Enfin, il nous est doux de penser que notre respectable maître, s'il existait encore, sourirait à nos efforts, et

les honorerait de son suffrage. Si nous sommes assez heureux
pour obtenir quelque succès, qu'il en reçoive l'hommage :
nous le devons à sa mémoire. »

*Essai d'Orthographe soumis à des règles simples, propres
à être enseignées dans les écoles primaires ; par* M. Pain,
admis dans diverses sociétés savantes, auteur des Remarques sur l'Orthographe, *et de plusieurs ouvrages estimés
sur l'instruction élémentaire, etc.* (1), avec cette épigraphe :

Felix qui potuit rerum cognoscere causas.

Après avoir examiné cet ouvrage, et nous disposant à en
faire l'analyse, nous jetons un regard un peu tardif sur
l'*Avertissement* qui le précède, et qui est signé de
M. *F. Cuvier*, inspecteur de l'Académie de Paris. Nous
trouvons que nos propres idées, et d'autres assurément
bien plus lumineuses, sont exprimées dans cet écrit ; nous
ne pouvons donc que rendre service à nos lecteurs, en nous
bornant, pour donner une idée juste du livre, à reproduire
les paroles de M. *F. Cuvier*; et c'est ce que nous allons
faire :

« L'obligation indispensable d'enseigner l'orthographe,
dit ce savant, et l'impossibilité de le faire dans les écoles
primaires avec le secours des langues anciennes, forçaient
les instituteurs à n'exercer leurs élèves sur cette branche
importante de l'instruction, dans tout ce qui ne dépendait
pas de la grammaire, que d'une manière machinale et par
les procédés d'une juste routine.

» Cet inconvénient avait toujours fait désirer un ouvrage
qui, embrassant les difficultés de notre orthographe, don-

____

(1) Un vol. in-8°, A Paris, chez L. Colas. — Prix, 2 fr. 25 cent.

nât, pour les résoudre, des moyens simples et à la portée de tous ceux qui entendent la langue française, des règles tirées de notre propre langue, et qui ne rendissent point nécessaire la connaissance des langues étrangères ou des langues anciennes.

» Nos traités d'orthographe, avant les utiles travaux de M. Pain (1), n'étaient point de nature à répondre aux besoins de nos écoles. Tous à peu près se bornaient à considérer chacune des lettres de l'alphabet isolément, à indiquer l'emploi le plus général qu'on en fait dans les mots et leur influence sur celles qui les accompagnent. Ils étaient loin, par conséquent, d'embrasser toutes les questions de l'orthographe. Plusieurs difficultés très-importantes n'y pouvaient même point être traitées ; car tous les sons et toutes les articulations de notre langue n'ont pas des signes propres dans notre alphabet. Aussi ces sortes d'ouvrages se terminaient par un vocabulaire qui, offrant l'orthographe de chaque mot, rendaient à peu près inutiles les règles qui avaient été tirées de la considération des lettres.

» On savait depuis long-temps que M. Pain s'était occupé de l'orthographe de la langue française sous un point de vue particulier, et qu'il promettait à nos écoles un traité d'orthographe comme il était nécessaire qu'elles en eussent un.

» Ce professeur avait donné des cours publics qu'on avait accueillis favorablement. L'ouvrage qu'il avait publié sous le titre de *Remarques sur l'enseignement simultané de l'orthographe, de la prononciation, de la lecture des mots français*, annonçait qu'il avait porté ses recherches beaucoup plus loin que ses prédécesseurs.

» La commission d'instruction publique a cru devoir accueillir des travaux de cette nature, et c'est dans l'espé-

---

(1) Depuis il en a été publié d'autres : ceux de MM. Lemare, Giraud du Vivier, etc., etc.

rance d'en étendre l'utilité, qu'elle a donné son approbation à tout ce qu'elle a cru y trouver de véritablement utile.

» Quelques développemens sur les principes qui ont guidé M. Pain, serviront en même temps à faire apprécier son travail, et à diriger ceux qui seront disposés à tenter des recherches pour le perfectionner.

» Toutes les difficultés de notre orthographe consistent en ce que les mots écrits ne représentent pas exactement les mots articulés. En effet, les mêmes sons articulés s'écrivent de plusieurs manières; et nous employons souvent dans la représentation des mots, par l'écriture, des signes qui y sont inutiles, parce que la prononciation ne les fait point entendre.

» L'étymologie, qui éclaire quelques-unes de ces difficultés, ne les résout cependant pas toutes à beaucoup près; et la connaissance des langues anciennes ne suffisait même pas pour former un traité complet d'orthographe française.

» Nos plus anciens grammairiens essayèrent de suppléer à ce défaut par l'observation, c'est-à-dire, en tirant des règles empiriques du rapprochement des cas particuliers qui se ressemblaient.

» Mais ce genre d'observation resta borné aux questions que l'étymologie ne résolvait pas, et cela devait être, puisqu'on n'avait point pour objet l'instruction des enfans du peuple.

» M. Pain, travaillant pour cette instruction, a cherché, par des observations et des rapprochemens nouveaux, à augmenter ce travail, et à répondre aux besoins de nos écoles.

» Pour assurer sa marche, il a commencé par composer notre alphabet écrit, c'est-à-dire, par réunir toutes les formes sous lesquelles nous représentons les sons et les articulations élémentaires de notre langue. Il en est résulté que

ces sons et ces articulations, qui sont à peu près au nombre
de trente-cinq, se représentent par six cent soixante-onze
signes différens.

» Ensuite il a séparé de cet alphabet les figures que l'u-
sage a consacrées pour représenter nos voyelles et nos consonnes, toutes les autres n'ont plus été pour lui que des
exceptions ; et ce sont les lois qu'un certain nombre de ces
exceptions suivent, qui, dans tous les cas où elles ne sont
pas soumises à la grammaire, font l'objet de ses recherches orthographiques, et servent de base aux règles qu'il a
établies.

» Ces règles forment deux divisions principales ; les premières, celles qui prévalent toujours lorsqu'elles sont en
conflit avec les secondes, sont tirées de la dépendance où
tous les mots d'une même famille sont les uns des autres, et
de l'influence que les composans des mots composés ont
sur leurs radicaux, et réciproquement.

» Les autres reposent en partie sur la nature générale
des mots, et en partie sur l'influence réciproque des lettres,
et elles se divisent aussi en deux parties ; la première renferme celles qui ont pour objet les voyelles ou les sons, et
la seconde celles qui ont pour objet les consonnes ou les
articulations.

» Cependant, comme il est des mots qui échappent encore à ces règles, et qui ne se rapportent à aucune d'elles,
même sous forme d'exception, M. Pain en a présenté un
tableau, et il termine son travail par un vocabulaire des
mots rapprochés par famille.

» Cet exposé rapide, en faisant connaître le principe sur
lequel repose cet ouvrage, les applications qui en ont été
faites, et l'ordre dans lequel les matières sont disposées,
doit faire sentir aussi que des rapprochemens importans ont
été négligés, que des mots pourraient encore être considé-
rés dans leur nature particulière, qu'ils seraient suscepti-

bles d'être rapprochés suivant leurs diverses consonnances ;
enfin, qu'il existe plusieurs sources desquelles on peut
tirer les améliorations dont cet ouvrage a besoin.

» D'un autre côté, la méthode suivant laquelle ces règles
sont disposées, a le grave inconvénient d'en rendre l'application assez difficile pour ceux qui ne les possèdent pas entièrement, parce qu'elles ne sont pas rapprochées d'après leurs
affinités naturelles, et qu'une question peut exiger que l'on
considère en même temps celles qui se trouvent au commencement de la première division, et celles qui sont à la
fin de la seconde. Cet inconvénient très-grave pourrait, il
nous semble, être évité par un ordre qui se rapporterait
davantage aux deux espèces de difficultés que présente notre
orthographe, c'est-à-dire, aux changemens qu'éprouve la
valeur de nos lettres, et aux lettres qu'on emploie et qu'on
ne prononce pas.

» On pourrait être porté à regarder la nécessité du vocabulaire des familles de mots comme un effet des imperfections
de l'ouvrage de M. Pain, et à confondre ce vocabulaire avec
ceux où tous les mots sont rangés dans leur ordre alphabé-
tique, et dont nous venons de blâmer l'usage. Mais fût-on
parvenu à résoudre par d'autres moyens que ceux qui rendent, dans cet ouvrage, la connaissance des familles de
mots indispensables, ce ne serait pas encore démontrer l'i-
nutilité de ce genre d'enseignement dans l'éducation commune. Il y a une différence immense pour les effets, entre
chercher à quelle famille un mot appartient, et chercher
quelles sont les lettres avec lesquelles on doit l'écrire,
comme on le ferait dans ces vocabulaires qui constituent la
plupart de nos ouvrages sur l'orthographe.

» Bien loin donc de regarder l'introduction du *Vocabulaire des familles de mots* dans l'ouvrage de M. Pain comme
une imperfection, nous pensons qu'il devrait être introduit
dans l'instruction de nos petites écoles, même quand il ne
serait pas nécessaire à l'enseignement de l'orthographe. On

n'a jamais assez apprécié tout ce qui peut naître de bon d'un germe pur jeté dans l'intelligence de l'homme.

» M. Pain est averti des parties faibles de son travail ; il ne cessera point sans doute de s'occuper à le perfectionner ; mais il était nécessaire de le donner, sans plus tarder, aux instituteurs, autant pour qu'ils se familiarisassent avec lui et en fissent l'application, que pour qu'il leur servît d'exemple s'ils étaient disposés à s'occuper du même sujet. Les maîtres qui suivront les principes de ce travail seront sûrs d'arriver à des résultats utiles en remplissant plusieurs des lacunes qui s'y trouvent encore, en donnant des solutions plus générales ou plus complètes des problèmes orthographiques déjà résolus ; en un mot, en perfectionnant ce genre de connaissances sans lequel il ne serait jamais possible d'enseigner raisonnablement l'orthographe de notre langue dans les écoles primaires. »

AVIS.

DANS la liste des écoles du département de la Seine, publiée récemment par la société pour l'instruction primaire, il a été commis une erreur, que nous nous empressons de rectifier, parce qu'elle pourrait être préjudiciable à un instituteur digne d'estime, qui a fait de louables efforts pour amener à bien son établissement.

L'école du quai d'Anjou, île Saint-Louis, indiquée sous le nom de *M. Bastien*, n'est plus dirigée par ce professeur, décédé il y a dix-huit mois. *M. Delahaye*, son successeur, la dirige depuis ce temps avec une habileté et un succès tels que l'affluence des élèves l'a obligé d'agrandir le local de l'école. La classe se compose aujourd'hui de cent élèves, et est disposée de manière à en pouvoir contenir près de

deux cents. Cette institution est vraiment dans un grand
état de prospérité, entièrement dû aux soins de son directeur : nous saisissons, avec plaisir, cette occasion de lui
rendre ce bon témoignage, et de le recommander vivement
aux parens qui se trouvent à portée de lui confier l'instruction de leurs enfans.

FABLE.

L'origine du Laurier-Rose.

BRULANT de prouver à sa mère,
D'un cœur reconnaissant le filial amour,
  Un jeune enfant travaillait nuit et jour,
Et du devoir, en tout, suivait la règle austère....
Est-il pour le succès un plus certain garant ?
Quel plus fécond génie inspire le talent ?....
  A la tendresse filiale
Les muses n'ont jamais fait subir un refus ;
  Les muses sont sœurs des vertus.
L'élève donc obtint la palme triomphale,
Palme dont les attraits ont un éclat si pur,
  Quand la jeunesse embellit la victoire,
  Et quand l'aurore de la gloire
Brille en un ciel, dont rien ne trouble encor l'azur !
Fier d'avoir mérité la noble récompense,
Près de sa mère accourt notre jeune héros.
La joie éclate et brille aux yeux de l'innocence ;
Il porte avec fierté le fruit de ses travaux,
Un rameau détaché de l'arbre que Bellonne,
  Pour orner le front du guerrier,
Au nom de la patrie, arrondit en couronne.
  Sa jeune main agite le laurier,

« Voilà , dit-il , voilà le prix qu'obtint mon zèle !
  » Je le conquis au champ d'honneur ;
  » Te l'offrir double mon bonheur.
  » A la tendresse maternelle
» Je devais ce tribut , comme un guerrier pieux
» Apporte le trophée au temple de ses dieux. »
— Rien peut-il égaler pour le cœur d'une mère,
Le bonheur d'applaudir au triomphe d'un fils ?
Surtout, quand il lutta dans l'espoir de lui plaire.
  — « Plus que toi-même j'en jouis ,
Dit-elle : Fils chéri , je vois , heureuse et fière ,
Dans ce premier succès l'avenir que j'espère. » —
Son regard attendri s'élève vers les cieux ,
  Des larmes coulent de ses yeux ,
  Et du laurier arrosent le feuillage.
  Dans un vase qui , d'âge en âge ,
  Par les souvenirs consacré ,
Des lares paternels ornait le sanctuaire ,
Le rameau triomphal est placé par la mère ,
Et d'un si beau présent le vase est décoré.
  Mais , ô merveille inattendue !
  Le rameau germe et paraît ranimé !
Dans son sein vient éclore une fleur inconnue ,
Qui semble doucement sourire à l'œil charmé :
Elle veut imiter , par sa tendre nuance ,
La fleur , la belle fleur consacrée à l'amour ,
Et d'un double symbole en fondant l'alliance ,
De gloire et de bonheur elle pare ce jour.
  Telle fut la métamorphose ;
Et l'arbuste nouveau justement glorieux ,
Aux mères comme aux fils à jamais précieux ,
  Acquit le nom de Laurier-Rose.

JOURNAL D'ÉDUCATION.

N°. V. — Février 1820.

Vᵉ. Année.

ENSEIGNEMENT ÉLÉMENTAIRE.

SOCIÉTÉ POUR L'INSTRUCTION ÉLÉMENTAIRE.

Procès verbal de la séance générale du 3 février 1820.

La séance s'ouvre à huit heures ; M. le duc de la Vauguyon occupe le fauteuil en l'absence de M. le duc de Doudeauville, président honoraire, qu'une indisposition a empêché de présider l'assemblée ; on remarque une grande affluence de souscripteurs, d'étrangers, de dames invitées.

M. Francœur donne lecture du procès verbal de la dernière séance générale ; la rédaction est mise aux voix et adoptée.

M. le duc de la Vauguyon prononce un discours relatif à l'objet de la convocation et au progrès que fait chaque jour la méthode mutuelle. La société applaudit aux vues philanthropiques de son vénérable président, et ordonne l'impression de son discours. La société fondée à Versailles, pour la propagation du nouveau mode d'enseignement, avait envoyé une députation pour assister à la séance ; le président, M. de Jouvencel, présente le procès verbal de la séance d'inauguration de la grande école. Plusieurs personnages distingués honorent l'assemblée de leur présence ; on remarque parmi eux M. le prince de Czartorissky, l'amiral Sydney Smith, le comte de Laval, chambellan de l'empereur de Russie, le docteur Hamel, etc.

En l'absence de M. de Gérando, M. de Jussieu donne lecture d'un rapport dans lequel M. le secrétaire général rend compte des travaux du conseil d'administration durant le dernier semestre.

Plusieurs hommages sont faits à l'assemblée, savoir :

1°. Par M. Wilhem, d'une ardoise sur laquelle un élève de Saint-Jean-de-Beauvais a écrit un chant sous la dictée des simples sons, selon la méthode de ce professeur, dont le conseil a ordonné l'essai.

2°. De divers échantillons de dessin, d'écriture et de dessin linéaire faits par les enfans de plusieurs écoles de Paris ; on a surtout remarqué les travaux d'aiguille des jeunes filles de l'école fondée par M. Delessert, et dirigée par madame veuve Jean ; ces ouvrages ont été regardés comme les mieux exécutés, et l'assemblée a témoigné sa satisfaction du zèle que montre l'institutrice pour les progrès de ses jeunes élèves.

3o. Par M. Appert-Bouché, d'un travail sur l'enseignement mutuel ; ce manuscrit est renvoyé à l'examen du comité des méthodes.

4°. Par M. Quesnel, instituteur à Paris, d'un opuscule imprimé ; c'est un poëme dialogué, intitulé : *La prévention vaincue.*

5.° Par M. Jomard, d'un tableau comparatif des proportions relatives d'individus qui fréquentent les écoles dans les trois royaumes de l'empire britannique et en France ; on y voit le rapport entre le nombre des pauvres et celui des enfans qui suivent les écoles d'Angleterre, ainsi que la proportion de l'accroissement du nombre des écoles françaises, depuis 1815 jusqu'à 1820. Ces objets représentés par des figures de géométrie, rendent sensibles, d'un coup d'œil, par les dimensions que leur a données l'auteur, les rapports qu'il a voulu représenter.

6°. Par le bureau, du tableau des fondateurs des écoles françaises et de celui des sociétés correspondantes ; ce travail a été imprimé et délivré aux personnes présentes, ainsi que l'état des écoles du département de la Seine, et la réponse que M. Bienvenue a faite aux détracteurs de la méthode mutuelle.

Dans un rapport, M. Jomard apprend à la société, que le nombre des écoles mutuelles établies en France, est d'environ 1300, en y comprenant 162 écoles de régiment ; l'instruction est donnée à environ 150,000 élèves ; les progrès sont toujours croissans ; ces faits sont constatés par les états de situation transmis au bureau de toutes les parties de la France et qui sont réunis en quatre forts volumes in-folio, mis actuellement sous les yeux de l'assemblée, comprenant une année du 1ᵉʳ. octobre 1818, au 1ᵉʳ. octobre 1819.

M. Jomard expose ensuite les progrès de l'enseignement mutuel dans les pays étrangers, et extrait les détails les plus intéressans qui sont compris dans la correspondance entretenue par le bureau, avec les diverses parties du globe. On trouve dans cet intéressant rapport, que des écoles sont maintenant fondées en Belgique, en Suisse, à Florence, à Turin, à Gênes, à Naples, à Milan et dans un grand nombre d'autres villes. Plusieurs de ces établissemens existent en Espagne, par ordre du roi Ferdinand, et principalement à Cadix, Sarragosse, Valence et Madrid. — Le Portugal a aussi organisé plusieurs écoles. — Le roi de Saxe a envoyé des commissaires pour observer l'organisation et les pratiques du nouveau mode d'instruction, pour l'introduire dans ses états. — Dans la Grande-Bretagne, les écoles sont si multipliées, que près de la moitié des enfans du royaume y apprennent à lire, écrire et compter. — L'empereur de Russie a ordonné que l'enseignement mutuel soit établi dans tous ses régimens. Les philanthropes de cet empire ont suivi ce bel exemple et les fondations se multiplient dans tous les districts. — Le roi de Danemarck a fait une école-modèle à Copenhague, et la Suède s'occupe de l'imiter. — La Moldavie et la Grèce ont reçu, par les soins de M. de Roznovano, les bienfaits de l'enseignement mutuel. — Le bey Effendi, à Smyrne, paraît avoir recueilli les vues qu'on lui a soumises pour améliorer l'instruction de la jeunesse. — Le Port-au-Prince possède une école dont le maître a été envoyé par la société de Paris, qui a envoyé des tableaux et fourni les moyens d'exécution à Buénos-Ayres, au Brésil et au Chili. — Dans l'Amérique septentrionale, les progrès croissent chaque jour ; au Sénégal, on remarque les grands progrès que font les jeunes noirs dans la lecture, l'écriture, le dessin et la géographie. — Aux Grandes-Indes et dans les îles adjacentes, les écoles se multiplient de plus en plus.

Le rapport de M. Jomard a été entendu avec le plus grand intérêt ; on y apprend que les fils de deux princes de Madagascar, sont venus à Paris, et en quatre mois ont appris à lire et à écrire d'une manière remarquable.

M. Coutelle expose la situation financière de la société. L'actif de la caisse se monte à 14,896 fr., somme sur laquelle il faudra retrancher environ 4000 fr., pour diverses dépenses non encore réglées.

M. Bailly rend ensuite un compte favorable des écoles de Paris. M. de Chabrol, préfet du département de la Seine, donne à cette branche intéressante de son administration, des soins auxquels sont dus ces succès.

Sur la proposition de M. Jomard, la société vote des remercîmens :

1°. A S. Exc. le ministre secrétaire d'état de l'intérieur, pour avoir donné des preuves d'une constante bienveillance, en accueillant toutes les demandes qui lui ont été soumises dans l'intérêt des écoles d'enseignement mutuel.

2°. A son Exc. le maréchal Gouvion-Saint-Cyr, pour avoir organisé des écoles régimentaires dans toute l'armée.

3°. A son Exc. le ministre secrétaire d'état de la marine, pour la protection accordée aux écoles du Sénégal et des autres colonies françaises.

4°. A la société des écoles britanniques et étrangères, pour le zèle et le dévouement qu'elle ne cesse de prodiguer en faveur de la propagation de l'instruction populaire dans toutes les parties du monde.

5°. A la société des écoles nationales à Londres, pour les nouveaux efforts qu'elle a faits, afin de répandre de plus en plus une bonne instruction dans toutes les classes de la société.

6°. A la société de Florence, et particulièrement à M. le comte Bardi, à M. Tartini, à M. Ridolfi, à M. Serristori, pour les soins qu'ils ont donnés à l'introduction de la méthode en Toscane.

7°. A la société d'utilité publique d'Amsterdam, pour les marques de bienveillance qu'elle a données à la société de Paris.

8°. A la société de Philadelphie, pour la part qu'elle a prise à la création d'un grand nombre d'écoles dans l'état de Pensylvanie.

6°. A la société de Liége, pour le zèle qu'elle continue de déployer dans la formation des écoles et la propagation de la méthode.

10°. A la société de Bruxelles, pour avoir fondé un établissement d'instruction mutuelle, destiné à servir de modéle dans le pays.

11°. A la société de Luxembourg, pour avoir établi une

école-modèle et une école normale où ont été formés un grand nombre de professeurs.

12.º A la société de Saint-Pétersbourg , pour avoir conçu le dessein d'élever , en Russie , par ses soins et par son influence , un grand nombre d'écoles élémentaires.

13º. A la société de Versailles , pour la persévérance qu'elle a mise dans la formation de l'école-modèle du département de Seine-et-Oise , et du succès qui a couronné ses efforts.

14º. A M. William Allen , trésorier de la société des écoles britanniques et étrangères , pour les efforts qu'il a faits pendant son dernier voyage en Europe et au levant , dans le dessein de répandre l'instruction universelle.

15º. A M. Gallini , ponr avoir établi la première école du Piémont , qui a servi de modèle à toutes celles qu'on a formées depuis.

16º. A M. Mompiani , pour avoir formé à Brescia , la première école qui a été ouverte dans les états autrichiens.

17º. A M. l'abbé Cauvin , pour avoir fondé à Nice , la première école qui a servi de modèle à celles des villes voisines.

17º. (bis.) A M. l'abbé de Cessoles , pour avoir soutenu , par son crédit et ses lumières , l'entreprise philanthropique et religieuse de M. l'abbé Cauvin.

18º. Au révérend père Girard , pour le dévouement avec lequel il a constamment soutenu , étendu et amélioré l'école française de Fribourg , et pour l'excellent discours qu'il a prononcé à la distribution des prix , le 8 septembre dernier.

18 *bis.* A M. de Kuenlin , pour avoir secondé le révérend père Girard , dans la défense de l'école française de Fribourg , et avoir traduit en allemand plusieurs ouvrages qui

pourront être utiles aux écoles des départemens du Bas et du Haut-Rhin.

19°. A M. de Roznovano, premier aga d'Yassy, pour avoir fait à ses frais des tableaux élémentaires en grec moderne, destinés à l'usage des écoles de Moldavie et des écoles grecques en général.

20°. A M. Cléobulo, pour avoir composé les tableaux élémentaires en grec moderne.

21°. A M. Chayrou, pour avoir introduit pour la première fois, le dessin linéaire dans l'école de Libourne.

22°. A l'anonyme qui a fait don de 3,000 fr. en faveur de l'école française projetée au Port-au-Prince.

23°. A la société Biblique, pour le don de 6,000 exemplaires de l'Évangile qu'elle a fait à la société de Paris.

Sur la proposition du même membre, la société vote un témoignage de satisfaction à M. Appert-Bouché, pour les soins qu'il a donnés aux écoles régimentaires, et à celle de la maison de Montaigu.

La société vote encore un témoignage de satisfaction à M. Fréjacques, pour avoir formé les élèves de l'école de Libourne, à la pratique du dessin linéaire.

M. Francœur fait sentir, dans un rapport, toute l'importance de l'enseignement du dessin linéaire pour les progrès des arts et de l'industrie française ; il expose l'état et les succès qu'obtient déjà ce nouveau genre d'instruction, tant à Paris que dans les autres départemens, et particulièrement dans l'école qu'a fondée à Libourne son Exc. le ministre de l'intérieur ; dans celle de M. le duc de La Rochefoucault, à Liancourt ; dans les écoles Gaultier et St.-Jean-de-Beauvais, à Paris. M. Francœur annonce que de nouveaux succès se préparent, et que le dessin linéaire va être enseigné dans les écoles vétérinaires de Lyon et d'Alfort, et dans un grand nombre d'autres établissemens.

M. Francœur lit, pour M. de Gérando, une note extraite

d'un ouvrage publié en 1709, qui prouve qu'alors, par les soins de la paroisse Saint-Gervais, à Paris, l'enseignement mutuel était en exercice, d'après les bases posées long-temps auparavant, et mises en pratique par le respectable Gerson, surnommé l'évangélique.

M. le président fait enfin la distribution des médailles décernées dans l'avant-dernière assemblée générale. M. L.-P. de Jussieu, auteur de *Simon de Nantua*, qui a obtenu le prix fondé en 1817; et M. Ch. Renouard, auteur des *Élémens de morale*, sont appelés successivement, et reçoivent des mains de M. le président, au milieu des applaudissemens universels, la médaille d'or qui a été décernée à chacun d'eux. Ceux des instituteurs qui ont obtenu des médailles et qui se trouvent présens à la séance, sont appelés également à les recevoir; les noms des absens sont proclamés (1). Celui de M. Pérou étant prononcé, M. Jomard saisit cette occasion pour payer un juste tribut de regrets à la mémoire de cet estimable instituteur, élève de M. l'abbé Gaultier et de M. Martin, et devenu victime, à la fleur de l'âge, du zèle qu'il a déployé pour le succès de l'école de Saint-Jean-de-Beauvais, qui depuis a servi de modèle à toutes celles du royaume. Elle se perfectionne encore tous les jours sous la direction de M. Badoureau.

On décide que les instituteurs absens, dont les noms ont été proclamés, recevront leurs médailles des mains de MM. les préfets des départemens où sont situées les écoles qu'ils dirigent. MM. les préfets seront priés de vouloir bien remplir, à cet égard, le vœu de la société.

La séance est levée à dix heures, au milieu des témoignages de la satisfaction la plus vive et la plus générale.

____

(1) *Voyez* plus bas la liste de ces noms.

Instituteurs qui ont obtenu des Médailles.

MÉDAILES D'OR.	MÉDAILLES D'ARGENT.		MÉDAILLES DE BRONZE.	
MM.	MM,		MM.	
1. Martin.	1. Mme Quignon.	Paris.	1. Leclerc.	Paris.
2. Frossard.	2. Belot.	idem.	2. Lambert.	Rennes.
	3. Sarrazin.	idem.	3. Dupont.	Amiens.
	4. Demoyencourt.	idem.	4. Dubois.	Arras.
	5. Gunther.	idem.	5. Gellerat.	Angers.
	6. Roux.	idem.	6. Ferber.	Strasbourg.
	7. Cambier.	idem.	7. Guillot.	Issoire.
	8. Perou.	idem.	8. Robert.	Besançon.
	9. Lasjunies.	Melun.	9. Pompée.	idem.
	10. Appert-Bouché,	Lille.	10. Boischard	idem.
	Leclerc, (mon.)		11. Terrey.	idem.
	11. Blondeau.	Clermont.	12. Barrieux.	Marseille.
	12. Sarthou.	Bordeaux.	13. Adam.	Châteauroux.
	13. Cattet.	Besançon.	14. Nines.	Montauban.
	14. Bourit.	La Rochelle.	15. Samson,	Nemours.
	15. Albert.	Poitiers.	16. Berthet.	Provins.
	16. Curie.	Colmar.	17. Marie.	Figeac.
	17. Toussaint.	Toulouse.	18. Cazeaux.	Nerac.
	18. Gaudel.	Périgueux.	19. Les Sœurs de la Charité.	Bourgoin.
	19. Pichoud.	Bourg-d'Oisan.	29. Grosjean.	Houccourt.
			21. Lhermite.	Gap.
			22. Lecointe.	Châteauroux.
			23. Saron.	Arbois.

DISCOURS

De M. le duc de Doudeauville, président honoraire de la société (1).

Messieurs,

En vertu du règlement, j'ai l'honneur, comme président honoraire, d'occuper le fauteuil dans cette séance générale, une de celles qui vous rassemblent chaque année, et qui sont destinées à mettre sous vos yeux les rapports, les comptes et les détails propres à vous faire connaître les effets satisfaisans de vos mesures, et les résultats heureux de vos efforts. Afin de les mettre plus souvent sous vos yeux, de donner aux instituteurs les plus éloignés la facilité de suivre vos travaux, et afin de satisfaire, tant dans la France que dans la plupart des états de l'Europe, la louable curiosité des souscripteurs et des correspondans de la société, que cette mesure ne peut qu'accroître, il a été arrêté qu'un bulletin mensuel de quatre pages ordinaires, seulement, leur serait envoyé gratuitement. On s'est occupé des moyens de pourvoir à cette faible dépense, qui peut avoir de grands avantages.

Cette séance doit se terminer par la distribution des médailles d'or et d'argent, que vous accordez, pour encourager le zèle et pour récompenser la conduite des divers instituteurs qui se sont distingués.

Je ne veux ni anticiper, ni diminuer le plaisir que vous feront éprouver les différens discours que vous avez à en-

---

(1) Une indisposition assez grave a empêché M. le duc de Doudeauville de présider la séance du 3 février, et d'y prononcer ce discours. Nos lecteurs nous sauront gré de les dédommager, en le publiant, de la privation que cette absence leur a fait éprouver.

tendre. Je m'abstiendrai donc de vous entretenir avec quelque étendue des matières qu'ils doivent présenter à votre intérêt ; mais je me permettrai d'appeler votre attention sur quelques réflexions qui ont un objet plus général.

Ces réflexions fort inutiles , j'en conviens, pour ceux qui , comme vous , messieurs, sont persuadés des avantages de notre méthode , ne le seront pas pour ceux qui en doutent; pour ceux qui la jugent sans la connaître , et la condamnent sans l'étudier. Peut-être quelques-unes de ces vérités iront-elles frapper leurs yeux ou leurs oreilles ? et peut-être l'écrivain sans passion , saura-t-il se faire entendre du lecteur , sans partialité ? car , dans les affaires , la bonne foi parle victorieusement à la bonne foi , comme dans les choses de sentiment , le cœur parle éloquemment au cœur.

Depuis quatre ans , l'enseignement élémentaire a reparu en France ; on peut même dire depuis six , puisqu'il a été rapporté sous le ministère de M. l'abbé de Montesquiou. Depuis cette époque , comme on pouvait le prévoir, il a fait de grands progrès et s'est répandu dans tous les départemens , malgré les obstacles multipliés qui ont semblé s'y opposer.

Ces obstacles sont nés en grande partie des idées peu favorables et des préventions peu fondées qu'en ont conçues , par différentes circonstances , des personnes estimables qui n'en avaient et n'en ont encore qu'une notion confuse et fausse. Il faut s'empresser de les désabuser par nos discours , et surtout par nos succès.

Il faut les éclairer, certains de les ramener à cette méthode , lorsqu'elles la connaîtront bien , et lorsqu'elles verront qu'on l'a dénaturée , qu'on l'a défigurée pour les en éloigner.

On leur a persuadé que ce genre d'enseignement est entièrement nouveau, ce qui , pour bien des gens , est un titre , et malheureusement quelquefois un titre trop justifié de réprobation; que de plus , il a pris naissance dans un pays qui leur cause des alarmes. Les craintes d'un essai dans ce genre les a effrayées non sans motif.

Nous leur apprendrons, pour les rassurer, que c'est chez nous qu'il a été imaginé, à une époque extrêmement reculée , et que c'est sous le règne de Louis XVI qui en a généreusement récompensé et encouragé le vertueux auteur, qu'il s'est remontré avec avantage.

Nous leur ferons voir que cet essai a , depuis une vingtaine d'années , été fait très en grand en Angleterre, en Irlande et en Amérique , qu'il y a parfaitement réussi , et que ses avantages ne sont plus douteux.

On leur a dit que cette méthode était celle de Lancaster , et que celle de Lancaster était tout-à-fait irréligieuse.

Nous leur expliquerons que la méthode de Lancaster , destinée à un pays où il y a une multitude de sectes , ne parlait d'aucune religion, pour n'en choquer aucune; mais, que la nôtre , fort différente de celle-là , dont on lui a improprement et peut-être malignement appliqué le nom , est au lieu de cela très-religieuse, et plus religieuse que toutes les écoles primaires auxquelles elle succède ; que les règlemens sont approuvés et faits en grande partie par les chefs les plus respectables du clergé; que les maîtres ne sont reçus , même pour apprendre la méthode , que d'après un certificat de leur curé ; que les tableaux de lecture sont tirés de l'ancien et du nouveau testament; que les pratiques de religion s'observent régulièrement dans les écoles ; que l'instituteur conduit avec exactitude, avec ordre les enfans aux offices divins ; que ces enfans se distinguent souvent parmi les autres dans les examens de paroisse , par leur instruction religieuse ; que nous les recommandons avec instance à la sollicitude , à l'inspection des pasteurs respectables qui veulent bien s'en occuper, et qui croient que les soins de l'enfance et la surveillance de l'éducation sont un des devoirs les plus sacrés de leurs fonctions, une des occupations les plus dignes de leur charité.

On prétend que ces enfans sont plus désobéissans , plus indisciplinés que d'autres. Nous répondrons qu'il serait extraordinaire que l'ordre le plus exact produisît le désordre , que la soumission la plus parfaite engendrât la désobéissance ; mais nous répondrons surtout par des exemples , et nous prouverons que cet enseignement a tellement produit l'effet contraire dans les pays où il est depuis long-temps établi , que les maîtres d'ateliers choisissent de préférence leurs ouvriers parmi ceux qui ont reçu cette éducation , parce qu'ils remarquent en eux plus de régularité , plus de discipline , plus de subordination , et l'on pourrait ajouter plus de moralité ; car l'une est la suite de l'autre , et toutes les vertus sont sœurs.

Des faits aussi nous serviront à réfuter des objections dénuées de vérité , et des déclamations dénuées de raison. On dit que partout le clergé catholique a repoussé cette méthode , et nous démontrerons que partout , actuellement , en Amérique , en Angleterre et même en Allemagne , en Suisse , en Espagne , en Italie , il s'en occupe , et s'en trouve très-bien , ainsi que la religion.

Enfin , on répand avec autant d'acharnement que de fausseté , depuis des années , que nous voulons détruire les frères des écoles.

Nous répondrons encore par des preuves : par suite de notre cruelle persécution , nous les vantons dans tous nos écrits , nous les défendons dans tous nos discours , nous les soutenons dans toutes nos démarches ; et , si j'ose me citer , parce que j'ai été des premiers à m'occuper de l'enseignement élémentaire , je fis , il y a 12 ou 15 ans , au conseil général de mon département , dans un temps bien peu favorable , un rapport pour leur rétablissement. Aussi , qu'est-il résulté de pareils persécuteurs et de persécutions si animées ? C'est qu'à notre grande satisfaction , le nombre des écoles des frères s'est doublé depuis que les nôtres se sont ouvertes.

Nous aurions désiré qu'ils adoptassent notre mode d'enseignement, parce que nous le croyons bon ; mais, comme nous avons le désir du bien, et non le goût de l'intolérance, nous trouvons simple qu'ils conservent le leur, et nous serions désolés qu'on les tourmentât pour le changer. Si le nôtre est préférable, comme nous le pensons, ils finiront par le prendre ; et, en attendant, il résultera, de ces deux enseignemens, pour les maîtres, une profitable émulation ; pour les enfans, une éducation plus soignée.

L'auditoire, qui veut bien m'accorder quelque attention, et qui prouve constamment, par ses soins et par ses efforts, son zèle pour tout ce qui est bien, son ardeur pour tout ce qui est utile, me pardonnera des détails fatigans pour tout autre ; mais, s'ils sont sans agrémens, ils ne sont peut-être pas sans quelque avantage ; ce sera auprès de vous, messieurs, le meilleur passe-port et la plus sûre recommandation.

Auprès de vous qui êtes moins les partisans exclusifs d'une méthode quelconque, que les amis éclairés de la jeunesse et de l'enfance, qui protégez un mode d'enseignement dont l'expérience démontre depuis bien des années le mérite, mais qui encouragez de votre mieux tous ceux dont l'utilité est reconnue ; qui, ne vous opposant qu'au mal, favoriserez de tout votre pouvoir tout ce qui sera bon, appuierez de toutes vos forces, sans exclusion, sans passion et sans esprit de parti, tous les moyens avantageux d'enseigner et d'instruire, quels que soient la forme, l'instrument ou l'habit ; qui, enfin, inviterez tous les hommes animés des mêmes sentimens, à se joindre à vous, pour former de bons maîtres, pour empêcher les abus qu'ils signalent, pour s'opposer aux dangers qu'ils redoutent, et pour propager partout les bons principes qu'ils désirent.

Une instruction sage, morale et religieuse, si nécessaire, surtout, après 30 ans de révolution, et si indispensable pour assurer le repos de la France, la paix des familles et le bonheur des générations futures comme la nôtre : voilà l'objet de nos désirs, voilà le but de nos efforts ; si nous y parvenons, sûrs de nos intentions et forts de notre conscience, nous croirons, malgré des craintes sans fondement, ou des reproches sans justice, avoir rempli honorablement notre tâche, et avoir bien mérité de la patrie. Pour moi, messieurs, pour moi qui désire vivement le bien de quelque nature qu'il soit, et qui pense qu'aucun obstacle ne doit effrayer pour l'entreprendre, je suis toujours heureux et fier de me compter parmi les hommes estimables qui y travaillent avec ardeur, avec sagesse, avec désintéressement et avec dévouement.

DISCOURS

PRONONCÉ PAR M. LE DUC DE LA VAUGUYON,

Président de la société.

Vous allez entendre, messieurs, les différens rapports des comités organisés parmi vous, pour suivre les importans travaux de la société ; et vous reconnaîtrez de nouveau les talens distingués et le zèle éclairé de vos commissaires, pendant la durée des fonctions auxquelles m'ont appelé les suffrages dont vous m'avez honoré : j'ai appris à les apprécier, et je saisis avec empressement la première occasion qui se présente de leur manifester publiquement tous les sentimens de profonde estime dont ils m'ont pénétré, ainsi que d'offrir, à la société tout entière rassemblée aujourd'hui dans cette enceinte, l'hommage que je dois aux généreux efforts de son patriotisme.

C'est à l'impulsion du zèle le plus respectable et le plus éclairé, que la France doit essentiellement le développement parmi nous, et la propagation de la méthode si précieuse de l'enseignement mutuel.

Le magistrat respectable, à qui l'administration du département de la Seine et de Paris est confiée, s'est pénétré des premiers de toute l'importance de la fonder solidement ; et il a senti la nécessité d'établir, au milieu de la capitale, une grande école-modèle. — Vous vous êtes empressés, messieurs, de concourir efficacement à l'exécution de ses salutaires et patriotiques intentions. C'est dans cette école fondamentale que sont admis tous les individus bénévoles qui se dévouent à l'honorable carrière de l'éducation. C'est sous vos yeux qu'ils se rendent personnels les principes de

cette méthode, et qu'ils se forment à en faire l'application
pratique. Lorsqu'ils ont complété les différens cours qu'ils
doivent y suivre, vous les présentez à messieurs les commissaires de l'instruction publique revêtus de la confiance
du gouvernement ; et ce sont eux ensuite qui, après avoir
constaté de nouveau leur capacité et leur moralité, se char-
gent de les disséminer dans les différentes écoles primaires
des départemens, dont ils sont spécialement appelés à surveiller et à maintenir l'établissement. Vous n'avez pas voulu
borner là, messieurs, le développement de votre zèle, vous
avez fondé vous-même à vos frais des écoles, dans lesquelles la plus exacte pratique de la méthode de l'enseignement mutuel s'opère sous vos yeux, et qui deviennent
ainsi de nouvelles écoles-modèles, dont toutes celles qui se
fondent de toutes parts s'empressent d'offrir l'imitation ;
mais, messieurs, vous avez reconnu que, quelque important que puisse être le maintien du mécanisme systématique de la méthode, il l'était bien plus encore de le faire
reposer sur des bases inaltérables, sur celles de l'ordre
social, la religion et la morale. Vous avez établi dans vos
écoles des bibliothéques instructives ; et, pour les former,
vous avez commencé par y consigner des exemplaires multipliés des évangiles auxquels vous avez accolé les œuvres
admirables des Fénélon, des Massillon, et de nos plus lu-
mineux moralistes. Plusieurs honorables membres de la société se sont chargés de composer eux-mêmes des ouvrages
dont les principes puisés dans ces sources si pures, ont été
appropriés dans leur application au premier âge de l'enfance et de l'adolescence ; d'autres se sont occupés à la traduction des livres semblables, que nous offrent les littéra-
tures étrangères. C'est dans ce recueil que vous avez soumis
à l'approbation préalable du gouvernement, que les instituteurs doivent puiser les préceptes, et les élèves les leçons.
C'est ainsi que les vrais principes d'une morale conciliante

et pure, et d'une religion douce et consolante, peuvent pénétrer les âmes des uns et des autres, y naturaliser et rendre national le système d'une sage tolérance que la religion ne prescrit pas moins que la morale, et qui, ne transformant jamais en crimes de simples erreurs, et écartant sans cesse les nuisibles effets de la superstition, comme les fatales conséquences du fanatisme, peut seul repousser loin de nous le renouvellement des désastres qu'ont produits dans les siècles précédens, de funestes persécutions qui ont tant de fois ensanglanté le monde.

Vos écoles ainsi constituées présentent l'aspect le plus intéressant. L'aspérité des premières études y est sans cesse atténuée par la facilité des moyens qui s'y pratiquent. La sévérité de l'autorité y est adoucie par la manière dont elle s'exerce, la soumission n'y est pas commandée, elle y est obtenue par une suite de suffrages que les élèves reçoivent et s'accordent librement, sans éprouver jamais entre eux une jalouse rivalité; leurs rapides progrès semblent être plutôt le développement naturel que la direction de leur intelligence, et les dispositions qui s'observent généralement dans tous les enfans dès leur plus jeune âge, et qui deviennent avec leur développement plus ou moins vicieuses, se neutralisent au moment même où elles pourraient commencer à se manifester, et sont remplacées par une aimable affabilité entre eux, une facile docilité pour les chefs des institutions, et une soumission plus respectueuse pour leurs ..rens, lorsqu'au sortir de l'école ils rentrent dans l'intérieur de leur famille. Ce sont ces effets généralement éprouvés et consignés chaque jour, dans vos correspondances, qui rendent l'enseignement mutuel bien plus appréciable encore, sous ce rapport, que sous celui de l'accélération de l'instruction.

L'auguste monarque qui nous gouverne, trop éclairé

lui-même pour ne pas désirer ardemment le progrès des lumières, ne se borne pas à protéger la liberté de leur circulation en faveur des générations existantes, il veut préparer les générations futures à en recevoir le bienfait; il a prescrit aux commissaires de l'instruction publique, revêtus de sa confiance, d'établir et de surveiller dans tous les départemens, arrondissemens et cantons, des écoles primaires destinées à régénérer le premier âge de la nation, et d'admettre toutes les méthodes d'enseignement qu'ils jugeraient convenables, en laissant au temps, à l'expérience et à leur concurrence entre elles, la détermination de leur prééminence. Mais la méthode d'enseignement mutuel qui, fondée essentiellement sur les principes de la vraie religion et de la plus saine morale, présente en même temps les moyens les plus évidemment efficaces d'accélérer le développement des facultés intellectuelles de chaque individu, a paru mériter son attention particulière.

Il a daigné honorer son établissement et sa propagation d'une protection spéciale, et il vient d'en donner un témoignage signalé, en destinant plusieurs salles des bâtimens de son palais de Versailles à y recevoir l'école qu'est parvenue à y former une société de vrais amis de la religion, de la vérité, de la patrie et du trône, malgré tous les obstacles qui se sont opposés au développement de leur zèle.

Après avoir pris les ordres du roi, le ministre de la guerre (1), par une de ces hautes combinaisons qui n'appartiennent qu'aux hommes supérieurs, a provoqué l'établissement d'une école d'enseignement mutuel dans chaque corps militaire, en calculant, avec autant de profondeur que de justesse, que la soumission du soldat, la subordination de l'officier et de tout le système de la discipline générale, ne pouvaient être altérés en l'environnant des vraies lumières,

______

(1) M. le maréchal Gouvion-Saint-Cyr.

parce que les vraies lumières ne peuvent tendre qu'à inspirer l'amour et assurer le maintien de l'ordre.

Le ministre de l'intérieur (1), également autorisé par le
roi, ne cesse de répandre les secours les plus abondans et les
plus utiles à l'établissement et à la propagation des écoles ;
il ne borne pas ses encouragemens à celles qui sont destinées au premier âge, il les étend à celles qui se préparent
pour les adultes, afin de réparer pour eux les malheurs de
leur première éducation. Il favorise aussi de tous ses
moyens l'établissement de ces écoles dans les grands hospices où se recueillent les enfans délaissés, afin de leur assurer tout à la fois le double bienfait des principes vitaux de
leur existence physique et morale. Il fait plus encore, messieurs ; pénétré de cette grande vérité que les lumières de
notre siècle ont rendue incontestable, que la formation et
l'exécution des lois pénales doivent avoir bien plutôt pour
objet de corriger que de punir, il détermine dans chaque
prison une école d'enseignement mutuel, afin de soustraire
les coupables à l'abîme de vices et de crimes où ils restent
plongés pendant leur détention, en leur offrant le moyen
de se rendre dignes de la clémence du roi, par leur amélioration successive et la possibilité même de redevenir un
jour des membres utiles à la société à laquelle leurs dépor-
temens les avaient rendus si nuisibles.

A votre exemple, messieurs, les sociétés d'instruction
élémentaire se sont multipliées dans tout le royaume. De toute
part, de nouvelles écoles s'établissent ; les unes sont encore
payantes ; mais les frais sont tellement atténués, qu'il n'est
qu'un petit nombre d'individus dont ils puissent surpasser
les moyens ; les autres sont gratuites, et leur nombre s'ac-
croîtra à mesure que la bienfaisance générale s'éclairera de

____

(1) M. le comte Decazes.

plus en plus sur le plus utile emploi de ses généreux secours. Il n'est point de départemens, d'arrondissemens et de cantons, qui n'en possèdent déjà plusieurs. Un grand travail se prépare pour les introduire dans les campagnes, et nous entrevoyons déjà d'heureux momens où aucune commune n'en sera privée, grâce à la protection spéciale du gouvernement et aux efforts de la bienfaisance générale, qui, par une impression, en quelque sorte électrique, se communique de jour en jour davantage à toutes les âmes vertueuses et patriotiques.

C'est ainsi que se consolideront les premiers fondemens du grand édifice de l'éducation qui, reposant sur ces bases inaltérables, s'élèvera sous peu jusqu'à son sommet : à leur sortie des écoles primaires, les jeunes gens qui se destineront ou seront destinés par leurs parens à des études plus élevées, trouveront de toutes parts des lycées, des colléges qui se fondent par le gouvernement, par les villes et par de généreux individus. Les études préliminaires à celles des hautes sciences, celles des langues mortes et vivantes, et de tous les genres de littérature, ont fait d'immenses progrès depuis 25 ans ; d'habiles professeurs, judicieusement appréciés avant d'acquérir la faculté d'enseigner, se forment et se multiplient de plus en plus. Cette série d'éducation et d'instruction, depuis celle de la première enfance, se trouve couronnée par cet admirable établissement de l'école polytechnique que l'Europe nous envie : nous devons avoir la confiance d'espérer que la plus utile, la plus nécessaire des lois, viendra ensuite imprimer le sceau de l'immuabilité aux institutions enseignantes par la fixation du principe conservateur de l'unité ; elle concentrera dans le gouvernement et les honorables dépositaires de sa confiance, l'exclusive direction de l'éducation nationale et elle élaguera ainsi du grand arbre de l'instruction publique, ces branches non pas auxiliaires, mais vraiment parasites, qui disséminent et écartent de la tige principale les sucs régénérateurs dont la réunion dans un centre commun détermine une séve plus utilement et plus sûrement productive. Tels sont les vœux de tous les sincères amis de l'ordre, de la vraie religion, de la saine morale, du trône et de la patrie ; et, lorsqu'ils seront exaucés par le complément du système d'une éducation essentiellement religieuse, morale et nationale, nos contemporains et nos neveux, en jouissant du bienfait d'aussi grands résultats, se rappelleront avec reconnaissance les noms de ceux qui, comme vous, messieurs, en ont été les premiers coopérateurs ; et ce sera même la plus douce et la plus glorieuse récompense de vos importans travaux.

COMPTE RENDU

Des travaux de la société en 1819,

Par M. DE GÉRANDO, secrétaire général;

MESSIEURS,

Il est consolant et doux pour les amis de l'humanité de voir à quel degré les semences du bien déposées sur une terre convenablement préparée peuvent devenir fécondes.

Notre chère et belle France est le sol sur lequel toutes les améliorations germent et se développent, et que le sombre hiver de l'adversité semble avoir encore renouvelé.

Vous y avez déposé une semence. Cette semence devait porter un jour les fruits de la vertu, du travail, de tout ce qui ennoblit l'homme et le rend plus heureux en le rendant meilleur.

Quelle généreuse émulation, quelle touchante sympathie ont rapidement multiplié sur tous les points les établissemens perfectionnés d'éducation primaire. La France est maintenant, de toute l'Europe, le pays où ce grand perfectionnement est à la plus grande extension ! La création de 3oo écoles nouvelles, depuis votre dernière séance générale, nous est connue par des documens officiels et par des états de situation que les autorités ont certifiés et transmis. 70 sociétés, semblables à la nôtre, forment avec elle, par l'unité du but et des sentimens, une alliance sacrée et honorable pour nous.

En 1819, 129 candidats se sont présentés pour suivre les cours de l'école-modèle établie à Paris par M. le préfet du département de la Seine, tous munis des certificats de moralité exigés ; 118 ont été jugés, après l'examen, capables d'exercer d'après la méthode ;

Sur ce nombre,

48 avaient été envoyés par des préfets ou des maires ;

3 par des souverains étrangers ;

48 étaient venus avec l'intention de former des établissemens pour leur propre compte, et 41 d'entre eux ont déjà ouvert leurs écoles.

Maintenant, pour bien apprécier le développement et l'influence de cette amélioration, voyez et la variété des applications et l'utilité morale qui est propre à chacune !

Le budget du département de la guerre, présenté ces jours derniers aux chambres, nous apprend que 105 écoles régimentaires sont en activité dans les divers corps de l'armée, et que 57 vont y être encore incessamment ouvertes. Les nombreux détails que nous avons reçus s'accordent à montrer combien ces écoles, entre tant d'autres avantages, contribuent aux progrès de la discipline.

Les écoles ouvertes pour les ouvriers de la marine, dans les ports de Brest, Rochefort, Toulon, etc., ne donnent pas de moins heureux résultats, et nous espérons les voir se multiplier.

L'hospice de Dunkerque, celui de Tours, ont joint une école aux secours qu'ils offrent à l'infortune ; et, de tous les secours, les plus précieux ne sont-ils pas ceux qui se lient à la morale ?

Dans les dépôts de mendicité, ils ont un avantage de plus ; ils rendent l'habitude et le goût du travail et de l'application.

Dans les prisons, ils concourent au véritable but que la société se propose, dans la punition du délit, en concourant à la réformation du coupable, et en le ramenant aux bonnes mœurs.

Saint-Denis, Clairvaux, Melun, Clermont (Oise), nous en offrent déjà la preuve. La prison militaire de Montaigu (à Paris) en offre à elle seule un éclatant témoignage. On est redevable à M. le duc d'*Albuféra* de l'établissement d'une école dans cette maison; M. *Bouché-Appert*, auquel nous avons déjà tant d'autres obligations, s'est dévoué à la créer et à la diriger avec ce zèle aussi ardent que désintéressé qui le distingue, et il a obtenu le plus beau des succès, en ramenant les militaires condamnés à des sentimens de religion et de vertu dont nous avons recueilli de touchantes expressions.

La société de Metz a donné le premier exemple de la création de ces écoles d'adultes que nous avons si souvent appelées de nos vœux, et qui répareront pour les personnes d'un âge plus avancé, les vices ou les lacunes de leur première éducation.

Metz a donné aussi le premier exemple de l'établissement d'une école pour les enfans du culte israélite, et cet exemple a été promptement imité à Bordeaux et à Paris. Les Français qui suivent le culte israélite se félicitent de voir leurs enfans se préparer à se montrer toujours plus dignes des droits que notre législation leur assure.

Les écoles de filles se multiplient moins rapidement que celles de garçons; la cause en est simple; la nécessité en était moins urgente; mais, grâces aux sages directions du comité des dames, grâces aux instructions de madame Quignon, à son exemple, qui est aussi une instruction si utile, ces écoles sont du moins très-bien tenues, et les maîtresses, formées à la méthode, sont des institutrices d'élite, distinguées à la fois par leur éducation, leur caractère et leur expérience.

Jamais, jusqu'à ce jour, la propagation de nos écoles n'avait reçu du gouvernement des encouragemens plus abondans et plus multipliés. Le relevé que nous avons fait des sommes accordées en détail pour l'érection de diverses écoles, sur les lettres que nous avons reçues de M. le ministre de l'intérieur, en porte le total, dans l'intervalle qui vient de s'écouler, au-dessus de 40,000 francs.

Nous n'avons sollicité aucun secours pour ces écoles ou leurs directeurs, qui n'ait été immédiatement accordé.

Nos établissemens ont continué à jouir de la bienveillance éclairée de la commission d'instruction publique. Plusieurs de nos instituteurs ont reçu d'elle d'honorables récompenses.

De notre côté, nous avons secondé autant qu'il était en nous les efforts de tant de personnes respectables qui, sur tous les points de la France, se dévouent, par une généreuse émulation, à pourvoir aux premiers besoins de l'enfance. Nous les avons aidés de nos démarches, de nos avis quand ils nous étaient demandés, de notre coopération, autant que les ressources de la société le permettaient. Nous avons cru qu'il fallait, avec des ressources très-bornées, limiter étroitement chaque contribution particulière, afin de pouvoir contribuer à un plus grand nombre de créations. Nous avons appliqué cette assistance à l'envoi d'ardoises, de crayons, de tableaux, de livres.

Ce dernier genre d'envois n'a point été onéreux à la société ; une libéralité que relève encore son motif, a pourvu la société d'un très-grand nombre d'exemplaires de l'évangile ; et nous nous sommes trouvés heureux de servir de canal à un semblable bienfait.

Nous dûmes exprimer à notre dernière séance générale le regret que nous éprouvions de voir depuis long-temps rester stérile le don fait entre nos mains, par un généreux anonyme, d'une somme de 1200 francs pour la fondation d'une école à Versailles. Mais, ces regrets, à peine les eûmes-nous exprimés, qu'une association se forma à Versailles, réunit les citoyens les plus distingués ; une salle a été accordée par S. M. dans les bâtimens de la couronne ; la nouvelle école a été inaugurée avec solennité ; elle répond aux intentions de ses fondateurs, et rivalisera avec celles de la capitale.

Votre comité des livres s'est pénétré de l'honorable mission que vous lui avez confiée. Il a déploré la disette vraiment incroyable où nous nous trouvons, de bonnes lectures populaires, disette que ses recherches lui ont rendue encore plus sensible. En accueillant, après un examen scrupuleux, les ouvrages nouveaux qui lui ont été présentés, et dont plusieurs ont paru pouvoir commencer à combler ce vide, il a eu soin en même temps de les distribuer et de les classer suivant les âges, conditions ou professions auxquels ils paraissent plus spécialement convenir. Il s'occupe à tirer partie des ouvrages publiés dans les langues étrangères. Il est de notre devoir de solliciter de nouveau, pour un but aussi important, la coopération des amis de la morale, de leur rappeler que les bonnes écoles ne sont qu'une préparation, qu'il faut de bons livres pour la compléter et la faire fructifier.

Votre comité des méthodes a éclairé, par une suite de judicieux rapports, diverses questions qui vous ont été soumises, et n'a négligé aucune occasion pour conserver cette intégrité de la méthode, sans laquelle les procédés abandonnés aux caprices des maîtres, n'offriraient plus que confusion au lieu du perfectionnement.

Lorsque, malgré l'autorité réunie de la religion, de la raison, de l'humanité, de l'intérêt social ; lorsque, malgré le témoignage unanime des siècles et des hommes les plus vénérables, il semblait presque, aux yeux de quelques personnes, que la plus simple instruction élémentaire fût une innovation audacieuse, il fut dans votre sagesse de vous borner à faciliter l'enseignement de la lecture et de l'écriture ; toutefois vous vous êtes cru permis ensuite de vous rappeler que c'est la langue française qu'il s'agit de lire et d'écrire. Vous avez donc pensé que, sans prétendre faire de chaque enfant un homme de lettres ou un érudit, il vous était permis de désirer qu'il connût sa langue. Vous avez donc formé un comité chargé d'introduire dans les pratiques de la méthode les élémens de notre grammaire, surtout en ce qui concerne la ponctuation et l'orthographe. Il met tous ses soins à cet important travail, dont nous attendons les fruits avec le plus juste empressement.

Et, si cette entreprise paraissait téméraire à quelques-uns, nous nous bornerions à dire qu'on ne condamne point l'enseignement de la grammaire française dans les écoles des frères, réservées cependant aux indigens, pendant que nos écoles, en partie payantes, sont en partie fréquentées par les enfans des classes aisées.

Nous avons pensé aussi que quelques exercices de chant, placés dans les intervalles de l'étude, auraient l'avantage d'adoucir et de polir les mœurs, d'offrir aux enfans une sorte de récréation innocente, de fortifier les habitudes d'ordre et les affections sociales ; qu'un bon choix de chants religieux et nationaux donnerait à ces exercices une utilité nouvelle ; et, confirmés dans cette espérance par l'exemple de quelques nations voisines, nous avons pu aussi entrevoir dans l'avenir la perspective d'une époque où peut-être des jouissances plus dignes de l'humanité remplaceraient des plaisirs trop souvent grossiers et brutaux dans les conditions laborieuses.

En vous entretenant, messieurs, des progrès si rapides de nos établissemens, nous devons répéter cependant que nous désirons bien moins encore la rapidité de la propagation, que la stabilité des fondations et la bonne organisation des écoles. Sa première condition est le choix des instituteurs, et nous ne pouvons assez recommander aux fondateurs d'y apporter le soin le plus scrupuleux. Le caractère personnel du maître est le premier ressort pour la bonne direction des écoles. Nous désirons aussi qu'on rappelle sans cesse aux maîtres, qu'admis à exercer suivant la méthode qui leur a été enseignée, ils violeraient à la fois et les règlemens de l'état et le but de leur mission, s'ils se croyaient appelés à changer à leur gré, sous le prétexte d'améliorer. Enfin, nous ne pouvons trop rappeler à nos zélés coopérateurs et nous rappeler à nous-mêmes, que c'est peu encore d'avoir fondé, mais qu'il faut conserver, surveiller, soutenir, achever; ce qui ne s'obtient que par la persévérance, l'application, l'esprit de suite, cet esprit de suite plus rare et plus difficile que l'art de créer, et sans lequel cependant les plus belles créations s'évanouissent d'abord et se discréditent ensuite.

RAPPORT SUR LES ÉCOLES

ET LA CORRESPONDANCE ÉTRANGÈRE,

Fait à l'Assemblée générale de la Société pour l'enseignement mutuel, tenue le 3 février 1820.

Par M. JOMARD, l'un des secrétaires de la Société.

La correspondance étrangère continue de nous fournir les nouvelles les plus importantes sur le développement de l'instruction populaire dans toutes les parties de l'Europe et jusque dans les contrées du globe les plus reculées. C'est avec un juste orgueil que la société peut se féliciter d'avoir puissamment encouru à cette grande impulsion. N'est-ce pas en effet pour nous le sujet d'une vive satisfaction, que de voir la Grèce et la Moldavie, le Sénégal et Madagascar, la Martinique et le Port-au-Prince, le Chili, le Brésil et Buénos-Ayres, venir chercher parmi nous des conseils, des secours ou des leçons, aussi-bien que la Belgique et la Hollande, la Suisse et le Piémont, l'Italie et l'Espagne, le Danemarck et la Russie; de voir aussi que nos efforts sont appréciés par les philanthropes les plus éclairés de l'Angleterre, qui, depuis 20 ans, s'efforcent de répandre dans les deux mondes le bienfait de l'éducation universelle? Le tableau rapide que nous allons donner des progrès de l'enseignement mutuel en Europe et outre-mer est, pour la plus grande partie, extrait de notre correspondance; il fera voir que l'on n'a rien négligé pour entretenir au dehors un grand nombre de relations, en même temps que l'on propageait le nouveau système d'instruction dans toutes les parties du royaume.

Les faits sont nombreux, et nous aurions sujet de craindre une trop longue énumération, si l'aridité de la nomenclature n'était pas corrigée par l'importance et la fécondité des résultats.

BELGIQUE.

Quatre sociétés pour l'enseignement mutuel sont établies en Belgique, à Liége, Luxembourg, Huy et Bruxelles. La première s'est formée en 1818, sur l'invitation du docteur Hamel; à présent elle possède 305 souscripteurs et un fonds de 9878 francs. Liége a aujourd'hui deux écoles, dont l'une à 350 élèves; une troisième se prépare. La société se loue beaucoup de l'instituteur que nous lui avons envoyé; c'est ce que mande M. Desoër, l'un des membres zélés de l'association. Le maître, M. Lafouge, a établi une école pour les ouvriers, et a fait un cours pour 25 maîtres qui répandent partout la méthode. Luxembourg nous a demandé un instituteur. A Bruxelles on fait traduire nos tableaux en langue flamande; l'enseignement se fera en flamand et en français. Nous correspondons avec M. Bigg, secrétaire de la société; l'entreprise est sous la protection du prince d'Orange, président; du baron de Falch, ministre de l'instruction publique et du conseil de la régence. M. Millar, secrétaire de la société des écoles britanniques, était venu exprès de Londres à Bruxelles, pour recommander la formation d'une école, dont le besoin était urgent. En effet, on prétend que, sur cent hommes de la basse classe, il n'y en a pas plus d'un qui sache lire, et l'on calcule que plusieurs millions d'individus, dans les Pays-Bas, sont dans une ignorance complète. Déjà, depuis un an, M. le docteur Hamel avait fait des démarches pour introduire la méthode à Bruxelles comme à Liége.

La société de Huy a ouvert une école le premier novembre dernier.

A Luxembourg, 150 maîtres se sont formés à l'école-modèle, pour porter la méthode dans tout le grand-duché.

Un des meilleurs maîtres de Paris a été demandé, et est parti pour Tournay. Il y a maintenant des écoles à Horion, Hozemont, Cornessevisé, Mortier, Hodimont, Warenne, Hasselt et Tongres.

HOLLANDE.

Amsterdam et toute la Hollande, possèdent depuis long-temps de bonnes écoles ; sous ce rapport, la société d'utilité publique a rendu au pays des services incalculables. Aussi, le besoin d'une amélioration s'y fait moins sentir qu'ailleurs. Cependant l'enseignement mutuel commence à s'y introduire. L'ignorance et la mauvaise foi repoussent tout aveuglément, tandis que les hommes éclairés et amis du bien examinent sans préjugés et accueillent les améliorations. La société hollandaise nous écrit que *Simon de Nantua* vient d'être traduit en hollandais ; elle nous a envoyé la collection des livres dont elle se sert pour ses écoles, et qui sont au nombre de 149.

SUISSE.

A Fribourg, le révérend père Girard, préfet de l'école française, et M. Kuenlin, continuent leurs soins religieux et philanthropiques pour l'éducation de la jeunesse. Le premier voit tous ses soins récompensés par les progrès des enfans, par la prospérité des écoles, par la reconnaissance des familles : au milieu d'un concert de bénédictions, comment n'oublierait-il pas les calomnies dont il a été l'objet, et les persécutions que lui ont suscitées des religieux d'une compagnie trop célèbre ? Ses succès et la confiance des parens eussent pu lui servir de réponse ; mais il en a fait une bien digne de lui : nous avons reçu un discours remarquable qu'il a prononcé le 2 septembre dernier, à la distribution des prix, et où la charité évangélique brille dans toute sa pureté ; non moins que la force de la raison, la profondeur des vues, l'élévation des pensées. Aujourd'hui le triomphe du père Girard est complet ; le grand conseil de Fribourg a ordonné l'établissement d'une école dans chaque paroisse du canton.

Maintenant il y a des écoles à Morat, Neufchâtel, Chaudefond, Locle, Pezeux, Berne et Porentruy. Il en a été formé de nouvelles dans le canton de Vaud ; à Nyon il existe une école-modèle. Enfin, l'enseignement mutuel va être introduit dans le canton d'Argovie et à Zurich.

M. de Kuenlin a traduit en allemand *Simon de Nantua*, pour les écoles partie allemandes, partie françaises du canton de Fribourg. Le père Girard s'occupe d'autres ouvrages dans les deux idiomes. Ils pourront servir à nos écoles alsaciennes. Ce qui servira encore à cette fin, c'est la collection de 56 tableaux allemands qui viennent d'être imprimés à Strasbourg, avec une explication. On doit la publication de ce recueil à M. Levrault, qui a également imprimé, en 1819, un ouvrage dans les deux langues, intitulé : *Instruction sur la méthode d'enseignement mutuel et simultané.*

Il en est de même du Manuel des écoles rurales, composé en français par le respectable préfet de l'école de Fribourg, et traduit en allemand par M. Kuenlin. Ce dernier nous a envoyé, avec le discours du père Girard, le règlement des écoles catholiques du canton, et plusieurs pièces pleines d'intérêt.

PIÉMONT ET SARDAIGNE.

Nice. — L'abbé Cauvin, notre correspondant, a demandé des secours et des conseils pour la direction de l'école qu'il a fondée à Nice ; nous nous sommes empressés de satisfaire à ses désirs ; nous avons même fait imprimer quelques tableaux en italien. Un respectable ecclésiastique,

M. l'abbé de Cessole, seconde cette entreprise avec un pieux empressement; les remercîmens de la société lui ont été adressés. L'école de l'abbé Cauvin a servi de modèle pour une seconde école dans Nice, et pour trois autres à Villefranche et à Pise ; enfin, la ville de Port-Maurice et celle d'Oneille ont envoyé des sujets pour les former à l'école-modèle de Nice.

A Voghera, en Piémont, une école a été ouverte par les soins de M. Gallini ; après avoir voyagé en France et en Angleterre, il s'est fait lui-même l'instituteur de l'établissement. Il y avait, au mois de mai dernier, cinq écoles dans le Piémont. Le prince Carignan les protége. On a beaucoup à se louer des généreux efforts de M. le marquis de Brême, fondateur d'une école à Satirane. Des nouvelles récentes nous apprennent que la méthode se propage rapidement dans le Piémont, et que le clergé favorise et seconde cette heureuse impulsion.

TOSCANE.

Florence. — Une société a fondé à Florence plusieurs écoles. Ce qu'il y a de plus distingué en Toscane, a pris part à cette création ; le prince et la princesse Corsini, la comtesse d'Albani, le savant Fabroni, etc. Cette société a fait faire des tableaux. La première école de Florence est établie pour 350 élèves. M. le comte Bardi a le premier fait des fonds pour une école, qui a été ouverte le 4 février 1819. La société nous a fait parvenir son journal, un livre pour les exercices de lecture, et une copie de ses tableaux italiens. On a les plus grandes obligations à M. Tartini, qui a puisé dans nos écoles une connaissance approfondie de la méthode, ainsi qu'à M. Ridolfi. Une école a été ouverte, le 7 août, à Montevarchi ; et, le 14, une autre à Castello di Gajole in Chianti.

MILANAIS.

Brescia. — A Brescia, M. Mompiani, secondé par le savant Friddani, a fondé une école de 130 enfans. Nous avons reçu de ce zélé correspondant, des nouvelles pleines d'intérêt. Le zèle des élèves ne le cède point à l'empressement des fondateurs. De peur de perdre une seule partie du temps qu'ils peuvent consacrer à l'étude, ces enfans ont tous refusé le congé du jeudi, *préférant*, dit M. Mompiani, *le plaisir de l'école à tous les délassemens de leur âge.* Cette école est la première qui ait été fondée dans les états autrichiens.

A Milan, une grande école est établie; l'une a pour objet de donner l'instruction à 300 enfans pauvres; l'autre, plus nombreuse, a pris pour modèle la société de Paris, et a pour but de former des maîtres et de propager la méthode dans les villes et les campagnes.

ITALIE.

Nous apprenons, par des nouvelles de Londres, que des écoles se préparent à Gênes et à Rome.

Naples possède une belle école de 300 enfans; le gouvernement a secondé cette institution. Nous savons, par notre correspondant, le docteur Savarésy, aussi zélé philanthrope que savant médecin, que l'enseignement mutuel a trouvé des partisans chez les grands, chez les savans et chez les particuliers : l'ordre est donné d'établir d'autres écoles dans la capitale et dans les provinces; mais on procède lentement. Il est aisé de sentir quelle résistance le système nouveau doit encore éprouver dans une partie de l'Italie.

MALTE.

Nous avons vu à Paris M. Joseph Naudi, de Malte, qui nous avait été recommandé par la société des écoles britanniques. Il a étudié six mois à Londres, et il a pris connaissance de nos établissemens ; nous sommes portés à croire qu'il a, en ce moment, organisé complétement une grande école dans l'île de Malte : il est secondé par le gouvernement et par des amis de l'humanité. Déjà à Zeitoun, deux lieues de la Valette, un prêtre appelé don Luigi, plein d'enthousiasme pour l'amélioration de l'enseignement, avait commencé une école d'après le nouveau système, quoiqu'il n'eût point vu le manuel, ni conversé avec personne qui fût au fait de cet objet.

ESPAGNE.

On a été frappé de la mesure générale prise en Espagne l'année dernière, pour établir l'enseignement mutuel dans toute la Péninsule. Le roi a ordonné, le 30 de mars, qu'il serait établi une école dans toutes les villes du royaume ; si cette volonté n'éprouve point d'obstacles (et il ne s'en présentera aucun, puisque le clergé est mis à la tête de l'institution), cette contrée jouira toute entière des bienfaits de la méthode, même avant la France et l'Angleterre. L'école centrale de Madrid a été ouverte, le 4 mai dernier, pour 300 enfans. Le roi l'a visitée deux fois, ainsi que la reine et l'infant D. Carlos. Elle se tient dans une salle de bal du duc de Frias, qui en a fait l'abandon pour cet usage. Le général Castanos a fondé une école à Barcelone. La Catalogne s'empresse de suivre cet exemple, et nos frontières elles-mêmes y gagneront par l'émulation. Il existe maintenant des écoles florissantes à Madrid, Cadix, Sarragosse, Grenade et Alcala en Andalousie. Enfin, une personne employée à l'ambassade espagnole, à Paris, a suivi les leçons de notre école normale, par ordre de son gouvernement; un autre Espagnol a également suivi le cours pour porter la méthode dans les colonies.

PORTUGAL.

Dès le mois d'octobre 1815, un arrêté de la régence a créé, en Portugal, des écoles d'enseignement mutuel. Ce n'est qu'en 1817 qu'elles ont été en pleine activité. Aujourd'hui elles sont florissantes. L'ignorance où l'on était à l'époque de la dernière assemblée générale, de l'existence des écoles portugaises, nous a obligés de les passer sous silence. C'est avec une satisfaction bien vive que nous réparons cette omission. En octobre 1818, trois mille huit cent quarante-trois élèves, enfans ou adultes, bourgeois ou militaires, fréquentaient 55 écoles portugaises; la prospérité de ces écoles est d'un heureux présage pour la propagation de la méthode sur tout le continent portugais.

ALLEMAGNE.

Le duc de Saxe Weimar a envoyé précédemment à Londres un jeune homme, pour y apprendre la méthode et l'introduire dans ses états; maintenant une école existe à Rulha.

Nous ignorons si les tentatives qu'on a faites en Prusse, pour y introduire la nouvelle méthode, ont eu quelques succès.

ANGLETERRE.

Il a été tenu à Londres, le 15 mai dernier, une assemblée générale de la société des écoles britanniques et étrangères. Un rapport a été imprimé à la suite de cette séance, et nous a été envoyé par le zélé secrétaire M. Millar, qui entretient avec nous une correspondance assidue. On y lit que la société de Londres a, comme la nôtre, des associations auxiliaires dans les trois royaumes.

En Écosse, il s'établit moins d'écoles qu'ailleurs, parce que, depuis long-temps, les écoles de paroisse sont si bien organisées, que l'on a peine à trouver un seul individu qui ne sache point lire et écrire.

Voici le résumé de l'état de l'instruction élémentaire dans le pays. L'Angleterre et le pays de Galles ont 10,150,615 habitans, d'après le recensement de 1811 (environ 10 millions), et l'Écosse 1,805,688, ou près de deux millions. On compte en Angleterre 450,000 individus, ou un vingtième de la population qui fréquentent les écoles; plus de 560,000 (en enfans de 5 à 14 ans), qui n'en suivent aucunes. Ce résultat est fondé sur les documens soumis au parlement et les rapports présentés à la société britannique. En Irlande, il n'y a pas plus de 80,000 enfans, ou un cinquantième de la population, qui apprennent à lire et écrire; les moyens d'instruction y sont très-bornés. En Écosse, tous ou presque tous les enfans suivent les écoles; c'est approximativement, 180,000.

Ainsi le total des enfans qui apprennent à lire et à écrire dans les trois royaumes, par toute espèce de méthode, serait donc, par aperçu, de 710,000; et le nombre de ceux qui n'apprennent point, serait de 785,000, c'est-à-dire, plus de moitié du nombre total des enfans de 5 à 14 ans.

Dans le nombre des premiers sont compris, bien entendu, les élèves des écoles du docteur Bell, ou *du système de Madras*, soutenues par une société qui correspond aussi avec la nôtre.

Un résultat qui n'est pas moins curieux, découle des rapports faits au parlement; c'est que là, où il y a le plus d'instruction, il y a le moins de misère, *et vice versâ;* exemple: en 1719, dans le comté de Bedford, il n'y avait qu'un dix-septième de la population qui fréquentât les écoles, et le nombre des pauvres s'élevait à un dixième;

dans le Cumberland, au contraire, les écoles reçoivent un onzième des individus, et il n'y avait qu'un vingtième de pauvres.

Il sera agréable à l'assemblée d'apprendre que les sociétés de Londres prennent la part la plus vive et la plus sincère à nos travaux et à nos succès. Les témoignages de leurs sentimens sont déposés dans leurs rapports annuels et dans notre correspondance. Voici les propres expressions du secrétaire de la société des écoles britanniques : « Nous vous » avons devancés dans ce grand ouvrage ; mais c'est une » justice de dire que vous nous avez déjà dépassés. Les » progrès que vous avez faits dans la propagation des écoles » sont beaucoup au delà de ce que nous avons fait dans le » même temps. Il est à regretter que nous n'ayons pas été » plus loin ; mais nous nous réjouissons sincèrement de vos » succès.... Le monde est grand assez pour que nous puis- » sions tous exercer notre zèle philanthropique, durant la » courte vie de l'homme. »

Le nombre des adultes qui suivent les écoles d'Angleterre n'est pas aussi grand qu'on le souhaiterait. On estime qu'il y a un million et demi d'adultes qui ne savent ni lire ni écrire ; c'est un dixième de la population. Nous sommes encore plus en arrière dans cette importante création. Il faudrait pouvoir disposer de ressources nouvelles, spécialement affectées à cet objet.

La mort récente de S. A. R. le duc de Kent est une perte des plus sensibles pour la cause de l'instruction générale. Peut-être aucun membre de la société des écoles britanniques et étrangères, sans en excepter ni Fox, ni Joseph Lancaster, n'a plus influé sur la propagation de l'éducation populaire. Le duc de Kent fut le premier à introduire la méthode dans son régiment d'Écosse, qui était alors dans l'Inde, à Hydrabad ; ses derniers vœux ont été pour la formation des écoles d'adultes et d'industrie ; ce prince, véritablement digne des regrets des amis de l'humanité, sentait que ce n'est point assez de former la génération naissante, qui ne pourra de long-temps prendre sa place dans l'ordre politique, et que par conséquent il faut faire des efforts pour remédier au défaut de culture de la génération actuelle; enfin, que, sous le funeste empire de l'ignorance, les institutions sont suffisantes pour assurer le bonheur des hommes et le repos des états. Le duc de Kent répétait souvent que, si quelque chose est encore à désirer dans nos établissemens, ce sont les écoles d'industrie; moyen de faire tomber la dernière objection qu'oppose la mauvaise foi contre l'éducation du peuple. Apprenant sans frais une profession capable d'assurer son existence, le pauvre ne songerait pas à ambitionner une situation trop au-dessus de sa fortune.

Le duc de Kent avait été l'un des premiers inscrits sur la liste de vos associés étrangers, par reconnaissance pour les services qu'il avait rendus à la cause de l'éducation universelle. Nous ne saurions trop déplorer la catastrophe qui nous a enlevé, avant le temps, cet illustre collaborateur.

Une nouvelle société auxiliaire s'est formée à Londres, le 11 mars dernier, pour le district de Bloomsbury, sous la protection des ducs de Kent et de Sussex, et la présidence du duc de Bedford; par suite, de nouvelles écoles ont été ouvertes; cependant il y a encore 40,000 enfans dans la capitale qui ne reçoivent point d'instruction.

La société de Dublin s'occupe de deux écoles de 500 enfans chacune. Il y a maintenant 480 écoles sous la protection de la société irlandaise, et elles rassemblent 46,976 élèves. Durant l'année 1818, il y a eu une augmentation de 14,460 écoliers. On voit que les progrès sont aujourd'hui plus rapides qu'ils ne l'ont jamais été.

Le rapport fait à l'assemblée générale du 25 mai renferme des documens précieux. Plusieurs des faits précédens y ont été puisés; il finit par une liste des écoles que la société britannique a dotées en tableaux, crayons, ardoises, etc. Le nombre en est dé 290 environ, sans compter les écoles du pays de Galles, de la société irlandaise ni celles de New-York, qui sont portées en masse, et qui renferment 8,373 enfans. Dans ce nombre sont les écoles de Belfast pour 657 élèves; Birmingham, 734; Sheffield, 630; enfin, Manchester, 925. C'est à peu près le maximum du nombre d'enfans qu'une école, tenue suivant la méthode, peut recevoir à la fois.

RUSSIE.

La propagation de l'enseignement mutuel en Russie doit beaucoup à la protection spéciale de l'empereur. La première école a été formée dans le 4e. corps d'armée, par les soins du général Michel Orloff; elle reçoit 1,800 individus, la plupart fils de soldats. Une commission a été formée par les ordres de l'empereur, sous la présidence du comte de Sievers. Il a d'abord organisé une école-modèle dans la maison des orphelins militaires; bientôt tous les enfans de troupe, qui sont au nombre de 750,000, recevront l'instruction. Le général Sipeguin a formé une école centrale pour la garde, destinée à 360 hommes, dont les progrès ont étonné tout le monde. M. le comte de Laval, présent à cette séance, et un autre correspondant, M. Wietinghoff, nous ont donné l'assurance des efforts qu'ils feraient pour introduire la méthode dans les provinces. Elle peut espérer de nouveaux succès dans ce vaste empire, par l'élévation de M. le comte Kotschubey au ministère de l'intérieur. L'empereur a ordonné la confection de tableaux de lecture pour les écoles militaires. Plusieurs colonels ont introduit la méthode dans leurs régimens. Il s'est formé, en outre, à Saint-Pétersbourg, une société libre pour la propagation de la méthode : son règlement est en partie calqué sur le vôtre. Pourrions-nous ici passer sous silence le zèle toujours infatigable, toujours nouveau du docteur Hamel, si bien connu de la société, qui, cette année, a parcouru la

Belgique, la Hollande, la Suisse et plusieurs de nos départemens, pour observer ou exciter les progrès de l'instruction populaire.

À Hameln, sur la frontière de Russie, une école est organisée depuis le 9 décembre 1818, pour 200 enfans, sous
la protection du chancelier de Russie, comte Roumanzoff.
Dans l'arrondissement de l'université de Wilna en Lithua-
nie, dont le curateur est le prince Tzartorytzky, présent à
notre séance, trois écoles sont formées, savoir : à Wilna,
à Krzemieric en Volhynie, à Winnica en Vodolie.

SUÈDE, DANEMARCK.

La Suède et la Norwège imitent l'exemple de la Russie.
Des écoles s'y établissent en plusieurs endroits. En Danemarck, le roi a créé une école-modèle, d'où la méthode se
répandra dans les 3,000 écoles de ce royaume ; M. Klotz,
né Danois, a été envoyé à l'école normale de Paris ; il doit
porter d'abord la méthode à Francfort.

MOLDAVIE ET GRÈCE.

L'enseignement mutuel s'établit en ce moment en Moldavie, et de là sans doute il remontera bientôt le cours du
Danube, à moins que la Bavière et l'Autriche ne restent
en arrière d'un pays où la civilisation est encore peu avancée. En attendant, l'ardeur dont M. de Roznovano, premier
aga d'Yassy, est animé pour l'introduction de la méthode,
et les sacrifices qu'il a prodigués pour y parvenir, sont faits
pour servir d'exemples aux nations les plus civilisées. Il a
résidé long-temps à Paris ; il y a fait graver et fondre de
nouveaux caractères grecs, pour composer une série de
tableaux à l'usage des écoles d'Yassy. Ces tableaux sont imprimés ; ils sont l'ouvrage du professeur Cléobulos de Phi-
lippoli. Ils vont être répandus dans la Grèce, et les jeunes

Athéniens y puiseront les notions élémentaires du langage. Ainsi l'Europe reconnaissante reporte l'instruction à son berceau. Honneur au jeune prince qui a conçu et qui réalise un si beau dessein ! Ses dernières lettres nous annoncent qu'on prépare des tableaux en langue moldave, et nous font espérer prochainement le compte rendu des progrès de la méthode en Grèce et en Moldavie. Le chargé d'affaires de la Sublime Porte, M. de Manos, mérite les remercîmens de la société pour les soins qu'il veut bien donner à notre correspondance dans ce pays.

La Grèce et la Turquie viennent d'être visitées dans le même but, par un des plus estimables philanthropes de l'Angleterre, celui qui partagera avec Lancaster et Fox l'honneur d'être appelé le fondateur de la méthode ; en un mot, William Allen. Accompagné de M. Grellet de New-York, né Français, le digne trésorier de la société des écoles britanniques, a parcouru Constantinople, Smyrne, Athènes, Corinthe, Scio, Zante, Corfou, etc. A Smyrne, le bey effendi a paru accueillir ses vues philanthropiques ; à Scio, le primat grec a accepté la présidence des écoles élémentaires qu'on y a formées ; dans les îles ioniennes, les résidens britanniques s'occupent d'établir des institutions semblables. M. Allen est attendu à Paris, de retour de ses voyages. Il sera doux pour la société de lui témoigner sa haute estime et sa reconnaissance.

AMÉRIQUE.

Le généreux dessein de notre infortuné collaborateur *Montègre* commence à se réaliser. Le Port-au-Prince possède maintenant un maître que la société a fourni pour l'école française projetée ; elle a également donné 500 volumes pour l'usage de l'école. Dans la même vue, un anonyme a fait don d'une somme de 2,000 francs. C'est un des premiers citoyens de cette colonie, M. Pradères, qui s'est chargé du passage du maître et de tous les frais ; plein de dévouement pour le but de nos travaux, il a accepté le titre de correspondant au Port-au-Prince. Il se glorifie d'y avoir connu trop peu de temps, hélas ! notre malheureux ami, auquel peu de jours avaient suffi pour exciter le zèle des principaux habitans. M. Pradères mérite notre reconnaissance pour les soins qu'il a pris de notre collègue, et que notre amitié lui eût prodigués avec empressement. Un autre Français se destine pour conduire une école au même lieu. Enfin, celle qu'y avait formée feu M. Bosworth, est aujourd'hui sous la direction d'un *Dominguois* et sous la protection du président qui a fait habiller les élèves aux frais de l'état.

Au Cap, les progrès des élèves sont surprenans ; beaucoup ont déjà été admis au collége pour se rendre aptes à l'exercice des emplois publics. Les maîtres portent le défi aux Européens d'obtenir plus de succès dans leurs écoles.

Un des maîtres, formé à l'école normale en 1819, se destine pour la Martinique.

L'année dernière nous avions adressé à Buénos-Ayres, sur la demande d'un Français résidant dans cette ville, des collections de tableaux, modèles et ardoises. Nous savons aujourd'hui que nos offres de service ont été acceptées. On fait instruire des hommes pour les mettre en état de répandre la méthode. Pareille demande nous a été faite pour le Chili, et nous avons également envoyé des collections de tableaux et de modèles pour cette province.

Un autre Français qui a fondé une école au Brésil, en faveur des jeunes nègres des deux sexes, enlevés sur les côtes d'Afrique, a demandé les instructions et les conseils de la société. Ce désir a été accueilli avec empressement, et nous avons expédié à Rio-Janeiro des modèles, des livres, des tableaux, etc. Par l'instruction, les malheureux noirs parviendront à se racheter eux et leurs enfans.

Dans les États-Unis, la méthode continue de faire des

progrès. La société de Philadelphie a témoigné le désir d'entrer en relation avec celle de Paris. Une loi a été portée dans l'état de Pensylvanie pour l'établissement des écoles élémentaires, où 3,000 enfans seront reçus. Joseph Lancaster, qui réside à Philadelphie, en sera le surintendant. Déjà, une grande école *pour 1000 enfans* y a été ouverte, le 21 décembre 1818.

Le comté de New-York a des écoles pour 3,600 enfans. Il y en a dans la Nouvelle-Écosse, à Halifax, à George-Town, à Cincinnati, à Boston, Washington, Alexandrie, Baltimore, Louisville, Lexington et Norfolk.

Nous ne pouvons quitter les États-Unis, sans dire un mot des sages observations de M. C. Pickton, l'habile directeur de l'école de Borough Road, qui a été chargé d'aller réorganiser les écoles de New-York. Il est singulier qu'elles soient communes aux trois pays où l'enseignement mutuel est le plus répandu.

« Il y a dans le pays, dit M. Pickton, un grand nombre » d'écoles ; mais il est déplorable que, par des altérations » peu judicieuses et des prétendus perfectionnemens, la » méthode ait beaucoup dégénéré et perdu l'un de ses plus » grands avantages, *la simplicité.* » C'est à ce fâcheux motif qu'il attribue le préjugé qui, en Amérique ainsi qu'ailleurs, s'oppose encore à ce qu'elle soit adoptée universellement. La société des écoles britanniques a reconnu, en Angleterre même, la justesse de cette remarque.

A Saint-Thomas, il doit y avoir en ce moment une école établie et dirigée par un Français : la société de Paris lui a envoyé une collection de tableaux et de livres.

AFRIQUE et MADAGASCAR, SÉNÉGAL.

Les efforts qu'a faits la société pour introduire la méthode au Sénégal, ont eu un plein succès. L'école africaine a produit des résultats qui ont dépassé les espérances, puisque

13o noirs ont déjà été instruits complétement, pour se répandre dans l'intérieur des terres et propager les connaissances qu'ils ont acquises. Bien plus, les petits moniteurs noirs ont été en état d'aider le professeur dans la traduction de nos tableaux en wolof, et dans la composition d'un dictionnaire et d'une grammaire de cette langue. Enfin, on les a façonnés au calcul et aux élémens de physique. Ils connaissent l'électricité, et ils font des expériences pour rassurer leurs parens effrayés par le tonnerre. Ces jeunes noirs commencent à étudier la géographie ; ils font des globes terrestres avec des œufs d'autruche; plusieurs se servent de l'octant et savent faire leur point. D'autres possèdent la géométrie élémentaire.

Le zèle du maître a été distingué dans le temps par M. de Fleuriau, commandant du Sénégal, et signalé au gouvernement par cet administrateur. Le nombre total de ses élèves en deux ans, a été de 254. On s'occupe d'un établissement à Gorée, pour lequel vous avez également envoyé un maître.

Le commandant de la colonie a senti la nécessité de former un établissement pour le sexe. Les sœurs de St.-Joseph, qui sont à Saint-Louis, s'occupent d'organiser une école de filles.

C'est ici qu'il faut dire un mot des jeunes gens madecasses qui sont maintenant à Paris, à l'institution de M. Morin; l'un est âgé de six ans et l'autre de onze ; ils sont fils de princes souverains de Madagascar, qui les ont confiés, pour être élevés en Europe, à M. Roux, agent du gouvernement français dans cette île ; il a cru ne pouvoir rien faire de mieux que de les placer dans une école d'enseignement mutuel. Depuis leur entrée, ils ont fait des progrès surprenans : au 1ᵉʳ. du mois de septembre, ils ne savaient rien ; au bout d'un mois, ils avaient franchi l'intervalle de cinq classes ; enfin, après trois mois d'école, ils savent lire et écrire ; ce qui est inouï jusqu'à présent. Les progrès qu'ils font dans le dessin et dans les arts d'agrément, sont également faits pour étonner. On va lire une note à ce sujet et présenter les ouvrages de ces intéressans élèves.

ASIE.

L'Angleterre continue à répandre la méthode dans les Indes orientales ; des écoles sont établies dans la ville de Calcutta, qui possède une société depuis le 1er. septembre 1818. Le comité a des secrétaires *indiens* et huit autres membres, également pris parmi les naturels. Aux environs de Serampore, les missionnaires anabaptistes font donner l'instruction à 10,000 enfans indiens, en langage bengalie ; 5,500 autres élèves reçoivent des leçons. A Ceylan, plusieurs écoles sont formées. Il ne faut pas s'étonner de la rapidité avec laquelle se propage dans l'Inde l'enseignement mutuel, dont les principes y ont été en usage à une époque très-ancienne ; il existe encore des traditions, ou même des écoles indigènes, qui ont fourni au docteur Bell plus d'une inspiration. Aussi a-t-il donné à sa méthode le nom de *système* de Madras.

Bombay possède aussi une société pour les écoles. Ses règlemens ont été publiés en persan, en langue indostane et en langue guzaretta.

A Dacca, une école est établie.

Des nouvelles récentes nous apprennent qu'au fond de la Sibérie, une école vient d'être fondée par les soins du gouverneur général, M. Speransky, à Irkoutzk, siége du gouvernement ; cette ville est à 1800 lieues de Pétersbourg, elle est peu éloignée de la frontière chinoise, et l'on peut dire, en quelque sorte, que l'enseignement mutuel a déjà un pied dans la Chine.

Tel est, messieurs, le tableau succinct, mais fidèle, de la propagation des écoles élémentaires, en 1819, sur tous les points du globe. Félicitons-nous d'un présent si prospère, qui promet un avenir encore plus florissant ! Ne doit-on pas espérer qu'un concert si unanime d'efforts et de suffrages mettra bientôt un terme aux résistances calculées de l'esprit de parti, aux oppositions intéressées des adversaires, aux doutes obstinés de ceux qui ferment les yeux à l'évidence ?

Le gouvernement applaudit « *aux liens que nous multiplions au dehors avec les partisans de l'enseignement mutuel.* » Il encourage nos communications, loin d'y mettre aucune entrave. Nous pourrons donc, avec le temps, réunir des notions importantes pour la connaissance des progrès de l'éducation universelle ; but final des efforts des vrais philanthropes et de toutes les sociétés instituées dans les mêmes vues que celles qui nous réunissent.

2 février 1820.

A monsieur Jomard, secrétaire de la société pour l'instruction élémentaire.

Monsieur,

J'ai l'honneur de vous transmettre les renseignemens que vous me demandez sur les jeunes princes madécasses qui fréquentent mon institution. Ils sont originaires de Madagascar, et appartiennent à deux des souverains de cette île. L'un d'eux nommé Bérora, est le fils du plus puissant. Leurs parens voulant donner à sa Majesté Louis XVIII, un gage de leurs bonnes dispositions envers ses peuples, les ont fait venir en France sous la conduite de M. Roux, agent du gouvernement à Madagascar, à l'effet d'y recevoir une éducation toute française. Arrivés à Paris dans le courant du mois d'août 1819, ils ont commencé le mois suivant à venir à mon école ; et je puis assurer, sans aucune exagération de leurs progrès, qu'en moins de trois mois ils ont su lire et écrire. Vous pouvez d'ailleurs vous en convaincre par l'attestation de M. Roux et par les pièces d'écriture ci-jointes, faites aujourd'hui. Je crois pouvoir également affirmer que c'est dans mon établissement, et par suite de l'impulsion que donne à l'esprit, l'excellente méthode naturalisée parmi nous, que ces jeunes princes ont pris ce goût de l'étude qui, selon le témoignage de M. Roux, leur fait faire des progrès non moins rapides dans le dessin et les autres arts d'agrément qu'on leur enseigne.

Je suis, etc.

Signé MORIN., *directeur de l'école de la rue du Port-Mahon.*

Les deux princes malgaches que sa Majesté fait élever à ses frais, à Paris, y ont été amenés par moi, au mois d'août dernier, sur le navire le Bon Père, de Nantes, capitaine Cassy.

Le plus grand des deux, se nomme *Mandihit Sara*, est âgé de douze ans et demi, et est le fils et héritier de *Tsyfanin*, chef de la province de *Tenteugue*, à la côte orientale de Madagascar, par les 16 degrés 50 minutes de latitude méridionale.

Le plus petit, nommé *Bérora*, âgé de sept ans environ, est fils du prince souverain de Tamatoue, susdite île, par 18 deg. 10 min. de latitude.

Ces deux enfans vont à l'école de M. Morin, depuis septembre dernier; l'un a été privé de ses leçons pendant deux mois pour cause de maladie : leurs progrès sont étonnans, soit chez M. Morin, soit chez moi, pour le dessin et les autres arts d'agrément qu'on leur enseigne.

Ces enfans ont été envoyés à sa majesté le roi de France, par leurs parens, pour prouver au roi, le désir que ces princes ont, de voir les Français venir habiter leur pays.

Ce sont, comme ils me l'ont dit eux-mêmes, des gages de leurs bonnes dispositions envers les Français, qu'ils connaissent depuis long-temps, et qu'ils prédilectionnent entre toutes les autres nations européennes qui les fréquentent.

Paris, ce 1er. février 1820,

Signé J. Roux, *agent du gouvernement,*
à Madagascar.

EXTRAIT D'UNE LETTRE

DU DIRECTEUR DE L'ÉCOLE DU SÉNÉGAL,

A Monsieur le chevalier Jomard, secrétaire de la société,
pour l'instruction élémentaire, etc., etc.

Saint-Louis, le 20 janvier 1820.

MONSIEUR,

M. le baron de Mackau, commissaire du roi, envoyé au Sénégal, pour inspecter les établissemens, porteur de la présente, est chargé de vous remettre, de ma part, la grammaire wolofe et le dictionnaire manuscrits; il vous remettra en même temps le manuscrit des tableaux de lecture wolofs, classés d'après la méthode mutuelle.

La maladie que je viens de faire, ne m'a pas permis de continuer la traduction de *Simon de Nantua*, non plus que d'achever le recueil de fables wolofes que je vous avais annoncé. Ma traduction de l'ancien et du nouveau Testament est terminée, sauf quelques corrections.

Vous recevrez, en même temps que la présente, une copie du rapport que j'ai fait à M. le baron de Mackau, sur l'école de St.-Louis. Vous y verrez l'état actuel de l'institution des garçons. L'école mutuelle des filles, dirigée par les respectables sœurs St.-Joseph, est en pleiné activité. Elle comprend déjà cinquante élèves, dont la plupart ont fait de grands progrès dans la lecture et l'écriture. Cependant, comme les petits garçons, elles ont grand besoin de la grammaire et du dictionnaire wolofs.

M. Duspres est encore avec moi, et m'a été d'une grande utilité lors de ma maladie. Je crois que sous peu de jours il partira pour Gorée ou pour Dagana, village nègre de l'intérieur. Plusieurs moniteurs ont été instruits pour les nouvelles écoles que M. le gouverneur se propose de former dans l'intérieur. Veuillez croire que rien n'a été négligé pour la propagation de la méthode d'enseignement mutuel. Les princes de l'intérieur sont souvent venus visiter l'école, et trois d'entre eux ont pris des notions du système mutuel, dans l'intention de le mettre en pratique pour l'enseignement du Coran. Je dois vous annoncer aussi, que j'ai dans mon école quatre enfans des rois de Galam et de Bambouk, lesquels doivent apprendre les langues wolofe et francaise, pour les enseigner ensuite dans leur pays.

Comme le royaume de Brak ou de Walo, vient d'être cédé à la France, j'espère qu'aussitôt que mon ouvrage sera imprimé, et que je pourrai mettre les tableaux wolofs entre les mains des enfans du Sénégal, les écoles élémentaires se propageront rapidement dans cette partie de l'Afrique. Alors la société fondatrice des écoles mutuelles se glorifiera d'avoir trouvé des moyens efficaces pour donner à la vie morale des Nègres qui avoisinent le Sénégal, un élan nouveau, et la ramener à une existence plus digne du rang que le Créateur leur a assigné.

Signé, DARD.

EXTRAIT D'UN RAPPORT

SUR L'ÉCOLE MUTUELLE DU SÉNÉGAL.

Cent vingt enfans fréquentent en ce moment l'école de St.-Louis du Sénégal, qui déjà a été renouvelée entièrement. Près de cent cinquante élèves nègres ou mulâtres y ont été instruits, et possèdent assez bien l'instruction primaire, et même quelques notions des sciences exactes. Plusieurs d'entre eux sont déjà employés par le gouvernement ; d'autres se sont livrés au commerce, et enfin quelques-uns se sont mis dans la navigation.

Parmi les enfans qui fréquentent l'école en ce moment, plusieurs sont déjà fort avancés ; et, on pourrait, sans dépeupler l'école de moniteurs, en prendre une douzaine qui seraient très-propres à diriger des institutions dans l'intérieur. La 8e. classe qui comprend les élèves les plus avancés en instruction, contient 20 enfans ; la 7e. classe en a 25 ; la 6e., 17 ; la 5e., 12 ; et la 1re. 5.

Généralement tous les enfans du Sénégal sont doués d'une grande intelligence ; ils écrivent et calculent très-bien ; lisent on ne peut mieux ; mais comprennent difficilement la langue française. J'ai souvent été forcé de m'écarter des règlemens des écoles mutuelles, en cherchant à remédier à ce petit retard dans les progrès de la langue française. Après bien des essais, je me suis convaincu qu'il était absolument nécessaire, pour que les enfans du Sénégal répondissent aux vues bienfaisantes du gouvernement qui veut les instruire, de leur faire lire et écrire leur langue naturelle, en même temps que la langue française qu'il s'agit de leur enseigner.

A cet effet, j'ai cru devoir m'occuper sérieusement de la langue wolofe ; j'ai fait des tableaux wolofs et français , dont le résultat a surpassé mes espérances ; j'ai fait des recherches qui n'ont pas été infructueuses, et j'ai découvert que cette langue avait des principes clairs , simples , précis , et qu'elle était surtout admirable dans la composition de ses verbes. J'ai formé une grammaire wolofe , à laquelle j'ai ajouté un grand nombre de thèmes et de proverbes dans les deux langues ; ensuite j'ai travaillé au dictionnaire français-wolof et wolof-français ; enfin , j'ai classé une grande quantité de mots wolofs pour la formation des tableaux d'une école mutuelle wolofe-française.

Tel est le travail dont j'ose aujourd'hui provoquer l'impression , persuadé que ce serait avoir peu fait que d'avoir enseigné aux enfans du Sénégal à lire et écrire la langue française , si on ne leur procure ensuite les moyens de profiter de l'enseignement qu'ils ont reçu , en l'appliquant à leur langage naturel , à leurs professions respectives , et surtout pour les entretenir dans la pratique de l'étude, de la vertu et des bonnes mœurs.

Quoique déjà on puisse jouir , en considérant les succès qu'a obtenus l'école mutuelle du Sénégal au milieu de tant de difficultés , je ne le dissimulerai point ; il y a encore beaucoup à faire ; l'entreprise est commencée , la carrière est ouverte , mais elle est immense. Le but qu'on s'est proposé ne peut être atteint en trois années ; il faudra soutenir ce qui a été créé, le perfectionner , l'étendre successivement. Une école secondaire , où seraient reçus les enfans du Sénégal , sortant de l'institution mutuelle, ne serait peut-être pas inutile. On pourrait y enseigner les mathématiques , la géographie et l'agriculture avec beaucoup de succès.

(Voyez le tableau lithographié à la fin de ce numéro.)

Signé DARD.

RAPPORT

*Fait à l'assemblée générale du 3 février 1820, sur le nombre
et les progrès des écoles de France, d'après les tableaux
de trimestre.*

Par M. JOMARD, l'un des secrétaires.

LE rapport fait en 1819 sur les écoles élémentaires du
royaume, arrêté au 1er. octobre 1818, avait donné quelques
résultats pour les six mois suivans, mais seulement par
aperçu : le rapport actuel doit donc remonter à cette époque
et comprendre douze mois entiers. Les états de trimestre,
adressés par les préfets à S. E. le ministre de l'intérieur, et
formant quatre gros volumes déposés actuellement sur le
bureau, sont la base des résultats suivans ; mais il faut être
prévenu qu'il n'est arrivé que les deux tiers environ du
nombre total des états. Le quatrième trimestre 1818, qui
est très-incomplet, ne présente que 217 écoles, établies
pour 24,335 élèves.

Le 1er. trimestre 1819 présente 490 écoles, et 54,944 élèves.
Le 2e. . . . . 516 écoles, et 70,630 élèves.
Le 3e. . . . . 549 écoles, et 62,355 élèves.

Mais il faut joindre à ce dernier compte, les états qui
ont figuré dans le 4e. trimestre 1819, et qu'on n'a pas envoyés depuis ; ceux du 1er. trimestre 1818 qui sont dans le
même cas, et ceux du 2e. total 258, ce qui fait en tout 807
écoles enregistrées dans les états, devant renfermer plus de
92,000 places d'élèves.

Parmi ces écoles, on en compte

67 pour les filles,

5 pour les adultes,

4 établies dans les prisons,

2 dans les hospices où l'on reçoit les enfans aban‑
donnés,

16 dans lesquels on enseigne le dessin linéaire,

36 écoles protestantes,

3 écoles israélites.

Il existe, en outre, 105 écoles régimentaires qui étaient en activité l'année dernière (on fait des dispositions pour 57 autres semblables), plus quatre écoles pour la gendar‑merie, et en outre deux écoles pour les ports de mer.

Il s'est formé une société militaire composée d'officiers en retraite, pour seconder les efforts que l'on fait, afin d'intro‑duire la méthode dans toute l'armée.

Les 32 départemens dans lesquels la méthode a fait le plus de progrès sont les suivans, rangés selon l'ordre du nombre des écoles établies, depuis 10 jusqu'à 88.

La Seine, l'Oise, Seine et Marne, Dordogne, Hérault, Gironde, Doubs, Lot-et-Garonne, Seine-Inférieure, Meur‑the, Charente-Inférieure, Gard, Isère, Moselle, Bas-Rhin, Jura, Somme, Seine-et-Oise, Indre, Nord, Aisne, Lot, Aveyron, Haute‑Vienne, Aude, Charente, Côte‑d'Or, Drôme, Puy-de-Dôme, Ain, Finistère, Saône-et-Loire.

Tous les départemens possèdent des écoles d'enseigne‑ment mutuel. Ceux qui n'ont envoyé qu'un seul état sont les suivans : Calvados, Cantal, Corse, Eure-et-Loir, Loire‑Inférieure, Lozère et Pyrénées-orientales.

D'après la correspondance, on estime à 1340 le nombre total des écoles aujourd'hui existantes, et le nombre des places d'élèves à 154,000 ; mais on ne peut donner une éva‑luation certaine, attendu que la propagation est telle, qu'il est extrêmement difficile de suivre avec exactitude la mar‑che rapide de cet accroissement.

Chaque école renferme, terme moyen, 114 à 115 élèves.

Les progrès des élèves répondent à la multiplication des écoles et à la générosité des fondateurs. On remarque en effet, de mois en mois, un avancement de plus en plus rapide, et une augmentation dans le nombre des élèves, malgré la saison des travaux de la campagne. Environ le quart du nombre des élèves, monte d'une classe en un mois, en lecture et en écriture; c'est le 6ᵉ. de ce nombre en arithmétique.

Des tableaux dressés soigneusement, à l'école de Bourbon-Vendée, présentent des progrès plus rapides en écriture qu'en arithmétique, et en arithmétique qu'en lecture. Il résulterait de ces tableaux que dix-huit mois suffisent pour parcourir toutes les classes d'écriture; 21 pour celles d'arithmétique; 24 pour celles de lecture; mais ce résultat se trouve nécessairement modifié par les expériences des autres écoles du royaume.

Les échantillons d'écriture qu'on met sous les yeux de l'assemblée, prouvent par leur belle exécution et leur uniformité, que la société a conçu une idée judicieuse en répandant par toute la France des modèles calligraphiques. Bientôt nous aurons à nous féliciter de posséder aussi des tableaux uniformes pour les élémens de chant et de grammaire; il en sera de même du système métrique français, de la tenue des comptes et des écritures. Parmi les échantillons d'écriture, on distingue surtout ceux de deux élèves nés à Madagascar, qui sont à l'école de M. Morin depuis le 1ᵉʳ. septembre dernier; en un mois ils ont franchi l'intervalle de 5 classes; en moins de 4 mois, ils ont su lire et écrire. Ces deux enfans sont les fils de princes souverains de l'île de Madagascar, que leurs parens ont confiés à M. Roux, agent du gouvernement français, pour les faire élever à Paris.

Les échantillons de dessin linéaire, exécutés par les élèves de l'école Gaultier, et ceux des élèves de l'école de Saint-Jean-de-Beauvais, méritent l'attention de l'assemblée.

Il en est de même des échantillons de couture de l'école de filles de la Halle-aux-Draps, de celle des Grassins et d celle qui a été fondée par M. Delessert, rue du Coq St.-Jean. Ces derniers sont d'une rare perfection ; il serait à désirer que des modèles semblables fussent envoyés dans tous les départemens, pour faire sentir l'utilité des écoles élémentaires de jeunes filles.

Le conseil ayant ordonné que le tableau des fondateurs fût imprimé, ce tableau a été formé d'après les états authentiques fournis à chaque trimestre ; mais il ne comprend que les noms des personnes ou des associations qui ont créé et qui soutiennent à leurs frais des écoles. Il faut aussi remarquer que le tableau s'arrête à l'année 1819. Le nombre des fondateurs qui sont dans ce cas, s'élève à 101.

Nous finirons ces remarques, en donnant le *tableau* comparé des progrès des écoles et des élèves pendant les 4 trimestres qui ont précédé le 1er. octobre dernier, ainsi qu'un rapprochement figuré, qui fait voir la marche de l'accroissement des écoles pendant les années 1815 à 1819. Le tableau présente la substance des 807 états de trimestre différens, parvenus pendant les 12 mois : mais, ainsi qu'on l'a dit plus haut, le 3e. trimestre 1819, ne présente que 549 états. On peut le compléter proportionnellement, sans crainte d'errer beaucoup, pour les 258 écoles dont les états ont figuré précédemment ; et l'on aura, pour les 86 départemens, 807 écoles ; 92,000 places d'élèves ; 53,000 élèves présens ; 13,400 élèves promus en un mois, d'une classe de lecture, terme moyen ; 11,800 promus d'une classe d'écriture ; 8,100 promus d'une classe d'arithmétique.

t comparé des Écoles d'enseignement mutuel, du premier octobre 1818, au premier octobre 1819, d'après les états de trimestre.

RIMESTRES.	Nomb. des Départemens.	Nomb. des Communes.	ÉCOLES de Garçons. Nombre des		ÉCOLES de Filles Nombre des		TOTAL du nombre des Écoles.	NOMBRE des Élèves présens.			ÉLÈVES PROMUS D'UNE CLASSE.								
											EN LECTURE.			EN ÉCRITURE.			EN ARITHMÉTIQ.		
			Écoles.	Places d'Élèv	Écol.	Places d'Élèv.		1er. mois.	2e. mois.	3e. mois.	1er. mois.	2e. mois.	3e. mois.	1er. mois.	2e. mois.	3e. mois.	1er. mois.	2e. mois.	3e. mois.
trimest. 1818.	54	137	186	21,316	31	3,019	217	10,257	12,383	15,102	2,301	3,412	3,877	2,021	2,879	3,342	1,144	1,759	2,078
trimest. 1819.	73	276	449	51,132	41	3,812	490	31,918	35,970	35,276	9,689	10,238	11,572	8,185	8,930	9,778	5,368	5,878	6,661
idem.	74	289	462	65,663	54	4,967	516	40,259	41,215	41,697	11,078	11,080	11,442	9,499	9,721	10,097	6,437	6,636	6,899
idem.	63	417	502	58,376	47	3,979	549	35,738	35,982	33,756	9,049	9,161	8,298	7,981	8,123	7,280	5,445	5,555	5,048

ota. Les états qui n'ont pas été envoyés pour le 3e. trimestre, et qui l'ont été pour les précédens, comprennent des écoles grand nombre d'élèves.

Il serait bien à désirer que les départemens envoyassent exactement les états de trimestre, afin d'avoir des résultats certains et comparables pour toute la France.

L'accroissement du nombre des écoles est figuré dans le tableau par une ligne courbe, qui fait voir quelle a été la marche plus ou moins rapide de cet accroissement, pendant les quatre années qui se sont écoulées. En 1815, pendant les 6 derniers mois, il s'est formé environ 20 écoles; en 1816, 180; en 1817, 300; en 1818, 500; en 1819, 300.

(Voyez le tableau lithographié ci-dessus.)

RAPPORT

Sur les Finances et le compte de l'année 1819, dans la séance générale du 3 février 1820.

Messieurs,

Le compte qui vous a été présenté l'année dernière, au nom de la commission des fonds, par M. Brunet, secrétaire de la commission, était divisé en deux parties, savoir :

1°. Le compte de caisse, lequel présentait une avance faite par M. le trésorier, de .... 16 fr. 60 c.

2°. Le compte d'ordre ou compte administratif dont le résultat donnait un restant en caisse de 10336 86

En suivant la même division pour la comptabilité de 1819, nous avons trouvé que le compte de caisse présentait une dépense de 26084 60

Sur une recette de 25303 4

En y ajoutant les 16 fr. 60 c. avancés l'année dernière, l'avance de M. le trésorier s'élève à 797 80

Mais le compte d'ordre ou administratif présente des résultats différens. D'après ce compte qui rappelle toutes les recettes et dépenses réelles, depuis votre établissement jusqu'au 31 décembre dernier, les recettes se sont élevées à 75915 11

Et les dépenses à 61019 4

Dont il résulte un excédant de caisse de 14896 7

Laquelle somme est représentée par des valeurs diverses : telles que des actions de la banque, une rente, des reconnaissances de liquidation, susceptibles de variations, suivant le cours public de ces valeurs, et quelques créances à recouvrer pour des prêts à des instituteurs dont la société a aidé à former les établissemens.

Dans les recettes et dépenses d'ordre ou administratifs, l'année 1819 figure pour une recette de 20899

Sur laquelle somme une dépense de . 16340 39 se compose de frais d'administration de tout genre, et loyer montant à 4330 f. 75 c.; le surplus pour l'entretien des écoles à la charge de la société, et appointemens des maîtres; pour les dons de matériel, c'est-à-dire, les ardoises, crayons, tableaux et livres accordés par le conseil à 50 écoles; pour les prix accordés aux écoles que vous entretenez; enfin pour des secours et des encouragemens.

Il résulte de cette dépense comparée à la recette, un excédant de recette de . . 4559 21

Laquelle ajoutée à celle de . . . . 10336 86 qui vous a été présentée l'année dernière; vous offrirait un actif de. . . . . . 14896 7 Ainsi que nous venons de vous le présenter, d'après les recettes et les dépenses, depuis l'établissement de la société jusqu'au 31 décembre 1819.

Mais des dépenses assez considérables, qui ne sont point encore acquittées, parce que la liquidation n'en est pas terminée : telles que le coin pour frapper les médailles, les 4 médailles d'or, les 13 médailles d'argent, et les 23 de bronze que vous avez décernées , ainsi que quelques dépenses d'impressions , diminueront une partie de cet actif, de manière que nos finances se trouveront probablement au-dessous de l'état où elles étaient au 31 décembre 1818.

Cet état désastreux, messieurs , vous indique assez qu'il faut continuer toujours avec le même zèle à faire connaître les avantages de notre association.

Les succès que nous avons déjà obtenus avec d'aussi faibles moyens , et avec une contribution individuelle aussi modique , sont sans doute des motifs assez puissans pour engager les amis du bien à venir augmenter le nombre de de nos co-associés , et seconder nos efforts.

Le président de la commission des fonds,

C. COUTELLE.

RAPPORT

Sur les écoles de la Société, par M. BALLY ;

MESSIEURS ,

Les trois institutions que votre bienfaisance a fondées , à Paris , marchent toujours vers une prospérité croissante : Celle de garçons , établie depuis 1816, rue de Popincourt , et que dirige habilement M. Sarrasin , présente un mouvement journalier de 200 élèves. Elle porte aujourd'hui le nom de l'abbé *Gaultier*. La société devait cet hommage à un ami de l'enfance , qui consacra 40 ans de sa vie à l'instruction de la jeunesse , et fut un des premiers et des plus zélés fondateurs de l'enseignement mutuel.

Les premières applications du dessin linéaire ont été faites dans cet établissement : c'est là qu'ont déjà puisé et que puisent chaque jour les maîtres de l'école normale , pour répandre dans la France et dans l'étranger, les germes d'une instruction qui prépare les enfans à tous les genres d'industrie.

Des deux écoles de filles , celle de la Halle-aux-Draps prend un accroissement prodigieux : elle compte maintenant 343 élèves que madame Quignon instruit avec un talent rare. Les dix classes de couture y sont au complet, et les enfans sont rendus à leurs parens, avec un état qui leur fournit des moyens sûrs d'existence.

Nous vous devons des renseignemens semblables sur l'école des Grassins , confiée à mademoiselle Gobelin : on y compte 200 petites filles.

Vous voyez , messieurs , qu'indépendamment du bien immense que vous faites dans les départemens , par une distribution de secours faite avec discernement , vous accordez encore le bienfait de l'instruction primaire à 800 enfans de la capitale. Il pourrait s'étendre , dans les mêmes écoles , à 1200.

L'expérience confirme maintenant de la manière la plus positive l'espoir que nous avions conçu de voir l'enseignement mutuel favorisé , et le développement rapide de l'intelligence et le perfectionnement des qualités du cœur.

En sorte que vous rendez à la société des êtres aussi parfaitement instruits que le permet leur position , et pourvus en même temps de cet esprit d'une saine morale qui fait les honnêtes gens et la sûreté de la vie sociale.

RAPPORT

Sur le dessin linéaire, fait à la séance générale du 3 février 1820 ;

Par M. Francœur, l'un des secrétaires.

Messieurs,

A ne considérer l'enseignement public que comme étant accordé à la classe pauvre et laborieuse, il présente deux aspects différens d'une haute importance. Les avantages que chaque individu retire de son instruction dans son propre intérêt, et ceux que la société toute entière est en droit d'en attendre. Sous le premier rapport, l'utilité particulière en est immense, puisque l'instruction met chacun à même de connaître et de discuter ses intérêts personnels ; sous le second, le philosophe envisage, d'un point de vue plus étendu, l'instruction publique comme destinée à élever le moral des nations, en les mettant à même d'apprendre ce que les lois et la religion attendent de l'homme en société, et aussi en les instruisant des droits que leur accorde l'état, en échange des sacrifices qu'il en exige.

C'est un bienfait réel pour les gouvernemens que ces lumières qu'on fait descendre au milieu des ombres de la classe inférieure. Tout ce que les besoins de la patrie réclament, tout ce que la loi exige, ne trouve plus qu'obéissance et dévouement, parce que chacun est assez éclairé pour juger par soi-même que la loi a ordonné, et qu'il faut se soumettre. Des hommes ambitieux ne peuvent plus s'armer, dans leur propre intérêt, d'un pouvoir accordé par le gouvernement pour un plus digne usage ; et le défaut de lumières des subordonnés ne met plus les chefs en position de détourner l'autorité du but pour lequel elle leur a été confiée ; chacun connaît la loi, et nul ne peut réclamer obéissance que pour elle.

Ceux qui prétendent que les peuples éclairés sont plus difficiles à gouverner, ne connaissent pas la situation de plusieurs états voisins de la France, qui démentent cette assertion : ils n'ont pas vu l'Écosse, où les lettres ont pénétré jusqu'à la charrue, et où on trouve tous les exemples du patriotisme et de l'obéissance légale.

Si l'enseignement du dessin linéaire ne peut, messieurs, le disputer à celui de la lecture sous le rapport de l'effet moral produit sur les nations; sous celui de l'utilité particulière que chacun peut en retirer pour son intérêt personnel, les avantages sont à peu près les mêmes. Les ouvriers de toutes professions ont sans cesse besoin d'exprimer leurs idées sur les formes des objets qu'ils travaillent, et de comprendre les idées des chefs dont ils reçoivent les ordres ; sans le dessin, les communications sont presque impossibles ; l'un concevra une forme, l'autre entendra une forme différente. Dans l'exécution des pièces d'assemblage, dans la construction des machines, la fabrication des meubles, l'ordonnance des bâtimens, partout enfin où la précision est importante, on ne peut rien entreprendre sans le secours du dessin. Aussi cet art entre-t-il comme élément indispensable dans une foule de professions qui ne peuvent être exercées que par les hommes qui se sont trouvés dans des circonstances favorables à l'étude du dessin : les charpentiers, appareilleurs, mécaniciens, etc., doivent le talent qui les fait vivre, à une position particulière qui les a mis à même de prendre une instruction indispensable à l'exercice de leur art.

Il était donc utile de répandre sur tous les citoyens, les bienfaits d'un enseignement aussi généralement utile ; et un gouvernement qui s'occupe du bien public, devait favoriser les progrès d'un genre d'instruction , dont il recueillera lui-même les premiers fruits dans le perfectionnement des objets d'industrie. Lorsque tous les artisans seront appelés à pratiquer le dessin , qu'ils sauront analyser les formes des corps , qu'ils se seront familiarisés avec celles que l'étude de l'antiquité a appris à préférer et à prendre pour modèles, les produits de nos ateliers et de nos manufactures ne présenteront plus ces assemblages bizarres , ces figures grotesques que le goût réprouve ; les caprices mêmes de la mode seront soumis à des règles gracieuses : on connaît l'influence que les hommes d'un esprit fertile en inventions , exercent sur les progrès de l'art qu'ils cultivent. Les professions difficiles ne seront plus le patrimoine de quelques hommes que leur situation rend privilégiés , et chacun se trouvant appelé à les exercer , les plus intelligens seront classés à leur rang dans la série des artisans. La masse des individus en sera plus heureuse , en même temps que les arts seront mieux cultivés.

Ces réflexions ont suggéré à S. Exc. le ministre de l'intérieur, l'idée grande et généreuse , d'introduire dans l'enseignement populaire , le dessin linéaire , non pas ce bel art qui exige l'étude de la vie presque entière , mais celui qui , négligeant les effets d'ombre et de lumière , n'a pour objet que des formes inanimées , et pour but que la précision et l'élégance des simples traits. Ce magistrat , ami des arts et de l'humanité , qui fait un si bel usage du pouvoir, dans des vues d'utilité publique , a voulu que , soit avec l'aide de la règle , de l'équerre et du compas , soit même sans le secours de ces instrumens , les enfans de nos écoles pussent copier ou même tracer de mémoire ou d'idée , les figures géométriques et les ornemens qui sont en usage dans les arts mécaniques , en architecture et dans toutes les constructions. Il a senti combien la circonstance était avantageuse pour introduire les nouvelles mesures dans les usages de la société, et a vu , dans les préceptes du dessin , le moyen de donner à l'œil et à la main de l'ouvrier une précision qu'on aurait peine à concevoir, quand on ne l'a pas mise à l'épreuve. Les classes laborieuses sont communément privées des lumières qui permettent d'échapper à l'influence de l'usage et de l'habitude, et ce sont elles, surtout, qu'il importe de familiariser avec le système métrique qui, malgré ses immenses avantages et les vœux universels qui l'appellent, n'a pas encore reçu l'épreuve qui en garantit la durée.

Les projets conçus par le ministre de l'intérieur ont été réalisés ; et, quoique à sa naissance, l'enseignement du dessin linéaire a déjà, messieurs, produit des résultats assez satisfaisans pour attirer votre attention.

Une première expérience ayant été heureuse dans l'école fondée à Libourne par son excellence, on a publié un ouvrage où ce genre d'enseignement était exposé. Le conseil d'administration, après en avoir agréé la dédicace, a ordonné que le dessin linéaire serait pratiqué dans l'école de la société, rue de Popincourt. C'est sans doute bien peu que six heures environ consacrées, chaque mois, à ce genre d'étude ; mais il ne convenait pas d'enlever à la lecture une durée plus considérable. Malgré le peu de temps accordé au dessin, vous ne verrez pas sans intérêt quelques figures, bien imparfaites, il est vrai, mais qui ayant été tracées par les enfans, sans l'aide de la règle et du compas, et sous des dimensions données, annoncent les progrès marqués qui ont été faits depuis un an.

Un but qu'on s'est proposé dans ce nouvel enseignement, était d'exercer les élèves à former des traits ayant des longueurs données en centimètres, et on est surpris de voir que l'œil, ou même la mémoire, suffisent pour obtenir ces dimensions, presque aussi rigoureusement que si on les eût prises sur des règles divisées.

Le 1er. octobre 1819, M. le conseiller d'état, préfet de la Seine, dont le nom s'adjoint à toutes les idées utiles, a

ordonné que le dessin linéaire serait successivement introduit dans les écoles gratuites de la rue Carpentier, de Saint-
Jean-de-Beauvais, des écoles municipales, rues des Barres
et de Bourbon, dans celles de la rue de Charonne et de la
Halle-aux-Veaux. La ville de Paris a fait acquitter les dépenses que cette disposition a entraînées.

Depuis le mois de décembre dernier, l'enseignement du
dessin linéaire est établi dans l'école normale, rue Carpentier. M. le préfet a ordonné que les élèves maîtres fussent
examinés à l'issue du cours sur la théorie et la pratique de
cet art, comme ils le sont sur les autres branches d'enseignement.

A l'école de Saint-Jean-de-Beauvais, les enfans sont parvenus à la 4ᵉ classe en deux à trois mois; leur main est
sûre, leur coup d'œil exercé. On espère que bientôt ils at-
teindront les élèves de l'école Popincourt.

Ce n'est pas à Paris seulement que les progrès de l'enseignement du dessin se font remarquer. L'école de Libourne
a été fréquentée par un grand nombre de maîtres qui,
venus des diverses villes voisines, se sont formés à ce genre
d'instruction. La dépense des instrumens est tellement réduite, que rien ne s'oppose désormais à ce qu'il soit établi
dans toutes les écoles mutuelles. Nous pourrions citer ici
un grand nombre de villes qui le possèdent actuellement :
l'école d'Angoulême, la belle école fondée à Marseille par
une société, celle de M. Pellier à Châteauroux, celle qui
a été fondée à Liancourt par notre vice-président, M. le
duc de la Rochefoucauld, celles de Saint-Amand, de Perpignan, de la Villette, près Paris, enfin un assez grand
nombre d'autres établissemens qui viennent de fonder l'enseignement du dessin linéaire et annoncent déjà des succès.
Tout fait présager que dans peu de temps cet art utile fera
partie nécessaire de toutes les écoles de France. Les écoles
vétérinaires d'Alfort et de Lyon admettent maintenant cet
utile enseignement, ainsi que le font d'autres établissemens

étrangers à l'instruction primaire. Ainsi sera réalisée la noble entreprise d'un ministre ami de l'humanité et de l'industrie nationale, qui, entrant dans les vues bienfaisantes de S. M., a voulu donner aux enfans, à la fois, l'éducation première, la connaissance du nouveau système métrique et les élémens d'un art qui, perfectionnant les produits de nos ateliers, améliorera le sort des ouvriers, en diminuant la durée de l'apprentissage et devançant l'âge où ils deviennent propres à exercer la profession à laquelle ils sont destinés.

RAPPORT

Sur le règlement des écoles de la paroisse de Saint-Gervais, à Paris, en 1709.

Par M. DE GÉRANDO, secrétaire général,

MESSIEURS,

Rechercher en quel lieu, à quelle époque, par quelles personnes, tel ou tel élément de la méthode d'enseignement mutuel a été tour à tour imaginé ou appliqué, serait désormais une recherche plus curieuse que réellement utile.

Toutes les améliorations ont été graduelles.

Leur plus haut degré est obtenu, quand leurs élémens sont réunis, mis dans un harmonieux accord.

Il s'agit donc essentiellement de savoir s'il y a réellement amélioration.

On conçoit que certains esprits, en voyant tenter une amélioration, cherchent aussi à faire bien, mieux encore, quoiqu'en faisant autrement; et cette heureuse rivalité ne peut que contribuer au progrès général.

Ce qu'on ne peut concevoir, c'est que, lorsque des

hommes honorables se dévouent dans l'intention la plus pure à servir l'humanité et la morale dans leurs plus chers intérêts, il puisse se trouver des êtres capables de s'étudier à empoisonner et à noircir ces intentions elles-mêmes.

Toutefois, si de semblables attaques ont lieu, leur propre dignité commande aux hommes de bien de n'y répondre que par un silence dont le motif s'explique assez.

Mais, en même temps, ils se font un devoir d'offrir aux personnes de bonne foi les témoignages, et les moyens de se garantir contre des préventions aveugles.

Si, par exemple, les mêmes choses précisément qui, dans la méthode de l'enseignement mutuel, sont aujourd'hui attaquées par un petit nombre d'individus, comme contraires à des intérêts respectables, avaient été, à une autre époque, et recommandées et louées précisément comme favorables à la religion et aux bonnes mœurs, par des personnes dont le témoignage ne peut être suspecté, ces faits peuvent être utiles à recueillir pour éclairer la droiture.

Tel est le motif qui engagea, le 24 novembre dernier, l'un d'entre nous à vous rendre compte du règlement des écoles de la paroisse Saint-Gervais, à Paris, imprimé en 1709.

Ce règlement décrit les exercices qui se pratiquaient alors dans ces écoles, et annonce qu'ils étaient pratiqués également en d'autres lieux. Ce ne sont pas précisément les nôtres; la division des classes n'y est pas la même, la lecture y est séparée de l'écriture : mais la partie de la méthode que certaines personnes blâment aujourd'hui avec une amertume si singulière, les tableaux, la formation en cercles, les mouvemens par signaux, le mouvement continué de grade en grade, la distribution sous des moniteurs, avec la seule différence des noms, tout cela s'y retrouve, et il faut lire dans l'ouvrage même quelle édification causait alors précisément cette régularité d'action, cette harmonie

de ressorts que l'enseignement mutuel a développée et perfectionnée.

Quant aux deux reproches faits à l'enseignement mutuel,
ceux de généraliser l'instruction élémentaire en la facilitant,
et de substituer dans la conduite des enfans les sentimens
moraux aux châtimens corporels, le même membre en a
appelé aux maximes du célèbre chancelier Gerson, maximes
contenues dans le 3ᵉ volume de ses œuvres (1), et qui
commence par ces mots : *Sinite parvulos ad me*, et qui
en ont reçu le titre. Ce docteur de l'université de Paris, si
vénéré pour sa piété, répond à ce second reproche.

Aussi, l'auteur du règlement des écoles de Saint-Gervais
a-t-il joint ce petit écrit au règlement imprimé en 1709.

Les deux faits annoncés à votre conseil ont été vérifiés.

Nous avons cru devoir vous en rendre compte, seulement afin qu'on compare aux accusations dirigées aujour-
d'hui contre l'enseignement mutuel, le texte de l'ouvrage
imprimé que nous venons de faire connaître.

EXTRAIT DES PROCÈS VERBAUX DU CONSEIL D'ADMINISTRATION.

Séance du 16 février 1820. — Présidence de M. le duc
DE LA VAUGUYON.

LE docteur Hamel annonce que M. Cloos arrive de
Francfort sur le Mein, pour recueillir des instructions à
Paris, dans le dessein d'introduire l'enseignement mutuel
dans sa patrie.

Son Exc. le ministre de l'intérieur donne avis au conseil
que plusieurs écoles des départemens ont reçu des secours.

---

(1) Édition d'Anvers, 1706, 5 vol. in-folio.

Madame Quignon fait hommage au conseil de cinq porte-feuilles de petits ouvrages d'aiguille exécutés par les enfans de son école.

La société d'Angers donne connaissance de la situation de l'école de cette ville, qui est toujours dans le même état de prospérité.

On reçoit les renseignemens les plus agréables sur l'état prospère des écoles de Baugé et des Andelys. Il en est de même de celles de Dreux, de Vallerangue et de Luçon.

M. le recteur de l'académie de Strasbourg écrit que plusieurs ouvrages ont été publiés en cette ville, aux frais du gouvernement, et principalement des tableaux de lecture en langue allemande, dont la collection est mise sous les yeux du conseil. On annonce l'existence de 47 écoles, tant dans le Haut que dans le Bas-Rhin.

M. Appert-Bouché écrit qu'une école très-intéressante et peu connue existe dans la rue Saint-Lazare ; cet établissement, dirigé par un ancien militaire, est fondé et défrayé par le bureau de charité, et sous la protection des quatre curés des paroisses voisines.

M. Michel Berr fait hommage d'un ouvrage intitulé : *Abrégé de la Bible, et choix de morceaux de morale, à l'usage des Israélites de France.*

M. Jomard donne connaissance de 31 états de situation, envoyés pour le 4e. trimestre de 1819 ; une seule nouvelle école s'y fait remarquer dans les Hautes-Alpes.

On entend le rapport de la commission des fonds.

M. Humbert, de Genève, est proposé et agréé comme membre correspondant.

M. Jomard annonce que le bureau et les comités sont prêts pour la publication du bulletin mensuel, qui aura lieu le 1er. du mois prochain.

La séance est levée.

CORRESPONDANCE.

MINISTÈRE DE L'INTÉRIEUR.

Lettres de S. Excellence le ministre de l'intérieur, reçues dans le courant du mois de février 1820.

Du 1er. février 1820.

MESSIEURS,

JE vous annonce que je viens d'accorder un secours de 200 fr. à la dame Blanc, directrice de l'école de filles à Toulouse, que vous avez recommandée à mes soins, et dont la position m'a paru mériter de l'intérêt.

Du 3 février. — Messieurs, quelques oppositions paraissent retarder encore les progrès de l'enseignement mutuel dans le département de la Sarthe : cependant plusieurs écoles y ont été établies ; d'autres sont au moment de se former.

Je vous annonce que, pour seconder ces diverses institutions, je viens de mettre mille francs à la disposition de M. le préfet de la Sarthe.

Du même jour. — Messieurs, l'école primaire du 10e. arrondissement, paraît avoir obtenu du succès. Le nombre des élèves ayant progressivement augmenté, il a été nécessaire de choisir une plus grande classe.

Je vous annonce que, pour concourir aux frais de réparations, j'ai mis à la disposition de M. le préfet de la Seine, une somme de 400 francs.

Du 15 février. — Messieurs, je vous annonce que M. le maire de St.-Laurent vient de fonder, dans sa commune, peu distante d'Arras, une école d'enseignement mutuel qui compte plus de cinquante élèves.

Je viens d'accorder à cette commune un secours de 200 fr. pour diverses améliorations dont la nouvelle école doit être l'objet.

Du 25 février. — Messieurs, je viens de recevoir de M. le préfet des Bouches-du-Rhône et du comité des sous-cripteurs de Marseille, une demande dont l'objet est de solliciter des secours pour la conservation de l'école fondée en cette ville. Je vous annonce que je viens de mettre à la disposition de M. le préfet, une somme de 500 fr. J'ai lieu d'espérer que cet encouragement contribuera à stimuler les souscripteurs et à entretenir leur zèle.

Du 28 février. — Messieurs, le consistoire de Strasbourg a fondé, à ses frais, une école d'enseignement mutuel pour les enfans du culte réformé ; mais la modicité de ses ressources pécuniaires ne lui a pas permis de donner à cette école tous les secours dont elle avait besoin. Je vous annonce, qu'à la demande de M. le préfet du Bas-Rhin, je viens de mettre à sa disposition une somme de 500 fr. dont l'objet est de soutenir et de perfectionner cet utile établissement.

Du même jour. — Messieurs, les écoles d'enseignement mutuel établies dans le département du Tarn, sont dans une situation assez florissante. Celle d'Alby, à laquelle la diminution du nombre des élèves paraissait devoir être très-préjudiciable, a été relevée d'un discrédit momentané, par une sage mesure de M. le préfet.

Je vous annonce que je viens de mettre à la disposition de ce magistrat, une somme de 750 fr., pour étendre aux autres établissemens de ce genre, les secours dont ils pourraient avoir besoin. J'ai lieu d'espérer, qu'à l'aide de ce fonds, on parviendra aussi à former de nouvelles écoles.

Agréez, etc.

Le ministre secrétaire d'état de l'intérieur,

Signé, SIMÉON.

NOUVELLES

Extraites de la Correspondance.

Le grand nombre des matériaux que nous a offerts la séance du 3, nous force à resserrer dans des bornes assez étroites, les résultats de la correspondance de ce mois. Nous en extrayons toutefois ce qui nous paraît devoir présenter le plus d'intérêt à nos lecteurs.

Une longue lettre de M. le recteur de l'académie de Strasbourg, renferme les passages suivans :

« Les conseils généraux des deux départemens du Rhin, ayant fait des fonds pour l'amélioration de l'enseignement primaire, MM. de Bouthillier et de Castéja, alors préfets, obtinrent du gouvernement l'autorisation de les employer à la publication de bons ouvrages qui seraient distribués gratuitement aux instituteurs. M. le vicomte Decazes, préfet à Strasbourg, M. Sers, qui l'est à Colmar, ont à leur tour secondé cette entreprise, avec autant de zèle que de bienveillance, et la première de ces distributions vient d'être effectuée.

« Elle est composée :

» 1°. D'une *Instruction sur l'enseignement mutuel et simultané* ;

» 2°. De *l'histoire de la Bible*, par M. Schmidt, curé catholique en Bavière, excellent ouvrage qui est usité dans une grande partie des écoles catholiques et protestantes de l'Allemagne. Le premier volume d'une édition un peu plus étendue du même ouvrage qu'a publié l'auteur, vient de paraître traduit à Paris, sous le nom de *Bible de famille* ;

» 3°. Des tableaux de lecture allemande avec leur livret d'emploi.

» 4°. Des tableaux de lecture française, dont le livret d'emploi paraîtra incessamment.

» La première des distributions subséquentes comprendra le *Manuel des instituteurs*, nouvelle édition refondue à notre usage, par M. Demeter. »

M. le recteur ajoute que, le nombre des écoles du ressort de l'académie, qui ont adopté le mode simultané et mutuel, s'élève à 47. « Dans un pays, dit-il, où en général on est sage, réfléchi, disposé à rechercher le bien et à l'adopter, ce mode se répandra peut-être lentement, mais infailliblement. »

Il parle ensuite d'une méthode usitée en Allemagne, et du zèle qui règne en ce pays pour la cause de l'instruction. « C'est là, ajoute-t-il, la terre classique de l'instruction populaire, qui a eu l'honneur, il y a quarante ans, d'en créer la science pédagogique. La partie de la littérature qui s'y rapporte, prend plus d'étendue chaque jour, et les succès soutenus de plusieurs journaux et de nombreux ouvrages, attestent l'intérêt que toutes les classes de la société, à l'imitation des gouvernemens, prennent à l'enseignement qui intéresse la masse des peuples, et qui, en développant en elle les facultés intellectuelles et morales, ne font pas moins pour l'ordre public, que pour le bien-être des individus. »

— Nous avons reçu de la société de Dreux, des détails sur l'installation de l'école de cette ville.

Dans un local de trente pieds de long sur dix-huit de large, tout avait été disposé pour recevoir 75 ou 80 élèves ; mais les demandes d'admission s'étant multipliées, on a fait aux bancs et aux tables une allonge mobile qui a permis de porter le nombre de ces élèves jusqu'à cent. Des militaires, des artisans, des pères de famille ayant ensuite vivement sollicité un partage dans le bienfait de cette institution, la société s'est déterminée à organiser une classe du soir pour 60 de ces hommes, et depuis le commencement de l'année, cette dernière classe est en pleine activité. L'instituteur, dont on ne saurait trop louer le zèle et la capacité, doit donner des leçons de dessin linéaire à ceux de ses élèves qui en désireront.

C'est ainsi que dans un local de 540 pieds carrés, et avec un seul maître, 100 enfans et 60 hommes sont rapidement instruits dans la lecture, l'écriture, l'arithmétique et le dessin, avec la modique dépense de 3000 francs de frais d'établissement, et de 1200 fr. environ de frais annuels. Une rétribution de un franc par mois serait suffisante, comme on le voit, pour qu'une école semblable non gratuite pût se suffire à elle-même.

— M. Rouffia, qui dirige avec beaucoup de succès l'école de Perpignan, a introduit dans cet établissement l'enseignement du dessin linéaire et obtient d'heureux résultats.

Dans son mandement pour le carême de 1820, Mgr. l'évêque de Carcassonne a attaqué la méthode et ses propagateurs dans des termes qui prouvent que ce prélat ne connaît ni l'une ni les autres. Il est déplorable que les personnes qui veulent le bien, se refusent à jeter un regard sur des objets qu'elles méconnaissent; car à Dieu ne plaise que nous veuillons rendre suspectes les intentions et la bonne foi de ce prélat. Mais pourquoi faut-il que ce soit nous qui nous voyions forcés de nous écrier : *Aures habent et non audient, oculos habent et non videbunt !* Nous nous abstenons, par respect, de rapporter les expressions de ce mandement. Les personnes qui envoient leurs enfans à l'école de Perpignan et aux autres écoles du pays, ne le font pas sans s'être assurées de ce qu'on y enseigne. Elles y ont entendu le langage de la religion et de la charité, elles ont confiance.

— M. Wilhem obtient un grand succès dans l'essai qu'il fait à l'école de St.-Jean-de-Beauvais, de sa méthode de chant: Il en est au point de demander qu'un rapport soit fait à la société, sur les résultats auxquels il est parvenu, et une commission a été nommée à cet effet sur sa demande.

« Un jour, dit-il dans une lettre adressée au conseil, j'ai trouvé le plus grand nombre des enfans de l'école, exécutant, sans trop de confusion, le chant de la 4e. classe, enseigné par écho aux seuls moniteurs de la division de musique, sur les vers du recueil de M. Amoros : *Ne nous laissons jamais aller à la paresse.* C'est où je les attendais. Depuis cette époque, je fais de temps à autre monter mes moniteurs sur les bancs de la salle, lorsque l'on doit passer de l'écriture à la lecture ; et ils chantent d'une voix douce, tandis que leurs camarades marchent naturellement à petit bruit. D'autres fois, je fais entendre à l'école une harmonie simple et dont les deux parties se distinguent facilement.

» Ainsi les jeunes oreilles françaises, un peu calomniées quelquefois, se formeront par une éducation journalière et graduée ; ainsi plusieurs chants ont déjà été enseignés et retenus avec une justesse et une précision que l'on ne s'obstinera peut-être pas toujours à aller chercher par-delà les monts. »

BIBLIOGRAPHIE.

Méditations poétiques (1), avec cette épigraphe,

Ab Jove principium.

PEUT-ÊTRE, à la rigueur, ne serait-ce pas à nous d'annoncer ce livre et de rendre compte de ces poésies, qui peuvent paraître n'être pas de notre compétence. Cependant notre admiration a été tellement excitée par ces chants, si supérieurs à tout ce que nous avons vu produire dans ce siècle, que nous ne pouvons résister au désir d'en dire au moins un mot ; et nous croyons y être autorisés en considérant que ce sont pour la plupart des chants religieux. Il appartenait à un jeune homme de restituer à la religion ce langage sublime qui ne lui avait plus été prêté depuis Esther et Athalie. Que la médiocrité prétende qu'il n'est plus de route nouvelle et que tous les sentiers sont battus : elle a besoin de cette excuse sans doute pour tromper les autres et pour faire illusion à son propre orgueil ; mais le génie lui répond en secouant ses ailes brillantes, et en prenant un vol hardi vers des régions qui ne furent point visitées, et où il a l'audace et la force de s'élancer : tel est le jeune poëte dont la lyre munie de cordes nouvelles, sonores, harmonieuses, vient de faire entendre des sons nobles, touchans, sublimes, mélancoliques, tendres, pieux, inconnus à mon oreille. Il m'a promené dans des solitudes mystérieuses, où je me suis trouvé, avec lui, isolé de l'univers, et plongé dans la rêverie qui l'absorbe et qu'il inspire ; puis soudain il a ravi mon âme, il l'a entraînée dans son vol majestueux jusqu'aux régions célestes, et je me suis malgré moi, écrié un moment avec lui :

« Il n'est rien de commun entre la terre et moi ! »

Je voulais justifier, par une citation, l'enthousiasme que

---

(1) Un vol. in-8°. au dépôt de la librairie grecque, latine et allemande, rue de Seine, n°. 12, 1820. — De l'imprimerie de P. Didot l'aîné.

j'ai ressenti et que j'exprime ; mais je ne puis choisir, elle serait trop longue et l'espace me manque. Au reste, mon admiration est assez confirmée par celle qui a été excitée généralement. Certes, dans un moment comme celui-ci où des intérêts publics captivent toutes les attentions ; où de graves spéculations sembleraient devoir étouffer le goût des productions de l'imagination , il faut qu'un recueil de poésies qui paraît modestement, sans nom d'auteur , sans annonce , se montre avec une bien inconcevable supériorité pour voir sa première édition épuisée dans l'espace de dix jours. La seconde est sous presse ; aussitôt qu'elle aura paru, nous céderons au désir d'en parler de nouveau à nos lecteurs , et de leur offrir quelques échantillons de cette poésie toute neuve et toute sublime. Elle ne nous est point étrangère, nous le répétons, puisque son sujet ne nous l'est pas ; et , d'ailleurs, le plus léger prétexte doit nous suffire, lorsqu'il s'agit de payer un juste tribut au génie. La manière dont le poëte s'élève au dessus des autres et s'élance hors de la ligne commune, ne peut-elle nous autoriser à nous écarter un peu des bornes que nos attributions semblent nous pres-crire !

FABLE.

Les deux mains.

Un homme était manchot. La main qui lui restait,
　　Fière de régner sans partage ,
　　Avec dédain considérait
D'une paire de mains l'inutile attelage ,
　　(Du moins inutile à ses yeux).
　— « A quoi vous sert-il d'être deux ?
» Vous devez vous gêner toutes deux, je parie ! »
　　— Point ne répond ; mais à l'instant,
Le couple, sur la lyre, en silence s'étend ;
Son jeu fait résonner une douce harmonie.
　Au sein de la famille , il est entre les cœurs
Une harmonie encore plus touchante et plus pure ;
L'amitié fraternelle en produit les douceurs ;
Un frère est un ami donné par la nature.

État de l'Instruction primaire dans la Grande-Bretagne (a)

	Population.	Nombre des Enfans de 5 à 14 ans.	Nombre des Enfans qui ne veulent pas les écoles.	Nombre des Enfans qui fréquentent les Écoles.	Estimation du nombre des Adultes qui ne savent point lire ni écrire.
Angleterre et Pays de Galle.	10,150,615. d'après le recensement de 1811.	1,015,001.	565,001.	450,000.	1,500,000.
Écosse.	1,805,688. d'après le recensement de 1811.	180,560.	"	180,569.	"
Irlande.	8,000,000.	500,000.	210,000.	80,000.	"
G.de Bretagne.	14,956,303.	1,695,650.	785,001.	710,500.	"
Londres.			45,000.		
France.	29,217,465.	2,900,000. par apperçu.	1,770,000. par apperçu.	1,150,000. par apperçu.	9,880,000. par apperçu.

(a) D'après les documens soumis au Parlement et les rapports présentés à la société des Écoles Britanniques et Étrangères.

Rapport entre le nombre des pauvres en Angleterre et celui des Individus qui fréquentent les Écoles. Année 1819.

Comté de Bedford
Population. — Nombre des individus qui suivent les Écoles. (1/5) — Nombre des Pauvres. (1/10)

Cumberland.
Population. — Nombre des individus qui suivent les écoles. (1/11) — Nombre des Pauvres. (1/20)

N.B. La même proportion existe dans d'autres parties de l'Angleterre.

Accroissement du nombre des Écoles depuis 1815 à Paris et dans les Départemens.

1815. 1816. 1817. 1818. 1819.

JOURNAL D'ÉDUCATION.

N°. VI. — MARS 1820.

V°. *Année.*

ENSEIGNEMENT ÉLÉMENTAIRE.

EXTRAIT

Des procès verbaux du conseil d'administration de la société pour l'instruction élémentaire.

Séance du 1ᵉʳ. *mars* 1820. — Présidence de M. le duc de LA VAUGUYON.

S. E. le ministre de l'intérieur adresse au conseil pusieurs lettres dans lesquelles il annonce que des secours ont été accordés à plusieurs écoles de département (*Voyez* correspondance).

M. le duc de La Vauguyon présente des exemplaires imprimés du discours qu'il a prononcé à la dernière assemblée générale.

M. le baron de Gérando fait hommage au conseil de plusieurs exemplaires du programme de son cours de droit public.

M. Jomard apprend au conseil que M. Ordinaire, recteur de l'académie de Besançon, de qui les talens et le zèle pour la cause de l'enseignement mutuel sont connus, est maintenant à Paris.

M. de Gérando annonce aussi que M. l'abbé Tardy, ancien proviseur du collége royal d'Angers et ami de M. l'abbé Gaultier, vient de se fixer à Paris.

Le même membre propose que des remercîmens soient votés à M. Villemain, dont le zèle et la sollicitude pour les progrès de l'enseignement mutuel sont dignes de la reconnaissance de la société. — M. Francœur demande que M. Mirbel reçoive un semblable témoignage de reconnaissance. — Ces propositions sont unanimement adoptées.

M. Périer lit, au nom de M. Jullien absent, un rapport sur un manuscrit qui a été renvoyé au comité des méthodes et qui est de M. Appert. Le zèle de cet estimable instituteur mérite les encouragemens de la société. M. le rapporteur propose que cet ouvrage soit adressé avec recommandation à M. le ministre de la guerre. — Adopté.

M. Jomard donne connaissance de 113 états de situation parvenus au bureau. On y remarque quinze nouvelles écoles, savoir : trois dans le Lot, une dans le Var, trois dans le Doubs, deux dans la Meuse, deux dans l'Eure-et-Loir.

M. L. P. de Jussieu, au nom d'une commission spéciale composée de MM. Basset, de Jussieu, Colas, Bally et Lardant, fait un rapport tendant à organiser les petites écoles rurales de vingt à trente élèves sous une forme simplifiée, imaginée par le respectable abbé Gaultier, et toujours selon la méthode mutuelle. Il serait convenable de faire quelques essais, pour s'assurer des avantages que ce mode peut présenter, et des modifications qu'il convient de lui faire subir. La commission propose et le conseil adopte, après délibération, les articles suivans :

Art. 1. Il sera fait un essai du plan proposé en 1817 par M. l'abbé Gaultier, et développé dans un rapport fait à cette époque par M. Bally.

Art. 2. Cet essai aura lieu dans un local qui n'aura reçu aucune préparation spéciale.

Art. 3. L'essai sera divisé en deux expériences : une préliminaire à Paris, et qui sera tentée de suite; l'autre définitive dans des communes rurales, dont la population et la situation soient convenablement choisies pour rendre l'expérience concluante.

Art. 4. On choisira, pour faire l'essai à Paris, quinze à vingt enfans ne sachant encore rien, et pris parmi ceux qui attendent leur tour d'admission.

Art. 5. MM. Lardant et de Jussieu sont chargés de rédiger un projet d'instruction pour les petites écoles rurales.

Art. 6. La commission vérifiera chaque semaine les résultats obtenus dans l'école d'essai de Paris, et en rendra compte au conseil.

Un membre de la société fait observer que les remercîmens adressés à M. le duc Decazes par l'assemblée générale pourraient avoir moins de force que ceux qui lui seraient adressés maintenant qu'il n'occupe plus le ministère. Il désire que M. Decazes reçoive l'assurance que la reconnaissance de la société, pour la coopération constante qu'il a prise à ses efforts, l'a suivi dans sa retraite. — Cette proposition est adoptée à l'unanimité.

Séance du 15 mars 1820. — Méme présidence.

Des communications de S. Exc. le ministre de l'intérieur annoncent de nouveaux secours accordés à divers établissemens.

M. le baron Mounier, directeur de l'administration départementale et communale, écrit que, d'après la recommandation de la société et la demande du préfet de la Somme, il a maintenu le crédit de trois mille cinq cents francs dans le budget de la ville d'Amiens de l'an 1820, pour l'école mutuelle.

M. le maréchal Gouvion-Saint-Cyr remercie le conseil des témoignages que la société, réunie en assemblée générale, a rendus au zèle qu'il a apporté à la propagation des nouvelles méthodes.

M. Dejernon soumet au conseil des principes pour enseigner l'art d'écrire dans les écoles rurales. — Renvoyé au comité de calligraphie.

M. Werdet offre au conseil divers appareils propres à faciliter l'enseignement de l'écriture. — Le même comité examinera ces objets et en rendra compte.

M. Cube, professeur à Agen, donne des renseignemens sur l'état de l'école de cette ville. Le nombre des élèves gratuits est de cent trente-deux; trente paient une modique rétribution de 1 fr. 75 c. par mois.

M. Sarrazin donne quelques détails sur l'école de la société qui porte le nom de l'abbé Gaultier : il réunit les moniteurs principaux entre les deux classes, et leur fait un cours de géographie, selon la méthode de l'abbé Gaultier, ce qui les intéresse beaucoup.

M. Dard donne des détails sur l'état de l'enseignement dans les colonies du Sénégal : il envoie des tableaux en langue wolofe, et divers manuscrits de sa composition. Le conseil, satisfait des succès de cet instituteur, l'a recommandé au ministre de la marine. M. Jomard ajoute des détails intéressans sur l'instruction mutuelle dans l'intérieur de l'Afrique.

M. Huzard fait hommage de deux procès-verbaux imprimés des séances publiques annuelles des écoles vétérinaires de Lyon et d'Alfort pour l'année 1819.

M. Clergeot, maître de l'école d'Auxerre, s'occupe de l'enseignement des adultes, et obtient chaque jour de nouveaux succès. Le bureau est chargé d'adresser des félicitations à cet instituteur.

Le conseil arrête qu'il sera écrit à M. l'abbé Tardy, pour l'inviter à rentrer dans le conseil d'administration, et à choisir le comité auquel il désire être attaché.

M. Jomard donne connaissance au conseil des états de situation parvenus au bureau depuis la dernière séance : ces états sont au nombre de cent cinquante-trois; on y remarque vingt-trois nouvelles écoles , savoir, treize dans le Haut-Rhin , deux dans l'Ain , deux dans les Ardennes, une dans les Vosges , etc.

M. Roger présente un travail manuscrit sur l'enseignement de la géométrie ; cet ouvrage est renvoyée à la société des méthodes.

On entend le rapport de la commission des fonds qui termine la séance.

Séance du 29 mars 1820. — Même présidence.

On lit plusieurs lettres de S. Exc. le ministre de l'intérieur , qui annoncent encore de nouveaux secours accordés à divers établissemens.

Plusieurs préfets écrivent qu'ils ont remis aux instituteurs de leurs villes les médaillles décernées par la société.

Une circulaire imprimée des frères de la doctrine chrétienne est transmise au conseil. Le montant des frais de premier établissement de leurs écoles s'élève à 7,800 francs , outre 2600 francs de dépenses annuelles , la plupart payables d'avance.

M. Pradères écrit du Port-au-Prince pour communiquer des détails sur l'état favorable de l'enseignement mutuel dans l'île de Saint-Domingue. Tout en fait présager les heureux succès (Voyez Correspondance).

La société d'Arras envoie un procès-verbal de son assemblée générale , qui constate les progrès de l'institution dans le Pas-de-Calais (Voyez ci-après).

M. le baron de Bois-Rouvray fait hommage au conseil d'un ouvrage de sa composition, intitulé : *Système général du monde.*

M. Krafft , correspondant de la société à Strasbourg , au nom de M. Splitegarbe , auteur d'un ouvrage en langue allemande, intitulé : *Alphabet avec images* , fait l'offre d'un exemplaire de ce livre.

Ces hommages sont agréés par le conseil. Le dernier ouvrage est renvoyé au comité des livres.

M. Friddani écrit de Brescia pour transmettre les détails les plus intéresans sur l'école de cette ville. Une société s'est établie à Milan pour favoriser dans la Lombardie les établissemens de ce genre. L'école de Milan est dans une situation très-prospère ; une seconde école vient de s'ouvrir dans cette ville pour trois cents élèves ; d'autres existent à Modène, à Véronne, à Udine ; etc. C'est aux soins et au zèle de M. Monpiani que sont principalement dus ces succès prodigieux.

M. Jomard communique les états de situation parvenus au bureau depuis la dernière séance. On en compte cent soixante - quatre, parmi lesquels on remarque vingt - une nouvelles écoles, savoir : quatre dans le département de l'Aisne, trois dans Saône-et-Loire, deux dans l'Isère, deux dans les Côtes-du-Nord, deux dans la Côte-d'Or, etc.

M. Jullien propose comme membre de la société M. Polychroniades, jeune Grec maintenant à Paris. — Le conseil adopte cette proposition.

On entend le rapport de la commission des fonds.

M. Amoros, au nom du comité des méthodes, fait un rapport sur des dessins transmis par M. Pellier, maître à Châteauroux, et exécutés par les élèves de son école. Le conseil adopte les conclusions tendantes à ce que M. Pellier soit encouragé dans ses essais, mais invité à les régler avec plus d'art, en se conformant aux principes adoptés par la société.

La commission spéciale chargée d'examiner les résultats de l'enseignement du chant dans l'école de la rue Saint-Jean-de-Beauvais, par M. Wilhem, expose, par l'organe de M. Francœur, la marché que suit ce professeur, et donne connaissance des résultats qu'il a obtenus. Le conseil adopte les conclusions du rapport, portant que M. Wilhem sera remercié de son zèle et de ses succès, et prié de continuer ses soins ; que sa méthode est adoptée par la société, et que le rapport sera envoyé au ministre de l'intérieur et au préfet de la Seine.

M. de Gérando propose qu'un dépôt de médailles soit fait chez M. Colas et dans le cabinet de la société pour que les personnes qui désireront en avoir à leurs frais, puissent se les procurer.

CORRESPONDANCE.

Ministère de l'intérieur.

Lettres de S. Exc. le ministre de l'Intérieur, reçues dans le courant du mois de mars 1820.

Du 1ᵉʳ. mars. — Messieurs, plusieurs écoles d'enseignement mutuel sont sur le point d'être ouvertes dans le département de l'Allier, à Cusset, Ebreuil et Saint-Pourçain. Je vous annonce que je viens de mettre à la disposition de M. le préfet une somme de 200 fr. Cette allocation a pour objet de hâter l'établissement de l'école de Varennes, que l'insuffisance des fonds a forcé de suspendre.

Du même jour. — Messieurs, j'ai reçu, avec votre lettre du 18 du mois dernier, le procès-verbal de la séance tenue le 11 janvier précédent par le comité des souscripteurs de Troyes, au sujet de la nouvelle délibération du conseil municipal de cette ville. Cette société peut compter sur la protection qui est due à ses utiles travaux ; elle peut également être certaine que ses réclamations seront l'objet d'un sérieux examen.

Du 5 mars. — Messieurs, j'ai lieu d'espérer que les obstacles qui ont forcé de suspendre les exercices de l'école de Seillères, s'aplaniront incessamment. Je vous annonce qu'une somme de 400 francs est mise à la disposition de

le préfet du Jura, à titre d'encouragement pour les instituteurs Saron à Arbois, et Gaulard à Saint-Amour, qui, par
leurs succès et un zèle soutenu, se sont rendus dignes d'une
marque particulière de satisfaction.

Du 9 mars. — Messieurs, deux écoles d'enseignement mutuel ont été établies, l'une dans la commune de Saint-Maur,
sous la direction du sieur Ebingre, l'autre dans la commune
du Pont, tenue par mademoiselle Besson.

Ces écoles, fondées aux frais des instituteurs, rendent à
la jeunesse des services sur lesquels M. le curé de Saint-
Maur vient d'appeler mon attention ; mais elles paraissent
avoir besoin d'encouragement. Je vous annonce qu'une
somme de 6oo fr. vient d'être mise à la disposition de M. le
préfet de la Seine, pour être affectée à ces deux établissemens.

Du 17 mars. — Messieurs, la commission formée à
Saint-Brieuc pour l'enseignement mutuel, a exprimé le désir que le gouvernement lui procurât les moyens d'acquérir
le mobilier nécessaire à la nouvelle salle de l'école-modèle
que l'on construit actuellement aux frais de la commune.
Je vous annonce que la demande des souscripteurs est accueillie, et que, pour répondre à leurs désirs, je viens de
mettre à la disposition de M. le préfet des Côtes-du-Nord
une somme de 3oo fr.

Du 20 mars. — Messieurs, deux instituteurs recommandables par leur zèle et leurs services, les sieurs Giraud et
Liskenne, ont concouru, par leurs efforts, à la création d'une
école d'enseignement mutuel à Bourges. Ces deux instituteurs se trouvent, en raison de leurs sacrifices, dans une
situation fâcheuse. Je vous annonce que j'ai mis à la disposition de M. le préfet du Cher une somme de 5oo fr. qui leur
sera distribuée à titre d'encouragement.

Du 22 mars. — Messieurs, l'école d'enseignement mutuel de Baugé, d'abord destinée à soixante enfans, en reçoit
actuellement un nombre double ; mais cette augmentation si

avantageuse pour l'instruction de la classe indigente, met à la charge des souscripteurs une augmentation de dépense à laquelle leurs ressources sont loin de suffire. Je vous annonce que, pour soutenir le zèle des souscripteurs pendant cette année, je viens de mettre à la disposition de M. le préfet de Maine-et-Loire une somme de 6oo fr.

Du 27 mars. — Messieurs, l'association qui a fondé une école à Tours a été secondée dans son entreprise par les secours du gouvernement. Malgré le succès de l'école, elle n'obtient pas encore en souscription les fonds dont elle a besoin pour se soutenir par ses propres ressources. Je vous annonce que je viens de mettre à la disposition de M. le préfet d'Indre-et-Loire une somme de 3oo francs, pour être affectée au soutien de l'école de Tours.

Agréez, etc.

Le ministre secrétaire d'état de l'intérieur.

Signé Siméon.

DÉPARTEMENT DU PAS-DE-CALAIS.

SOCIÉTÉ D'ARRAS.

Assemblée générale du lundi 24 janvier 1820.

M. le baron Siméon, préfet du département, et président de la société, a ouvert la séance à dix heures et demie par le discours suivant :

« Messieurs,

« On a tout dit sur les avantages de la méthode d'enseignement, à la propagation de laquelle la société que j'ai l'honneur de présider, travaille depuis quatre ans avec un succès d'autant plus certain, qu'il est le résultat de la conviction, et qu'il ne marche, pour ainsi dire, que pas à pas. L'année qui vient de s'écouler a vu s'ouvrir trois écoles nouvelles : l'une à Boulogne, les autres à Lillers et à Saint-Laurent. La première, déjà trop resserrée dans le local qu'elle occupe, s'est placée, dès son début, au rang des écoles les mieux dirigées. Celle de Lillers voit augmenter chaque jour le nombre de ses élèves, et enfin l'école de Saint-Laurent ne prospère pas moins sous les auspices d'un pasteur ami de l'enfance. Ces succès lents, mais incontestables, sont les seuls que nous soyons jaloux d'obtenir. Nous n'aimons à braver ni les opinions, ni même les préjugés qu'on oppose dans certaines localités à nos efforts ; et c'est au moyen du flambeau de l'expérience que nous cherchons à ramener les esprits vers le mode d'enseignement que nous n'avons préconisé qu'après en avoir jugé sans prévention les effets.

» Le dessin linéaire qui s'enseigne maintenant dans nos écoles complète l'éducation qu'on veut y donner. Elle est suffisante pour la classe ouvrière, et c'est pour celle-ci principalement que notre méthode est précieuse.

» Je n'ai pas besoin, messieurs, de répéter ici que l'instruction morale, base réelle du bonheur de l'homme dans cette vie, est particulièrement soignée dans les écoles d'enseignement mutuel. Elles sont, comme toutes les autres, sous la surveillance des comités cantonnaux, dont messieurs les curés sont présidens. Tous les livres qu'on y emploie sont des livres de religion approuvés par l'autorité ecclésiastique.

» C'est sous vos yeux, messieurs, que ces enfans vont recevoir la récompense de leur application. Votre présence remplit de joie et d'anxiété leur jeune cœur, et les excitera à mériter l'intérêt que vous daignez leur témoigner. Et vous, jeunes enfans ! jouissez aujourd'hui d'un plaisir dont le souvenir embellira votre vie. N'oubliez jamais que c'est à la sollicitude parternelle du roi, pour lequel vous priez chaque jour, que vous devez l'instruction que vous avez reçue. Qu'elle serve à graver ses bienfaits dans votre âme, et puissiez-vous, dans la suite des ans, lui prouver, par votre bonne conduite et par votre fidélité, votre amour et votre reconnaissance ! »

M. le secrétaire a lu ensuite un rapport sur les travaux de la société.

« MESSIEURS,

» Quatre années se sont écoulées depuis que la société pour l'instruction primaire du Pas-de-Calais fonda, par sa réunion, l'une des institutions les plus utiles dans ce département. Les principes religieux et philanthropiques qu'elle a posés pour base de ses travaux, ont reçu un assentiment unanime ; et protégée, secondée même, comme elle l'est, par le vénérable évêque de ce diocèse, ainsi que par le magistrat qui préside à l'administration du département, elle a vu tous les jours ses vœux et ses efforts couronnés des plus heureux succès.

»—La méthode d'enseignement dont elle a encouragé et favorisé la propagation, a justifié toutes les espérances que la société en avait conçues. Ce n'est plus aujourd'hui sur des hypothèses et des probabilités qu'elle peut parler des avantages de cette méthode. Quatre années d'expériences, faites et continuées avec les craintes que font naître les innovations, ont dissipé toutes les alarmes, et la société se complaît déjà dans la vue des résultats qu'elle a obtenus depuis deux ans que ces résultats sont apparens ; il est sorti des écoles qu'elle a fondées, ou dont elle a dirigé la formation, plus d'enfans complétement instruits que de toutes les écoles primaires du département dans les dix années précédentes. Il ne peut donc plus exister de doutes sur la supériorité de la méthode d'instruction par l'enseignement mutuel, comparée aux méthodes précédemment usitées.

» Souvent nous avons manifesté, dans cette enceinte, le désir de voir la méthode nouvelle adoptée par cette respectable association d'hommes qui se vouent par état et par religion à la propagation de l'enseignement primaire ; combien la tâche honorable et pénible qu'ils s'imposent trouverait de facilités, et avec quelle promptitude ils atteindraient le but que le vertueux de La Salle, leur fondateur, leur a montré comme l'unique récompense de leurs travaux, s'ils pouvaient comme nous être convaincus des avantages de cette méthode et se l'approprier.

» Ce vœu, que nous formons depuis long-temps, ne s'est point encore réalisé, il est vrai ; mais il s'est établi une espèce de rapprochement local qui pourra, peut-être, par la suite, devenir la cause d'une fusion que nous regardons comme si utile et si importante pour l'intérêt de la cause commune.

» Lors de la formation de la société, on s'était promis, dans la vue de dissiper toute inquiétude, de ne point élever d'école d'enseignement mutuel dans les lieux où il existait des écoles de frères de la doctrine chrétienne. La société a observé religieusement cet article de ses règlemens ; mais elle ne pouvait lier les communes dont les habitans, ou les conseils municipaux, manifestaient l'intention de voir s'élever dans leur sein des établissemens qu'ils désiraient, au moins, pouvoir comparer avec ceux basés sur les principes de l'enseignement simultané.

» C'est ainsi que je vous ai annoncé l'année dernière la formation de l'école dirigée par le sieur Margollé dans la ville d'Aire, et que je vous annonce cette année l'ouverture d'une école dans chacune des villes de Boulogne et de Saint-Omer. Ces trois villes possèdent des écoles de frères de la doctrine chrétienne. Toutes rivalisent d'une noble émulation, et toutes atteignent le même but, parce qu'elles sont fondées sur les mêmes principes de religion et de morale.

» Les succès de l'école de Boulogne, auxquels M. le sous-préfet prend le plus vif intérêt, sont remarquables. Cette école, fondée et entretenue par une société de souscripteurs, a été provisoirement établie dans une des salles de la sous-préfecture, malheureusement trop petite pour contenir les nombreux élèves qui se sont présentés pour y être introduits. Dirigée par un instituteur de la ville, M. Carry, formé à l'école normale de Paris, elle contient cent dix élèves; mais ce nombre n'est que le tiers environ des enfans inscrits au registre d'admission. L'école a été ouverte vers la fin de mars, et le 31 décembre dernier, c'est-à-dire, en neuf mois de temps, son état de situation générale a présenté cent dix-huit mutations de classes en écriture, cent deux en lecture et quatre-vingt-seize en arithmétique. J'ai l'honneur de mettre sous les yeux de la société des cahiers d'écriture provenant de cette école qui vous donneront une idée des progrès des élèves.

» On ne peut que former avec M. le sous-préfet le vœu de voir cet établissement devenir communal, et prendre une plus grande extension. Ce magistrat, dont la sollicitude s'étend sur tout son arrondissement, a déjà obtenu pour son école, de M. le recteur de l'université, et sur le rapport qui lui en a été fait par MM. les inspecteurs des études, le titre d'école-modèle, avec la faculté d'y faire former les instituteurs qu'il mettra à la tête des écoles qui pourront s'ouvrir dans les diverses communes de la sous-préfecture de Boulogne.

» M. le sous-préfet de Saint-Omer, d'accord avec M. le maire de cette ville, a été assez heureux pour y élever une école qui, par le nombre des élèves déjà inscrits, et les talens du maître, promet de devenir une des plus belles du département. Ce maître, M. Blanchard, envoyé à Arras par M. le maire de Saint-Omer, pour s'y instruire dans la méthode, vient de terminer son cours, dans lequel il a développé un zèle et une intelligence qui ont fait concevoir

les plus heureuses espérances pour les succès de l'école de
Saint-Omer. Nous attendons tous les jours le premier état
de situation de cette école.

» L'école de la ville d'Aire, abandonnée pour ainsi dire
à elle-même, puisqu'elle a été fondée par son instituteur,
M. Margolle, ne présente pas moins un tableau satisfaisant.
Elle contient cent quarante-six élèves, et l'on peut regarder
ce nombre comme très-élevé pour une ville de huit mille
âmes ; dans laquelle il existe depuis long-temps une école
de frères de la doctrine chrétienne. Si, dans les trois villes
que je viens de citer, on a vu s'élever avec succès des écoles
d'enseignement mutuel auprès des écoles des frères, espérons que ces pieux instituteurs n'éprouveront pas plus d'obstacles en venant eux-mêmes s'établir dans la ville d'Arras,
auprès des deux premières du département, qui ne le cèdent
peut-être à aucune école du royaume.

» Je vous ai annoncé en effet l'année dernière, que des
personnes charitables avaient résolu de marcher sur vos
traces, et d'ouvrir une nouvelle carrière à l'instruction primaire, en fondant dans cette ville une école de frères de la
doctrine chrétienne. Cet établissement est près d'être terminé, et il complétera, nous l'espérons, les moyens de
satisfaire aux besoins de cette cité ; en effet, les deux grandes écoles qu'elle possède depuis plusieurs années ont montré, par leur accroissement graduel, qu'elles ne pouvaient
plus suffire à ces besoins.

» L'école fondée par la société, rue Sainte-Croix, ne
peut contenir que cent trente-cinq élèves, et le registre
d'inscription en renfermait cent soixante-dix au 31 décembre
dernier. Le second semestre de l'année 1819 a présenté
dans cette école cent quatre-vingt-quinze mutations de
classes en écriture, cent quatre-vingt-cinq en lecture, et
cent quatre-vingt-quinze en arithmétique.

» L'école fondée et entretenue par la ville, rue Beaudi-
mont, peut contenir trois cent cinquante enfans. Ouverte

au mois d'août 1817, elle n'en avait que quatre-vingt-deux au 1er. janvier 1818 ; deux cents au 1er. janvier 1819, et elle en contenait deux cent quarante-cinq au 1er. de ce mois. Dans le second semestre de l'année qui vient de s'écouler, elle a offert deux cent cinquante mutations de classes en écriture ; deux cent dix en lecture, et deux cent soixante-deux en arithmétique.

» Depuis sa fondation, trente élèves sont sortis de cette école, ayant acquis toutes les connaissances que l'on y donne. Plusieurs seraient encore près d'en sortir, sans l'introduction d'une nouvelle branche d'instruction qu'ils désirent acquérir, je veux parler du dessin linéaire, que l'on y montre depuis environ deux mois.

» Pour compléter le tableau des écoles instituées pendant l'année 1819 sous les auspices et par l'influence de la société, je dois vous parler de celles de Lillers et de Saint-Laurent-Blangis ; je vous avais annoncé, il y a un an, que la première était près de s'ouvrir, mais des obstacles indépendans de la volonté de M. le maire de cette ville, et que son zèle seul a pu faire disparaître, ont suspendu l'ouverture de l'école de Lillers jusqu'à la fin du mois d'octobre dernier. Son état de situation au 1er. décembre ne présentait encore que cinquante enfans, mais celui qui nous est parvenu au 1er. de ce mois en présente soixante-dix-huit ; et dans ces deux mois l'école a eu soixante-trois mutations de classes en écriture et soixante-cinq en lecture : ces deux branches de l'instruction sont encore les seules qui y aient été introduites. L'instituteur a annoncé au conseil que les prochains états de situation présenteront l'organisation des classes d'arithmétique, et successivement celles du dessin linéaire.

» L'école de Saint-Laurent-Blangis a été ouverte aussi à la fin du mois d'octobre dernier avec soixante enfans, pour une population de huit cents habitans, nombre proportionnellement bien supérieur à tous ceux des autres écoles du département ; mais il faut répéter ici ce que nous avons dit souvent : c'est que partout où MM. les ecclésiastiques veulent bien prendre les écoles sous leur protection spéciale , on est assuré d'avance de leurs succès , et nous devons dire que M. le curé de Saint-Laurent a provoqué de toute son influence les heureux résultats que présente déjà l'école de M. Vasseur, dont les soixante élèves ont offert dans les deux derniers mois trente mutations en écriture , quarante-trois en lecture, et vingt-neuf en arithmétique. Vous remarquerez que cette école est la première du département ouverte dans une commune rurale.

» Le conseil vous avait fait connaître , messieurs , la position fâcheuse dans laquelle s'était trouvée l'école de Montreuil ; M. le sous-préfet et M. le maire de cette ville ont reconnu la cause qui avait provoqué l'éloignement des élèves , et ils se sont empressés d'y remédier. Ils ont fait choix d'un instituteur qui , déjà connu par son expérience dans l'enseignement primaire , pouvait commander la confiance générale. Ils l'ont envoyé à Arras faire son cours d'instruction à l'école-modèle, et à son retour en octobre dernier , l'école a été rouverte à la satisfaction générale des habitans, qui nous a été démontrée par la situation de l'école au 1er. de ce mois. Le nombre des élèves qui la composent est de cent soixante-dix-huit, et dans le mois de décembre seulement, il y a eu dix-sept mutations de classes en écriture, trente-une en lecture , et soixante-dix en arithmétique.

» L'école d'Hesdin, toujours brillante par les progrès des élèves , a transmis au conseil, avec les états de situation ordinaires, des morceaux de dessin linéaire exécutés par eux , pour être mis sous les yeux de la société et du public. La promesse qu'on leur a faite de soumettre ces dessins à votre jugement , a été pour les élèves de cette école un grand motif d'émulation , et ils se sont proposé pour but de rivaliser avec leurs camarades des écoles d'Arras , dans lesquelles ils avaient appris qu'on avait introduit aussi cette branche de l'enseignement. Quant aux autres parties, ils ont soutenu la réputation qu'ils s'étaient déjà acquise dès l'origine. Le nombre des élèves, qui est complet depuis long-temps, est de cent dix-huit, qui dans le second semestre de 1819 ont présenté quatre-vingt-seize mutations de classes en écriture, cent cinq en lecture, et quatre-vingt-treize en arithmétique.

» Il ne me reste plus à vous parler, messieurs, que des écoles de Saint-Pol et d'Auxy-le-Château. La première a été quelque temps suspendue dans les progrès qu'elle avait faits, à cause d'un changement inattendu de l'instituteur; mais elle a repris ses travaux; et, grâces au zèle éclairé de M. le sous-préfet, elle aura bientôt réparé le temps qui a été perdu dans les six derniers mois.

» Quand à celle d'Auxy-le-Château, elle a éprouvé quelque stagnation pendant les mois d'août et de septembre à cause des travaux agricoles auxquels les parens emploient presque tous les enfans de cette école, mais elle a repris ses cours avec un nouvel éclat; et l'infatigable instituteur, M. Dubos, annonce que, depuis le 25 octobre, il a donné à ses élèves, dont le nombre s'élève à cent cinquante, une troisième séance depuis cinq heures et demie jusqu'à huit heures et demie du soir; et il espère commencer l'enseignement du dessin linéaire aussitôt qu'il aura reçu le matériel de cet enseignement.

» L'introduction de cette branche de l'instruction primaire est une heureuse innovation sur laquelle je dois vous donner quelques explications avant que vous puissiez juger par vous-mêmes les progrès que les enfans des deux écoles d'Arras ici réunis brûlent de développer à vos yeux.

» Le dessin a toujours paru jusqu'à présent devoir être l'objet d'une étude spéciale, et appartenir à une éducation relevée. Son enseignement a toujours été assujetti à des principes peu en harmonie avec le véritable but que l'on devait se proposer. On a cru que cet art avait plus de rap-

ports avec l'imagination qu'avec les sciences exactes, et c'est
à cette erreur que l'on doit le peu de goût et l'ignorance
dans laquelle se trouvent encore plongés la plupart des ar-
tistes ou plutôt des artisans dans les provinces.

» Le dessin ne doit être qu'une imitation de la nature, et
la nature ne produisant que des corps réguliers, l'étude de
ces corps doit former la base de l'enseignement du dessin.
De là est venue l'idée de réduire cet enseignement à son
expression la plus simple, qui est la combinaison des lignes
droites et des lignes courbes, c'est ce qu'on appelle proprement le dessin linéaire.

» Tout enfant apprend aisément à tracer une ligne droite;
il n'a pas besoin de grands efforts pour obtenir des succès
dans ces premiers élémens de l'art; ces succès l'encoura-
gent pour faire quelques pas de plus dans la route, et il est
bientôt étonné lui-même de ses progrès, d'autant plus rapides et qui acquièrent d'autant plus de solidité, qu'ils ne
sont pas seulement l'effet de l'habitude ni de l'exercice de
la main, ou d'une disposition plus ou moins heureuse vers
le goût, puisqu'on a fait agir ensemble ses sens et son intelligence. C'est cet heureux accord qui depuis vingt-cinq
années a fait faire de si grands pas à l'industrie française, et
a fait naître cette tendance générale au perfectionnement,
que nous admirons dans tous les arts qui supposent la connaissance du dessin.

» Le gouvernement qui connaît le besoin qu'éprouvent
les manufactures de tout genre, d'ouvriers instruits et capables de suivre la marche imprimée, a pensé avec juste
raison que c'est dans les écoles d'enseignement mutuel que
l'on devait commencer à former cette pépinière d'hommes
destinés à se rendre si utiles dans toutes les classes de la société, et il a approuvé une instruction sur le dessin linéaire
basée sur le système des écoles d'enseignement mutuel.

» Dès que cette instruction est parvenue au conseil de la
société, il s'est empressé de la propager et d'inviter tous les

instituteurs des écoles du département à mettre cette quatrième branche des connaissances primaires au même rang que la lecture, l'écriture et l'arithmétique, et de la faire figurer désormais dans les états de situation mensuels.

» Les deux instituteurs d'Arras et celui d'Hesdin (M. Dufour) ont déjà répondu à cet appel. Vous avez sous vos yeux, messieurs, les morceaux de dessin provenant de cette dernière école. Les élèves des deux premières vont opérer devant vous. »

Après la lecture de ce rapport, les élèves des deux écoles d'Arras procèdent sous les yeux du public aux exercices de lecture, d'écriture, de calcul et de dessin linéaire. On fait circuler dans la salle les cahiers d'écriture de ces élèves sur le papier, ainsi que ceux de l'école de Boulogne qui ont été envoyés par M. le sous-préfet de cette ville; enfin on procède à la distribution des prix.

Après la séance publique, les membres de la société étant restés seuls, on vote pour la nomination des membres qui doivent compléter le conseil d'administration, et la majorité des suffrages s'étant réunie sur MM. Lallart, maire ; Morel, procureur du roi; Mercier, Garnier, Dourlens et Boussemart-Lobez, M. le président a proclamé ces messieurs membres du conseil d'administration pour l'année 1820.

La séance est levée à une heure et demie.

Pour copie conforme au registre,

Le secrétaire du conseil,

P. MARTIN.

DÉPARTEMENT D'EURE-ET-LOIR.

DISCOURS

*Prononcé le jour de l'installation de l'École de Dreux , par
M. le président de l'association fondatrice de cette École.*

Monsieur ,

La voilà cette école demandée par vos vœux , organisée
par vos soins , dotée par vos offrandes ; cette école dont la
méthode , conservant à l'enfance un mouvement nécessaire
à la santé , stimulant son esprit par un concours de tous
les instans , par des récompenses de tous les jours , développe à la fois ses forces corporelles et intellectuelles.

Vous êtes heureux de l'offrir à vos concitoyens , cette institution nouvelle , que ses avantages ont déjà multipliée
dans les deux mondes ; néanmoins ce ne sera pas à vous
seuls que s'adressera leur reconnaissance ; ils en porteront
aussi l'hommage à ces magistrats dont la constante bienveillance a secondé nos efforts , à ce comité dont l'appui tutélaire les a fait triompher , à son vénérable président , qui ,
pénétré du véritable esprit de l'Évangile , croit qu'on est
toujours agréable à Dieu quand on fait du bien aux hommes ;
mais le bien , vous le savez , messieurs , ce bien si doux à
projeter , est rarement facile à faire , et l'enseignement mutuel n'en offrira pas le dernier exemple.

Il est des esprits rebelles à toute espèce de conviction ,
lorsque pour l'acquérir il leur faut sortir du cercle habituel
de leurs idées ; et parce que , dans cette école , comme dans
toutes celles élémentaires , on joint à l'enseignement ordi-

naire quelques préceptes de religion , ils veulent y voir de nouvelles doctrines au lieu de nouvelles méthodes , et prétendent que le dogme politique et le dogme religieux y sont également en danger.

C'est en vain qu'on leur montre , près de l'image du divin législateur des chrétiens , l'image révérée de celui des Français ; c'est en vain que la voix de l'innocence leur fait entendre et les prières et les vœux qu'ils adressent au monarque du ciel pour le bonheur et la gloire de celui qui nous gouverne sur la terre ; ils persistent à croire que les maximes de piété et de morale dont se composent uniquement les leçons de cette école renferment quelque germe caché de révolte et d'incrédulité.

Plaignons leur cécité, messieurs, mais respectons la liberté de la pensée jusque dans son égarement, et laissons aux tardives clartés de l'expérience et du temps le soin de les éclairer ; leur vertu les ramènera vers vous , et ils seront alors vos amis et vos auxiliaires. Il est d'autres adversaires qui méritent moins de ménagemens ; ce sont ceux qui, voilant sous des objections communes les véritables motifs de leur hostilité , se persuadent que plus le peuple est instruit , moins il est facile à soumettre au joug sacré des lois ; mais s'ils voulaient interroger l'histoire, et même celle de nos jours , ils sauraient que si l'oisiveté est la mère de tous les vices, l'ignorance est celle de tous les crimes ; que les peuples les plus éclairés furent toujours les plus dociles, tandis que ceux abrutis par le dépotisme ou par la superstition , ainsi que ceux restés dans les ténèbres de l'état sauvage, furent toujours les plus enclins à la rébellion et à la cruauté.

Eh ! d'ailleurs, messieurs, lorsque l'instruction des classes laborieuses intéresse à la fois et leur félicité et le corps social , qu'enrichissent leurs travaux et leur industrie ; lorsqu'un pacte inviolable consacre l'égalité des droits et des devoirs civils , n'y aurait-il pas autant de déraison que d'injustice à priver le plus grand nombre des citoyens de cette instruction, sans laquelle ils ne peuvent ni exercer les uns, ni connaître les autres ?

Leurs crimes et leur misère ne seraient-ils pas alors l'œuvre de la société qui ne les aurait point éclairés ? Et s'ils venaient à attenter un jour à la propriété, à la liberté, à la vie de leurs concitoyens, quelle serait sa justice en les punissant, lorsqu'elle ne leur aurait donné aucun moyen de connaître les lois qui les protégent et les peines infligées à leur violation ?

C'est sans doute à ces motifs puissans de sagesse et d'équité qu'il faut rapporter le zèle philantropique avec lequel, dans la capitale, une réunion d'hommes moins distingués par l'éclat de leurs dignités que par l'éminence de leurs savoir et de leurs vertus, propagent cette méthode d'enseignement chez toutes les nations civilisées du globe.

C'est à ces hautes et nobles vues, messieurs, qu'il faut aussi rapporter la protection dont l'honore l'un des monarques les plus pieux et les plus éclairés de l'Europe. C'est ainsi que les rois qui tiennent à l'humanité par leur nature, peuvent se rapprocher de la divinité par la grandeur et l'étendue de leurs bienfaits !

DÉPARTEMENT DE L'OISE.

A M. le directeur de la maison d'enseignement mutuel de la rue des Pandoués, à Beauvais.

Monsieur ,

Vous m'avez aperçu le jour de l'exercice de vos élèves, dans un des angles de la salle, et l'attention que je prêtais aux interrogations et aux réponses vous a fait présumer que je m'apprêtais à porter un jugement sur la nature et le mode de l'enseignement, sur les progrès plus ou moins rapides des élèves, et sur les maîtres qui les dirigent. Vous avez deviné en partie mes intentions, et je vous avouerai franchement que, n'étant pas encore bien affermi sur la préférence à donner à l'enseignement mutuel si vanté d'une part et si critiqué de l'autre, j'ai voulu m'assurer positivement de l'opinion que je devais m'en former. Votre maison a été le type d'après lequel j'ai prétendu la régler ; peut-être trouverez-vous ma démarche et plus encore mon aveu un peu libres. J'espère que vous ne vous plaindrez pas de moi quand je me serai expliqué. Celui qui fait profession d'être l'ami des enfans ne doit pas être suspect aux maîtres. Vous vous souviendrez d'ailleurs que je ne fais que céder à vos provocations.

Je vous avouerai d'abord que j'éprouve un penchant dont je dois peut-être me défier, pour tout perfectionnement qui s'annonce avec quelqu'avantage, et surtout pour celui qui se rapporte à l'instruction et à l'éducation. Je divise ces deux objets, parce qu'on peut être fort instruit sans être bien élevé : l'union de ces deux points achève l'homme, s'il est permis de parler ainsi, et, quelle que soit la place qui lui sera marquée dans le monde, il en sera digne.

Si tant de maisons d'éducation et d'instruction ouvertes de toutes parts, si la vôtre en particulier, sont ce qu'elles doivent être sous ce rapport, vous l'emportez évidemment sur nos anciennes écoles depuis le collége de plein exercice jusqu'à l'humble école de village. Je reviens sur ce mot échappé. Ce qui existait autrefois était en parfaite harmonie avec les institutions civiles et politiques, et l'on ne demandait aux colléges que des élèves propres à tenir une place dans le clergé séculier ou régulier, ou à remplir les sièges de la magistrature et les bancs des avocats. L'étude du latin semblait suffire à tout cela; et s'il manquait quelque chose à ceux qui étaient destinés, par leur état ou par leur naissance, à la profession des armes ou à d'autres fonctions élevées de la société, le monde dans lequel les jeunes latinistes étaient lancés subitement achevait de polir leur éducation, ou pour mieux dire, d'en retrancher ce qui pouvait arrêter les succès ou devenir un ridicule; et les principes religieux, trop mal affermis, étaient du nombre des ridicules dont on s'empressait de débarrasser les nouveaux adoptés. Nous avions donc pour gouverner le monde, ou occuper les places les plus importantes, nombre d'hommes qui savaient leur latin beaucoup mieux que nombre de maîtres du temps présent. Mais les vrais principes de la morale universelle, la géographie, l'histoire, la langue indigène, les sciences exactes, même les arts d'agrément, étaient pour eux des terres inconnues. Toutes ces choses s'apprenaient en déhors de l'instruction publique, et c'est ce qui fait qu'au milieu d'une quantité de savans très-ignorans (et je suis de ce nombre), nous apercevions quelques hommes que l'étude et leurs dispositions naturelles avaient élevés au-dessus de leurs contemporains.

Mais aujourd'hui, dirons-nous que l'éducation ancienne suffise à nos besoins? Dirons-nous qu'une langue morte, une érudition mal digérée, quelques leçons de catéchisme, sont tout ce qu'il faut, pour former des hommes appelés à prendre part à l'action du gouvernement, soit comme électeurs, soit comme législateurs, soit comme agens immédiats du souverain ; des juges intègres autant qu'éloquens, et forcés, par leur position nouvelle, d'émettre les motifs de leurs jugemens en présence d'un public juste appréciateur ; ou des ecclésiastiques aussi sages que désintéressés, à qui l'esprit du siècle impose la nécessité de présenter aux hommes une religion pure, simple, comme celle de son sublime auteur, et d'en remplir les préceptes?

Dirons-nous encore qu'elle seule sera un guide sûr pour cette masse de citoyens en qui réside l'opinion générale, cette opinion qui instruit le souverain des besoins du peuple, des lois qui lui conviennent et de celles qu'il doit réformer? Enfin, est-ce avec l'ignorance et de vils châtimens que l'on peut former des hommes libres et soumis à la loi?

Si je voulais voter le retour de l'ancien ordre, l'abolition de la charte, et l'abaissement de la puissance souveraine, c'est ainsi que je parlerais. Le changement des institutions politiques a donc nécessité le changement de l'instruction et de l'éducation publiques. Son amélioration et son perfectionnement sont devenus d'une nécessité indispensable, et le besoin d'instruire et d'éclairer le peuple a été tellement senti, qu'une foule d'hommes généreux se sont empressés de présenter, les uns les moyens de perfectionnement et d'amélioration que de profondes méditations leur ont indiqués, les autres de soutenir de leur crédit et de leur bourse les divers essais qui ont été tentés.

Entre les diverses méthodes qui ont obtenu le plus de suffrages, l'enseignement mutuel brille au premier rang. Il parcourt l'Europe, et dans ce département je reconnais avec satisfaction que, par vos soins et sous les auspices d'un préfet aussi éclairé que supérieur aux contradictions, cet enseignement a jeté de profondes racines et étendu ses branches de tous côtés. Je vois enfin avec plaisir que dans la ville de Beauvais, à laquelle je porte un intérêt plus particulier à cause du voisinage, il existe trois institutions de ce genre dont la vôtre fait partie.

Il n'est pas jusqu'aux écoles des jeunes filles qui ne se soient approprié les moyens accélérés de l'enseignement mutuel ; et, si l'on ne m'a pas trompé, les frères mêmes des écoles chrétiennes cèdent peu à peu au torrent, et rattachent quelques utiles lambeaux des nouveaux plans à leurs anciennes méthodes. C'est vraiment une régénération, et j'en félicite mon pays.

Ce n'est pas assez, cependant, que nous possédions un mode plus parfait d'enseignement : il faut que les maîtres chargés de le propager se placent à la hauteur de leurs fonctions, et qu'en habiles pilotes ils dirigent le vaisseau neuf dans lequel ils sont entrés vers le port où la côte indiqués pour l'abordage. C'est là où les attendent amis ou ennemis, et telle est la cause de ce concours nombreux que votre vaste salle d'exercice ne pouvait contenir. On vous a jugé avec faveur, je serai un peu plus sévère.

Vous avez mis à même messieurs les membres du jury, dont la composition m'a paru aussi honorable pour vous que satisfaisante pour le public, de juger les progrès de vos élèves depuis le dernier exercice sur l'étude de la grammaire française. Ils sont étonnans, je l'avoue, et je ne conçois pas comment de jeunes enfans, de l'âge de onze à douze ans, ont pu apprendre, dans un espace de cinq à six mois, à composer et à analyser, suivant tous les principes de l'art grammatical, les phrases qui leur étaient données par les interrogateurs. Ils ont fait ce que je ne ferais que difficilement, et je suis honteux de me souvenir que des rhétoriciens de mon temps ne savaient pas l'orthographe de leur langue. C'est un véritable succès dont je vous félicite, en vous priant de faire partager mes félicitations au jeune maître qui s'est montré à la tête de ce cours. Heureux le chef qui sait choisir ses représentans !

Un autre exercice a fixé mon attention, c'est le cours de

géographie, précurseur de l'histoire. Vos jeunes gens nous
ont fait parcourir toutes les contrées du monde connu, et
sans qu'aucun obstacle ait pu arrêter la pétulance de leur
âge; ils nous ont introduit dans les déserts les plus reculés
de l'Amérique, et jusque dans les sables dévorans de l'A-
frique. C'est beaucoup qu'un pareil voyage pour vos élèves
et pour leurs auditeurs; et tous ont appris (ce que bien des
gens ignoraient autrefois) que le bout du monde ne se
trouve pas aux confins de leur pays : mais je voudrais ici un
peu moins de rapidité; je voudrais qu'un nom souvent
barbare et toujours insignifiant pour l'esprit, quand il est seul,
fût accompagné de quelques détails propres à nous faire connaître le gouvernement, les mœurs, la religion et l'industrie
des peuples que ces noms indiquent. C'est ainsi qu'on s'instruit en voyageant, et que ce mot du bon La Fontaine reçoit
son application : *Quiconque a beaucoup vu, peut avoir beaucoup retenu.* Je pense que, pressé par le temps, vous n'avez
voulu que préparer les voies à un mode plus étendu et plus
instructif. En général, l'exercice de la mémoire réduit à de
justes bornes serait un bien pour vos élèves. La mémoire
est une des neuf muses. Je n'ai blâmé précédemment que
son culte exclusif.

C'est ici que se place naturellement le cours d'histoire.
Les réponses nettes et précises de vos élèves de diverses
classes aux interrogations prouvent qu'ils ont déja classé,
dans leur entendement, le cadre de toute l'histoire de France;
et les jeunes gens plus avancés en âge et en instruction
ont justifié, par des analyses historiques composées par eux-
mêmes, que l'histoire de leur pays n'est point un simple
dépôt confié à leur mémoire, mais qu'elle est l'objet de leurs
réflexions, de leurs méditations. Excellente méthode qui
vous a réussi parfaitement, et que je vous engage à continuer ! Déjà trop long dans cette lettre, je vous dirai verba-
lement ce que je crois le plus utile pour son amélioration.

J'ai remarqué avec satisfaction qu'à côté de l'histoire profane vous aviez placé l'histoire sainte et les leçons morales et religieuses qu'elle impose aux hommes. Ici s'ouvre une carrière toute autre que celle de l'histoire générale des nations ; parce que, dans l'histoire sainte, il s'agit de nous et de nos intérêts les plus chers. Nous devons croire, mais notre croyance doit être raisonnée, comme le dit un des principaux apôtres de la religion ; et c'est pour n'avoir pas été raisonnée, que l'on a vu dans des siècles dévots pulluler les impies et les athées. Notre siècle n'est pas dévot, mais il n'est point dégradé par cette monstruosité reprochée aux siècles précédens, parce que de véritables lumières ont succédé, pour le bonheur des hommes et de la société, à un fanatisme ténébreux. Recherchez donc, dans les ouvrages de nos auteurs les plus distingués, les preuves de l'existence d'un Dieu juste, et qui se doit à lui-même de récompenser la vertu et de punir le crime dans une autre vie. Que cette idée pénètre le cœur de vos enfans et s'y grave en caractères ineffaçables, c'est alors qu'il vous sera facile d'arriver aux témoignages qui se réunissent en faveur de la révélation. Faites des chrétiens et non des aveugles, et vous aurez acquitté votre dette envers Dieu et la patrie.

D'un sujet aussi grave je descends à des matières plus légères, et qui ont aussi leur importance pour le plaisir et même le bonheur de l'homme vivant en société. Tout ce qui le récrée, ou met son industrie en activité, mérite d'occuper un maître d'instruction, et je ne dois pas tenir compte ici des maximes outrées de quelques hommes sur ce chapitre, puisqu'eux-mêmes, et malgré eux, prennent souvent part à ces jouissances que leur sévérité condamne. J'ai donc entendu avec grand plaisir vos petits musiciens, et j'ai applaudi à leurs fanfares. J'ai vu avec encore plus d'intérêt ces nombreux dessins échappés aux débiles mains de la première enfance, et surtout ces cartes géographiques dont des mains plus exercées ont tracé les traits avec autant de fermeté que d'élégance.

'adresse enfin mon dernier hommage à ce groupe de jeunes gens qui ont figuré dans la petite pièce destinée à faire succéder quelque gaieté à des examens sérieux ; et la pièce et les exercices sont très-utiles pour communiquer à la jeunesse les grâces de maintien et cette assurance qui exclut la sotte timidité qui était l'apanage des élèves des anciennes écoles. Quel est celui d'entre eux qui eût osé élever cette dispute de rivalité qu'un de vos jeunes gens a provoquée devant le jury ? Ferme sans audace, il a défendu ses droits et ceux de ses confrères. C'est bien, c'est très-bien. Cela vaut beaucoup mieux que de murmurer sourdement, ou de faire en secret des lamentations hypocrites sur des décisions que l'on doit respecter.

J'ai remarqué, en général, dans le ton et le caractère de vos enfans ce je ne sais quoi qui plaît et prévient en leur faveur. Un air d'innocence et de joie respire sur toutes les figures. Ils ne craignent rien, et n'ont pas même l'idée qu'ils aient quelque chose à craindre. Ils semblent avoir étudié par devoir et par goût. Quel est votre secret, je vous prie, pour produire cet heureux effet ? Est-ce à vous, est-ce au mode de l'enseignement que nous en sommes redevables ? Je crois qu'ici le maître et le mode sont en concurrence. La tactique de l'enseignement mutuel (la chose m'est aujourd'hui démontrée) est une des plus heureuses inventions du siècle. Une école formée d'après ses principes ressemble assez bien à un corps d'armée allant à l'ennemi : braves et poltrons sont serrés à côté les uns des autres, et marchent d'un pas égal. La victoire est gagnée, et le soldat timide, soutenu par la foule, partage les lauriers du brave et les a mérités.

Je vous loue, monsieur, d'avoir introduit ce mode dans le département, et d'avoir résolu, sous mes yeux, un problème trop long-temps contesté. Puissiez-vous recueillir la récompense de vos généreux efforts !

J'aurais eu encore à vous faire des observations sur quelques parties qui ont fait la matière de l'examen. Je vous at-

tends à un second exercice, et je termine cette lettre que
je voulais faire courte, et qui est devenue d'une longueur
effrayante. Tel est le défaut des vieillards. Nestor, parlant
aux Grecs, parlait longuement, mais parlait mieux que moi.

Agréez, etc.

UN HABITANT DE BEAUVAIS.

TOSCANE.

Société pour l'enseignement élémentaire formée à Florence.

Nous avons reçu de la société de Florence diverses publications intéressantes, entre autres un petit manuel présen-
tant succinctement les devoirs du maître et des élèves dans
une école d'après le nouveau mode, et plusieurs numéros du
journal de cette société. Le dernier renferme le procès-verbal de l'assemblée générale tenue le 30 janvier dernier,
dont nous nous empressons de recueillir les matériaux pour
les mettre sous les yeux de nos lecteurs.

Discours de M. le marquis O. Carlo Pucci, président.

L'instruction sagement dirigée est le guide le plus sûr
pour conduire l'homme au bonheur ; et c'est parce qu'on
néglige trop souvent les moyens les plus propres à éclairer
notre esprit, que le bonheur est si rare.

Un vaste champ a été ouvert aux bonnes intentions des
amis de l'humanité, par l'enseignement mutuel appliqué à
l'éducation de la jeunesse, dans cet âge si bien disposé à recevoir des principes salutaires, et qu'aucune habitude vicieuse n'a encore pu corrompre.

Une société formée à Florence le 3 Janvier 1819, a cru
ne pouvoir mieux seconder la propagation de la nouvelle

méthode, qu'en offrant aux personnes respectables et éclairées de notre pays l'occasion de satisfaire leurs bonnes intentions, et en les mettant à même d'employer, non-seulement des secours pécuniaires, mais ceux de leurs lumières
et de leur bienfaisante influence, à former l'opinion publique en faveur d'une méthode d'enseignement désormais
sanctionnée par tous les gens de bien.

Cette société s'étant accrue, avait besoin d'un règlement : vous vous êtes montrés, messieurs, convaincus de
cette vérité, lorsque vous avez bien voulu approuver nos
statuts. Ils serviront à maintenir l'ordre parmi nous et à
nous diriger dans la route qui doit nous conduire plus sûrement au but pour lequel nous nous sommes rassemblés.

Les rapports de MM. le marquis Ridolfi et F. Tardini,
nos honorables collègues secrétaires de la société, vous
feront connaître les progrès de la nouvelle méthode en
Italie, et spécialement dans notre pays. Si dans le court espace d'une année, ayant à lutter contre la défiance qu'in-
spirent toujours les innovations, on a pu obtenir de si brillans succès, quelles espérances n'est-il pas permis de
concevoir, quand nous voyons aujourd'hui des professeurs
respectables, des citoyens zélés, persuadés que la morale du
peuple est la première et la plus sûre garantie du bon ordre,
et que l'indifférence pour le bien de la part de ceux qui
doivent le provoquer est le plus grand des maux pour la
société ; quand nous voyons, dis-je, ces hommes estimables
s'efforcer, soit par leurs conseils, soit par leurs secours de
contribuer à l'adoption générale de la méthode moderne.

Je ne vous dissimulerai point, messieurs, que l'honneur
de présider une telle assemblée me fait considérer comme
un des plus beaux de ma vie ce moment où je vois, pour
la première fois depuis si long-temps, notre patrie recevoir
un si noble témoignage de l'amour de ses citoyens les plus
distingués. Puissé-je répondre à vos vues, au zèle qui vous
anime ! puissé-je avoir la satisfaction de mettre sous vos

yeux cette série de bons résultats que vous avez le droit d'espérer! C'est le plus cher de mes vœux, et, s'il est accompli, toutes mes peines seront amplement récompensées.

Rapport du Marquis Cosimo Ridolfi, secrétaire perpétuel, et surintendant de l'école normale.

Si je devais, messieurs, donner ici un libre cours aux doux sentimens dont je me sens pénétré, en considérant les heureux résultats obtenus déjà dans notre école en faveur de l'humanité, et l'ardeur dont je vois en vous l'expression pour la propagation de la nouvelle méthode d'instruction primaire, je pouvais prouver clairement que de tels faits sont tout à la fois, pour un bon citoyen, et une récompense et un encouragement. Mais cette tâche n'est pas la mienne, et je dois me borner à vous rendre compte de ce que nous avons observé de remarquable dans notre école, tant sous le rapport des progrès que les élèves ont faits dans l'instruction, que sous celui du développement qui s'est opéré en eux des principes de la saine morale, objet important, qui ne doit pas être perdu de vue dans l'éducation populaire.

Il n'est plus nécessaire, pour prouver les rapides progrès des enfans dans l'instruction élémentaire au moyen de l'enseignement mutuel, d'aller chercher des argumens hors de notre beau pays; il suffit des exemples que nous offre notre école. Ouverte au public le 1er mai 1819, dans l'ancien couvent de Sainte-Claire, elle a déja reçu dans son sein 321 élèves, parmi lesquels on compte un assez grand nombre d'adultes : nous avons observé dans ces derniers une rapidité extraordinaire de progrès; ce qui prouve que l'enseignement mutuel est un instrument puissant propre à tous les âges. Nous avons compté 586 promotions d'une classe à une autre; et plus de 58 individus sont déja sortis de l'école, après avoir achevé leur cours d'études élémentaires.

La méthode a subi plusieurs changemens, fruits de l'observation attentive de ce qu'il convient d'emprunter aux méthodes étrangères, et de ce qu'il est bon de rejeter ou de modifier. Ceci ne paraîtra point étrange, si l'on réfléchit qu'en matières semblables, on doit adopter ce que la pratique indique comme bon, lorsque la théorie n'a pu le faire apercevoir d'avance. Ces changemens, quoique destinés à prouver la plus grande somme d'avantages moraux que l'on puisse retirer de l'enseignement mutuel, n'ont pu toutefois se succéder avec quelque rapidité, sans occasioner quelque léger trouble dans l'ordre déjà établi, et surtout dans la partie la plus difficile à obtenir, le silence. Mais ces causes de désordre ont été détruites aussitôt qu'on a eu un règlement intérieur qui, étant fondé sur l'expérience, réunit le double avantage d'obvier au mal et d'opérer le bien en même temps. Les résultats de ce règlement sont que l'ordre, l'attention, le silence, l'émulation, règnent maintenant dans notre école. Ses fruits sont la bonne morale, les principes d'honneur, une conduite sage, vertus si nécessaires dans la vie sociale, et profondément gravées dans le cœur de nos élèves, qui en ont donné des preuves non équivoques et multipliées, par leur diligence à s'acquitter de leurs fonctions et à remplir tous leurs devoirs.

Qu'il me soit permis de faire ici une petite digression pour rapporter deux faits, entre autres, qui ne produiront pas une faible impression sur quiconque connaît les dispositions communes aux personnes privées d'éducation. Une petite somme d'argent avait été perdue dans l'école sans que le propriétaire pût s'en apercevoir, ni supposer qu'il l'eût perdue dans cet endroit. Un de nos enfans la trouva dans un moment où il ne pouvait être vu de personne : sa première pensée fut de la rapporter au maître. Un autre enfant remplissait les fonctions de portier ; un étranger, qui visitait l'école, lui mit, en sortant, dans la main quelques pièces d'argent comme cela arrive assez ordinairement. L'enfant courut au maître pour lui demander quel usage il en devait faire. Celui que tu te croiras obligé à en faire, répondit le maître. Aussitôt l'enfant courut au tronc destiné à recevoir les offrandes pour les écoles des pauvres, et y jeta l'argent qu'il avait reçu.

Veillez donc, Messieurs, à la conservation d'un règlement qui nous a coûté tant de peine à rédiger, et qui a produit de si grands avantages ; veillez-y attentivement, et faites vos efforts pour que notre école soit toujours fréquentée et que le public jouisse des bienfaits qu'il devra à ce règlement, de l'instruction morale et intellectuelle dont il a besoin, que ses intérêts réclament et que la société exige de lui. Rappelons-nous, messieurs, que nous devons sans cesse répéter au peuple que l'instruction est l'âme de son existence morale, et que de son existence morale dépendent l'esprit public et la prospérité nationale ; mots qui trop souvent ne sont que chimériques, et se voient étouffés par de basses et viles passions, au détriment de la chose publique et à la honte du peuple.

Rapport de M. F. Tartini Salvatici, secrétaire perpétuel.

L'époque qui vit s'élever en Amérique, en Angleterre et en France, des établissemens nouveaux d'instruction, brille d'un honorable éclat dans les fastes de ces peuples, et leur assure pour toujours l'estime et la reconnaissance de la postérité. Mais la multiplication prodigieuse de ces établissemens est un second phénomène plus surprenant que le premier, et qui, plus que lui, distingue un siècle dans lequel toutes les vertus sociales semblent appelées à disputer de progrès et de supériorité. Des milliers d'enfans américains, africains, européens, sont appelés, dans les nouvelles écoles, à participer à un bienfait que tant de philanthropes s'efforcent de rendre commun à toute l'espèce humaine.

Quant à nous, Italiens, si nous ne fûmes pas les premiers à améliorer notre système d'instruction, nous sommes

ceux qui, avec les plus faibles moyens, avons fait les plus rapides progrès. J'en prends à témoin les écoles du Piémont,
de la Lombardie, des Deux-Siciles, et les nôtres en Toscane. Les sociétés formées à Milan, à Naples, pour l'introduction du nouveau système dans les écoles élémentaires,
en sont la preuve. Vous enfin, messieurs, en offrez le plus
irrécusable témoignage. Animés du noble désir de contribuer au bien de vos semblables, vous vous êtes réunis pour
arriver à cet unique but. Vos espérances ne seront point
déçues ; la nouvelle méthode d'instruction ne reste pas en
arrière de ce qu'elle a promis ; les bienfaits qui en résul-
tent sont tous les jours plus grands, mieux sentis, plus
universellement appréciés : vous trouverez une récompense
digne de vous dans la satisfaction d'avoir contribué à former des citoyens soumis aux lois, moraux, instruits, et
dans les bénédictions de la postérité.

Notre société a fondé et entretient une école à Florence ;
vous en connaissez les heureux résultats ; mais peut-être
ignorez-vous encore que ces résultats ont été autant de
sources d'autres non moins heureux et plus consolans pour
nous. Empressés de les publier aussitôt qu'ils étaient obtenus, nous nous sommes efforcés de les faire connaître partout où ils pouvaient être appréciés. Ces récits ont inspiré
une telle confiance dans la société et dans la méthode qu'elle
propage, que de plusieurs côtés on s'est adressé à nous avec
l'intention d'ouvrir des écoles semblables. L'exemple, nos
conseils, nos publications, et quelquefois le don des objets
les plus nécessaires, ont contribué à la formation d'un assez grand nombre d'écoles en Toscane.

Un de nos associés correspondans, le comte Girolamo de
Bardi, a fondé et entretient à ses frais une école d'enseignement mutuel. Notre collègue, M. Carlo Ginori Lisci, qui,
par sa capacité et sa persévérance, est parvenu à rendre sa
manufacture de porcelaine un des plus beaux orneméns de
notre pays, y a ajouté un nouvel embellissement, en appe-

lant les enfans de ses ouvriers à recevoir l'instruction dans une école dont les moniteurs ont été formés à celle de Sainte-Claire. A Pistoja, une école fleurit sous la direction des habiles professeurs du collége Fortiguerri, qui ont visité la nôtre à plusieurs reprises. A Pise, une société de nationaux et une d'étrangers en ont formé. A Montevarchi, à Gajole, deux écoles d'enseignement mutuel ont été ouvertes, grâces aux soins de notre associé correspondant M. le professeur Sacchetti, qui en avait déjà donné un premier exemple à Cavriglia. A Pereta, le bienfaisant M. Pievano Giuseppe Poli a ouvert deux écoles, l'une pour les garçons, l'autre pour les filles ; et il nous informe exactement des observations utiles que lui offre la pratique, ainsi que des bons résultats qu'il en obtient. Nous recevons les détails les plus satisfaisans sur une école ouverte à Stia. Une autre, entretenue par des souscriptions, sera incessamment formée à Limite. Il est à remarquer que sur le nombre de cinquante-huit élèves inscrits pour cette école, les deux tiers sont âgés de plus de quinze ans, et quelques-uns de trente. Les habitans de Monteluppo jouiront aussi dans peu des avantages du nouveau système. De plusieurs points de la Toscane enfin, on nous adresse des questions sur la manière d'employer la méthode. Nous ne négligeons pas de notre côté de recourir aux découvertes et aux lumières étrangères. Nous avons déjà entre les mains une collection suffisante de livres, fruit des études de nos nombreux collaborateurs, soit en Italie, soit au delà des monts. Nous avons la satisfaction de pouvoir dire que tout ce qui, dans ces dernières années, a été publié sur ce sujet, nous le possédons, et que nous en avons reçu le don des auteurs eux-mêmes, qui à ce titre méritent toute notre reconnaissance.

Il faut toutefois en convenir, la qualité qui distingue le philanthrope studieux, est l'absence totale de cette jalousie qui est presque toujours le partage de ceux qui s'occupent de quelque autre partie de la science humaine. Celui qui étudie pour faire le bien de ses semblables s'efforce d'en rechercher les meilleurs moyens; mais il ne fait une découverte que pour la communiquer à tous ses collaborateurs, renonçant volontiers à la satisfaction naturelle d'être le premier à en recueillir les heureuses conséquences. Tant de moyens, votre volonté, vos lumières, vos forces, messieurs, nous donnent lieu de concevoir les plus flatteuses espérances pour la réussite heureuse des travaux que nous allons entreprendre.

Nous n'ambitionnons d'autre résultat que le rétablissement des bonnes mœurs, base de l'ordre public, de la prospérité des familles, de la félicité des individus. Sans nous en douter, nous arriverons en un moment au plus important des résultats de l'enseignement mutuel. La découverte d'une nouvelle méthode plus raisonnée, plus facile et plus expéditive d'instruction, éleva l'âme des sages à considérer la nécessité d'instruire le peuple. L'instruction est maintenant regardée comme un droit des nations : tous s'efforcent d'accomplir ce devoir sacré vis-à-vis de leurs semblables. Un jour l'instruction sera universelle : voilà le plus beau prix qui nous attende ; voilà le plus beau moyen d'assurer la véritable prospérité.

~~~~~~

LOMBARDIE.

Extrait d'une lettre de Milan du 23 février 1820.

Une société centrale pour la propagation de l'enseignement mutuel en Lombardie, se forma à Milan, le 10 janvier 1819, et le comte Confaloniéri qui avait beaucoup
étudié la nouvelle méthode en France et en Angleterre,
en fut le fondateur principal. Parmi les cent souscripteurs
de cette société, un comité fut choisi pour diriger l'organisation des nouvelles écoles. Le comte Confaloniéri en fut
nommé président. Les autres membres du comité sont le
marquis de Beccaria, le chevalier Condonio, le marquis
Litta, et M. Pecchio en est le secrétaire.

Pendant tout le temps qui s'écoula jusqu'à ce que l'autorisation du gouvernement pût être obtenue pour l'ouverture des écoles, la société s'occupa de perfectionner ses
moyens. Elle fit voyager en Suisse le maître destiné pour
l'école normale, et ce fut surtout vers l'école établie à Fribourg par le père Girard, qu'il dirigea es observations
Le 1er. octobre, la première école fut ouverte pour 200
enfans dans l'ancien couvent de Saint-Augustin. Une seconde
à Sainte-Catherine fut ouverte le 1er. janvier 1820. Elle
est capable de recevoir 400 enfans, et en contient déjà 300.
Deux autres écoles sont prêtes à s'ouvrir à Milan, une pour
100 élèves à l'hôpital des enfans-trouvés, et l'autre pour
150 à celui des orphelins. On travaille maintenant à l'établissement d'une école de filles, et une autre pour les
adultes dépourvus de toute instruction. La société vient de
publier les tableaux pour les études, un manuel et un plan
d'instruction pour les maîtres qui voudraient établir des
écoles dans les campagnes et dans les villes de province, et
~~~~~~

elle a formé un entrepôt de tous les objets nécessaires à la fondation des nouvelles écoles. Elle s'empressera de remettre, le plutôt possible, le résultat de ses travaux à la société fondatrice de Paris.

Plusieurs autres écoles ont été ouvertes par de zélés citoyens en Lombardie et dans les anciens états vénitiens. Il y en a une à Mantoue, fondée par le comte Jean Arivabène ; à Serone, par le comte Lazise ; à Udine, par une société ; à Ponterico, par les frères Ugoni.

Mais la première de toutes les écoles dans les états Lombardo-Vénitiens, fut établie par l'incomparable philanthrope M. Giacinto Monpiani. Il serait long de retracer tout ce que cet homme excellent a fait pour la propagation de l'enseignement mutuel ; il a aidé de ses lumières la société centrale de Milan ; il a organisé lui-même en vingt jours l'école de Sainte-Catherine ; il a contribué à la formation du manuel et des tableaux adoptés par la société. En récompense de son zèle et de ses travaux, la société lui a décerné une médaille d'or, avec son portrait, et avec une inscription honoraire.

RÉPUBLIQUE D'AITY.

Lettre de M. Pradères à M. le comte de Lasteyrie.

Port-au-Prince, le 10 décembre 1819.

MONSIEUR LE COMTE,

EN vous exprimant ma reconnaissance de l'honneur que vous m'avez procuré en m'associant aux bienfaits de la société d'instruction élémentaire, je ne savais pas encore tout ce que je vous devais; ce n'est que depuis mon arrivée en cette ville que j'ai pu l'apprécier : vous m'avez honoré deux fois, si je puis m'exprimer ainsi, à Paris et au Port-au-Prince; car les félicitations que j'ai reçues ici, et du président, et de personnes distingués, ont été pour moi un nouveau motif d'orgueil.

Recevez donc derechef, monsieur le comte, l'expression de ma vive reconnaissance. S. Exc. le président, qui favorise de tout son pouvoir les institutions utiles, a accueilli M. Ricatte de la manière la plus flatteuse, et se charge de tous les frais de l'établissement de son école.—M. Ricatte, pour reconnaître la protection de S. Exc., se propose de recevoir cent enfans pauvres sans rétribution, et d'établir un cours normal gratuit. Je suis heureux de pouvoir annoncer à la société un résultat aussi satisfaisant. J'ose espérer que l'établissement de M. Ricatte excitera dans le cœur des Haïtiens des sentimens de reconnaissance et d'amitié pour les Français. Vous ne doutez pas, monsieur le comte, que ce ne soit le plus ardent de mes vœux; ne doutez pas d'avantage, je vous prie, de ma gratitude et de mon parfait dévouement.

PRADÈRES.

NOUVELLES

Extraites de la Correspondance.

M. LE préfet de la Somme nous écrit que 80 enfans à peu près étudient le dessin linéaire depuis plusieurs mois dans l'école d'Amiens, dirigée par M. Dupont. Cet instituteur forme des moniteurs pour introduire cette branche de l'enseignement élémentaire dans l'école d'Abbeville et les autres du département. Plusieurs préfets nous annoncent qu'ils ont bien voulu remettre aux instituteurs de leurs départemens les médailles qui ont été décernées par la société centrale. Voici ce que celui du Haut-Rhin écrit à ce sujet :

« Je remettrai aujourd'hui à M. Curie la médaille qui lui a été accordée, en présence du conseil d'administration de la société du Haut-Rhin pour l'amélioration de l'enseignement élémentaire. Veuillez agréer nos remercîmens de ce que vous m'avez procuré l'occasion de témoigner de nouveau à cet estimable professeur ma reconnaissance pour tous les soins qu'il donne à la propagation de la nouvelle méthode.

» La médaille a été votée en 1818 : depuis, M. Curie n'a point ralenti son zèle ; dans le courant de l'année dernière, il a fait, à ma demande, deux cours publics sur l'enseignement mutuel, auxquels j'ai appelé les instituteurs des communes rurales, avec un des meilleurs élèves de chaque école, destiné à devenir moniteur général. C'est à ce cours, aux fonds accordés par S. Exc. le ministre de l'intérieur, et aux encouragemens donnée par la société du Haut-Rhin, que j'ai dû de pouvoir porter à *trente*, pendant l'année 1819, le nombre des écoles d'enseignement mutuel, qui n'était que de sept au commencement de la même année.

Deux cours auront encore lieu en 1820, pendant la saison où les écoles sont ordinairement peu fréquentées dans les campagnes.

» Un ouvrage publié par M. Levrault, intitulé : *Instructions sur une bonne méthode d'enseignement primaire, connue sous le nom d'enseignement mutuel et simultané*, a été distribué dans toutes les écoles du département du Haut-Rhin, ainsi que sept cents exemplaires d'une bible allemande, traduite par Schmidt.

» La société du Haut-Rhin va faire distribuer à ses frais cent exemplaires de *Simon de Nantua* aux écoles où l'on pratique l'enseignement mutuel.

» Dans aucun autre département l'instruction primaire ne présente plus de difficultés que dans ceux de l'Alsace : il s'agit d'enseigner deux langues à la fois, d'y nationaliser enfin l'usage du français, qu'un siècle n'a pas suffi à y introduire. L'enseignement mutuel nous donne l'espoir fondé que nous y parviendrons avant long-temps.»

—M. le préfet de Seine-et-Marne vient de transmettre à la société des échantillons d'écriture, qui justifient pleinement les éloges que nous avons souvent donnés aux progrès obtenus dans les vingt-deux écoles de ce département.

—L'école dirigée par M. Bocquet, rue St.-Lazare, n°. 105, obtient de grands succès ; elle reçoit 178 élèves. Une distribution de prix y a été faite récemment et a fourni l'occasion d'observer les progrès de ses enfans qui sont remarquables. Un fait qui honore leurs jeunes cœurs, et qui montre dans quels principes cette jeunesse est élevée, c'est que les moniteurs, au nom de leur camarades, aient spontanément demandé à être conduits à St.-Denis, pour aller remplir un pieux devoir auprès la dépouille mortelle de S. A. R. le duc de Berry.

—On nous mande de Clermont-Ferrand que deux nouvelles écoles ont été ouvertes : l'une à Cusset, chef lieu d'arrondissement de l'Allier ; l'autre à Murat, chef lieu d'arrondissement du Cantal. Les deux instituteurs chargés de diriger ces écoles sont venus s'instruire à Clermont, auprès de M. Lallement, qui dirige l'école-modèle. Celui de Murat est un homme intelligent qui sent l'influence que cette école doit produire dans le département. Plusieurs habitans de St.-Flour lui ont promis des élèves; M. le recteur de l'académie l'a fortement encouragé. Il a été deux mois chez M. Lallement.

—Malgré les tentatives hostiles de quelques personnes, que nous nous abstenons de désigner, l'école de Clermont est maintenant très-florissante. Les enfans des meilleurs familles suivent l'enseignement mutuel, et ont adopté la méthode de feu M. l'abbé Gaultier pour la grammaire française. Les parens sont enchantés, et de nouveaux élèves arrivent tous les jours. Le dessin linéaire est en activité depuis quelques mois. Une grande partie de ces succès sont dus à la protection éclairée, et à la prudente administration de M. le préfet du département.

— M. le préfet du Cher nous écrit que l'école de St.-Amand fait dans cette commune une sensation toute particulière, en raison du nombre considérable d'élèves qui y sont admis, des progrès rapides qu'on y remarque, et de l'excellente tenue de l'école.

—D'après une lettre de M. le préfet de l'Allier, il existe dans ce département 11 écoles d'enseignement mutuel, savoir : à Moulins, trois; à Gannat, trois; à Chantelle, à Montmarault, à Montluçon, à Bourbon, à Lapalisse; et l'on en établit à Cusset, à Varennes, à St.-Pourçain, à Ebreuil.

—Nous apprenons qu'il existe des traductions de *Simon de Nantua*, en allemand, en italien, en hollandais, en polonais, en grec moderne, et en langue wolof au Sénégal.

MÉTHODES D'ENSEIGNEMENT.

EXTRAIT

De la correspondance astronomique, géographique, hydro-graphique et statistique, du baron de Zach.

(Cinquième cahier. — Mai 1819.)

MÉTHODES DE LANCASTER, DE BELL ET DE WEITENAUER.

Est-ce que par hasard on voudrait aussi introduire l'enseignement mutuel dans l'astronomie, la géographie, l'hydrographie et la statistique? Eh pourquoi non? on l'a bien appliqué à la musique, à la danse, à la gymnastique, au dessin, à la peinture, à la sculpture, etc.; mais ce n'est pas de cela que nous voulons parler.

Nous avons eu souvent l'occasion de faire voir dans nos cahiers combien la multiplicité des langues cultivées en Europe était un empêchement aux progrès de nos connaissances; combien ces langues deviennent à présent, pour ainsi dire, nécessaires et indispensables.

Le maréchal de camp M. le comte de Laroche-Aymon, dans son ouvrage *des troupes légères*, ou *Réflexions sur l'organisation, l'instruction et la tactique de l'infanterie et de la cavalerie légère*, a bien raison de dire que tout officier de troupes légères et d'état major devrait savoir plusieurs langues étrangères. C'est ainsi que dans les états majors des armées autrichiennes, on ne trouvera guère d'officiers qui ne sache cinq à six langues, et souvent plus.

Lorsqu'un sergent d'un régiment hongrois, à la tête de sa compagnie, a lu l'ordre du jour en allemand, le même homme le répète ensuite en hongrois, en esclavon, en croate, en polonais, en wallaque. Ce n'est pourtant qu'un bas-officier, qui n'a reçu aucune éducation soignée ; comment a-t-il appris toutes ces langues ? Par l'enseignement mutuel ! Jamais il n'y serait parvenu dans nos écoles académiques.

Le célèbre, l'aimable, le spirituel chevalier Boufflers, nous dit un jour : Et moi aussi, j'ai été dans votre pays ; ah ! quel drôle de pays ! — Et pourquoi, monsieur le chevalier, lui répondis-je un peu piqué. — Voici ce qui m'y est arrivé, me raconta le chevalier : J'étais à Presbourg ; j'avais un valet de chambre qui savait très-bien le français ; je lui demandai s'il avait été en France, il me répondit qu'il n'y avait jamais mis les pieds, qu'il n'était pas sorti de son pays. En me conduisant par la ville, nous rencontrâmes quelqu'un qui lui adressa la parole en latin ; le valet répondit couramment dans cette langue (1). Il ne la parlait peut-être pas comme Cicéron, mais Cicéron l'aurait compris. Je lui demandai, continua le chevalier, pourquoi il faisait le métier de domestique de louage puisqu'il paraissait avoir reçu une bonne éducation et avoir fait de bonnes études dans quelque collége ou quelque université. Le valet se mit à rire, et me dit qu'il n'était qu'un pauvre domestique, que jamais il n'avait été dans aucun collége ni université. Où avait-il donc appris le latin ? Par l'enseignement mutuel ! Il parlait cette langue à l'âge de huit ans, comme Montaigne, qui l'avait apprise de la même manière. En continuant de se promener par la ville, M. le chevalier Boufflers remarqua que son homme parlait tantôt à un passant en allemand, tan-

____

(1) Eh ! combien de professeurs ne lui auraient-ils pas porté envie, s'ils avaient pu observer ce flux de paroles, et comme ce valet parlait le latin *ore rotundo !*

tôt à un autre en hongrois, à un troisième en esclavon, etc. Tout cela sans *avoir étudié*, sans *avoir rien appris*; quel drôle de pays! On voit bien que Molière n'y a jamais passé!

Je ne sais après quelle bataille, dans la guerre de sept ans, Frédéric II, entouré de tous ses généraux et aides de camp, se fit amener un houssard qu'on avait fait prisonnier. On voulait le questionner; l'*ordeg teremtete* ne savait pas l'allemand, mais il savait le latin. Le roi, en jetant ses regards sur le corps d'officiers qui l'entourait, leur dit : Eh bien! messieurs, est-ce qu'il n'y a aucun parmi vous qui sache cracher du latin? (Grand silence.) On se regarde : enfin un officier dit à l'un de ses camarades : tu as roulé dans le pays latin, tu as été trois ans à Jéna. Le roi ordonne à cet officier d'avancer, le fait placer en regard du houssard. — Demandez-lui, dit le roi, où est à présent le corps d'armée... L'officier tousse, crache, se frotte le front, et puis dit au houssard : *Domine, ubi est armata?* — La moustache ne répond pas, il regarde son truchéman d'un air étonné, et le toise de pied en cap. Le roi part d'un éclat de rire, et dit à l'officier : Si vous ne savez pas mieux le latin que cela, retirez-vous, qu'on fasse venir le curé du village. — Celui-ci étant arrivé, le colloque eut lieu, et le soldat très-ignorant s'expliqua à merveille avec le curé très-savant.

Voilà ce que c'est que l'enseignement mutuel! Cette méthode, inventée, à ce qu'on prétend, par un quaker, est cependant aussi ancienne que le monde. On l'a retrouvée au pied du mont Sinaï, où Moïse l'avait déjà pratiquée. On la trouve dans les quinzième, seizième et dix-septième siècles, chez Érasme, Schnewlin Werro, Duvillard, Thorin, Rollin, Herbault, etc., etc. Et Bell lui-même, où l'a-t-il prise? chez les Bramins, à Madras; méthode peut-être aussi ancienne chez les peuples de l'Inde que chez ceux de la Palestine. Nous avons dit là bien des choses, mais ce n'est pas encore ce dont nous voulons parler.

Il y a des pays et des personnes qui trouvent cette mé‑
thode non-seulement douteuse, mais même pernicieuse. Et
pourquoi ? parce qu'elle répand trop vite les lumières....
Faudrait-il peut-être répandre les ténèbres?... Eh oui ! nous
le savons bien, l'ignorance est un excellent moyen pour as‑
servir les hommes. Mais la parole de Dieu nous commande
d'aimer notre prochain, de lui faire du bien tant qu'on peut,
de lui faire aimer la vertu *par raison*, de lui ouvrir l'esprit
à la vérité, de le tirer de l'abrutissement qui le met au rang
des bêtes, et non dans celui des créatures humaines ; de
lui former le cœur, ce qu'on ne peut faire efficacement sans
avoir formé l'esprit ; de développer ses talens naturels, afin
qu'il puisse s'en servir pour son propre bonheur , pour ce‑
lui de ses semblables, et les employer au service de la pa‑
trie. Notre père s'appelle le *père des lumières*, il nous ap‑
pelle *les enfans de la lumière* : il n'y a que les démons qui
sont nommés *les anges des ténèbres*.

Nous n'y sommes pas encore ; mais enfin il faut le dire.
Nous l'avouerons donc franchement, nous ne sommes pas
du nombre des partisans de la méthode de Lancaster ; mais ,
par une raison bien contraire à celle de l'obscurantisme ,
nous la rejetons cette méthode, parce qu'elle est beaucoup
trop lente ; elle ne marche pas assez vite. Au lieu de la mé‑
thode du *protestant de la secte des quakers* (1), nous pro‑
posons celle d'un catholique de la secte des jésuites. Il est
vrai que cette méthode est tombée en oubli, mais nous al‑
lons la tirer de son obscurité, nous la recommandons à tous
nos amis qui ont une si grande envie d'apprendre les lan‑
gues si difficiles du nord.

---

(1) C'est ainsi que quelques écrivains, en France appellent les qua‑
quers , et c'est pour cette raison qu'ils rejettent la méthode de l'ensei‑
gnement mutuel, parce que Lancaster est un quaker. Ils ignorent donc,
que ces sectateurs de Guillaume Penn n'admettent ni le baptême, ni la
cène, ni aucun sacrement. *Un protestant de la secte des Quakers* est un
catholique de la secte de Luther.

L'immortel inventeur de la méthode dont nous parlons est un jésuite allemand nommé Ignace Weitenauer. Cette invention lui appartient ; il ne la partage ni avec Moïse, ni avec le scolarque d'aucun siècle. Voici comme un célèbre voyageur, qui a vu et qui s'est entretenu avec ce jésuite, en parle dans son ouvrage : *Voyage en différens pays de l'Europe en 1774, 1775 et 1776*, ou *Lettres écrites de l'Allemagne, de la Suisse, de l'Italie, de la Sicile et de Paris, à La Haye*, 1777. Dans une de ses lettres écrites d'Inspruck, tome I, page 110, il s'exprime ainsi :

« La ville où je suis m'a rappelé deux êtres singuliers, que j'ai vus quand j'ai passé par ici dans mon dernier voyage, et que j'avais entièrement oubliés. L'un était un jésuite nommé Weitenauer. Les savans de cette ville (car il y en a partout, même dans le Tyrol, et qui plus est, dans le Tyrol allemand) me disaient que ce père Weitenauer possédait je ne sais si c'est dix-huit ou vingt-quatre langues. J'eus la complaisance de le croire, puisque j'avais eu celle de croire les anciens historiens au sujet de la science et de la mémoire prodigieuse de Mithridate qui, selon eux, parlait les langues de vingt-deux nations soumises à sa domination, et qui outre cela possédait toutes les sciences de la Grèce. Je fus donc voir cet émule du roi de Pont, et je lui adressai la parole en allemand ; il me répondit dans le jargon ordinaire des Autrichiens et des Tyroliens, qui écorche les oreilles, et qu'on a peine à entendre : cela me fit croire que la langue allemande n'était pas du nombre de celles dont ce rare génie faisait profession ; ainsi je lui parlai tantôt français et tantôt italien, mais je crois qu'il me répondit en hébreu, car je n'entendis absolument rien de ce qu'il me dit. Je fus donc obligé de revenir à la langue allemande, dans laquelle il me raconta qu'il avait nombre d'écoliers, auxquels il apprenait toutes sortes de langues, aux uns dans vingt-quatre heures ; aux autres, dans une semaine, et enfin à d'autres dans un mois, suivant les talens et la mémoire d'un chacun. Il me fit aussi présent d'une grammaire où il avait rassemblé dans un très-petit volume in-8°. les premiers élémens de toutes les langues. Cet ouvrage extraordinaire me servit bientôt en Italie à allumer le feu. »

Ce voyageur a eu bien tort de sacrifier ainsi son petit in-8°. Heureusement nos lecteurs pourront le remplacer par deux grands volumes in-4°. dans lesquels l'auteur a encore mieux perfectionné sa méthode, sous le titre :

Ignat. Weitenauer Hexagloton Geminum, docens linguas gallicam, italicam, hispanïcam, Græcam, hebraïcam, caldaïcam, etc.... Ut intra brevissimum tempus ope lexici omnia explicare discas. Augustæ Vindelicorum. 1762.

Nos lecteurs, nous l'espérons, seront convaincus maintenant qu'il faut absolument donner la préférence à la méthode du jésuite sur celle du quaker, puisqu'elle est bien plus expéditive ; car par la méthode de Lancaster il est impossible (on ne le prétend pas même) d'apprendre à quelqu'un toutes sortes de langues dans vingt-quatre heures. Donc la méthode du père Weitenauer doit être prônée, recommandée, favorisée et protégée.

NÉCROLOGIE.

Un homme de bien a quitté la vie : de nombreux regrets ont environné sa tombe ; ils ont été exprimés par des voix éloquentes ; mais écoutons aussi des expressions plus simples d'une douleur profondément sentie par de jeunes enfans auxquels il a assuré un grand bienfait. Voici ce que renferment les derniers échantillons d'écriture qui nous ont été envoyés de l'école de Nangis :

Mort de M. de Greffulhe.

M. le comte de Greffulhe, pair de France, a terminé sa carrière le 23 février 1820, âgé de 45 ans. Après son

dernier soupir qui s'est exhalé avec calme, ses traits inani-
més laissaient encore apercevoir ce qu'il fut pendant sa
vie : un homme probe et humain, honoré de la confiance
de son roi à qui il a donné des preuves distinguées de sa fidélité et de son dévouement. M. de Greffulhe était un des plus
forts capitalistes de France, et consacrait une grande partie
de sa fortune à faire du bien ; il est regretté parmi les pauvres, comme dans la haute société où était son rang. La
nouvelle de sa mort a répandu la consternation à Fonte-
nailles, où il passait à son château de Boisboudran la ma-
jeure partie de l'année, et dans les communes environ-
nantes. Toujours occupé à procurer du travail à l'indigence,
des secours au malheur, à étendre sa protection sur tous,
il portait un intérêt spécial à l'instruction de l'enfance. C'est
à ses vues paternelles et à sa munificence que Nangis est redevable de son école gratuite d'enseignement mutuel, dont
M. de Greffulhe a bien voulu, par son testament, assurer
après lui l'existence. Les enfans de cette école ont manifesté,
par leur douleur profonde, combien ils étaient sensibles à la
perte qu'ils faisaient, et lègueront aux élèves qui leur succè-
deront, l'exemple de la plus respectueuse, de la plus sincère ; comme de la plus juste reconnaissance pour la mémoire de M. le comte de Greffulhe, leur bienfaiteur.

BIBLIOGRAPHIE.

COURS ÉLÉMENTAIRE ET PRATIQUE DE DESSIN,

*D'après les principes de Pestalozzi, suivi à Yverdun,
sous la direction de M. J. Ramsauer, et publié avec de
nombreuses modifications, par A. Boniface, disciple de
Pestalozzi, orné de 48 planches dessinées et gravées par
Hocquart* (1).

Nous avons annoncé, dans le temps, le prospectus de cet
ouvrage, dont les conditions ont été fidèlement remplies

______

(1) 1re., 2e., 3e., et 4e. livraisons. à Paris, chez l'auteur, rue du
Pot-de-Fer, n°. 22 ; et chez L. Colas, rue Dauphine, n°. 32.

par l'auteur. Notre intention n'est pas aujourd'hui de disserter longuement sur les avantages de l'enseignement du dessin linéaire ; nous ne ferions que répéter ce qui a été dit déjà dans ce journal, et il est inutile d'insister sur une chose évidemment démontrée. On a prouvé que le dessin linéaire était l'introduction à l'art du dessin, indiquée par la nature même ; on a prouvé que seul, et sans être poussé au delà de la faculté de tirer des lignes avec régularité et précision, il était d'un secours précieux dans les arts mécaniques. Les expériences, multipliées depuis, ont confirmé cette vérité qui était assez palpable ; et il ne reste rien à dire aujourd'hui sur une théorie que la pratique a mise hors de discussion. On n'a plus qu'à payer un juste tribut d'éloges et de reconnaissance au savant distingué qui n'a pas cru indigne de son talent et de sa réputation, de descendre jusqu'à de simple notions qu'il a su mettre à la portée de l'enfance ; on sentira dans quelques années toute l'importance de ce grand service rendu par M. Francœur.

L'institut de Pestalozzi, à Yverdun, qui est un modèle, sous tant de rapports, est depuis long-temps en possession de l'enseignement du dessin linéaire qui précède celui de l'art du dessin. Un disciple du sage Helvétien vient de nous donner le résultat des leçons de son maître. Peu de mots nous suffiront pour en faire l'analyse. Le cours dans la méthode de Pestalozzi est divisé en plusieurs degrés ; le premier appartient tout entier à la mère, et consiste dans l'habitude qu'elle doit faire contracter à son enfant, de distinguer les couleurs et la forme des objets. La tâche du maître ne commence donc qu'au second degré, et voici la marche graduée des exercices. Le maître trace sous les yeux de l'enfant des lignes, ou des représentations au trait d'objets très-simples ; puis, pour exercer sa main et donner de la force et de l'assurance à ses doigts, on le fait suivre sur le tableau des traits légèrement indiqués. Vient ensuite la série des lignes droites, courbes, obliques, divisées en parties proportionnelles, et des figures que l'enfant doit imiter. Ces exercices sont gradués d'une manière parfaitement conforme à l'analyse, et procèdent tellement du simple au composé, qu'il est facile de voir que l'élève ne peut être arrêté par aucune difficulté rebutante. Lorqu'enfin il est parvenu au dernier degré, il a, non pas vaincu, mais évité toutes celles qui auraient pu le décourager dans l'étude du dessin proprement dit, et il peut passer sous la direction d'un maître habile, où il n'aura plus que des progrès rapides à faire. Il justifiera cette assertion du fameux peintre allemand Tischbein : « Quiconque peut tracer sans instrument une figure de géométrie, estimer la longueur des lignes, la grandeur des angles, ne rencontrera guère de difficultés pour dessiner exactement les contours d'un objet quelconque, puisque les détails même d'une tête d'homme forment entre eux des angles. »

On ne peut que savoir beaucoup de gré à M. Boniface, d'avoir apporté chez nous cette partie de la méthode de Pestalozzi, et son ouvrage nous a paru très-digne de l'attention des pères de famille et des instituteurs.

ANNONCES.

Collection de Moralistes français, publiée avec des commentaires et de nouvelles notices biographiques, par Amaury Duval, membre de l'institut. A Paris, chez Chasseriau, libraire, au dépôt bibliographique, rue de Choiseul, n°. 3. Prix de chaque vol., 5 francs.

Cette collection de nos plus célèbres moralistes sera composée de 14 à 15 vol.; elle contiendra : *Montaigne*, *Charron*, *Pascal*, *La Rochefoucauld*, *La Bruyère*, *Vauvenargues*, et *Duclos*.

Le principal objet des notes sera de faire remarquer, soit l'analogie, soit le contraste qu' offrent entre elles, les opinions de ces divers auteurs, de les comparer avec celles des moralistes anciens, etc.

Il paraît, en ce moment, deux volumes de Montaigne. Aucune édition de ce philosophe n'avait été, jusqu'à ce jour, publiée avec plus de soin. Le texte a été corrigé d'après un manuscrit autographe, et les variantes qu' offrent les autres éditions se trouvent en note. Tous les mots vieillis, tous les passages obscurs, sont expliqués; les nombreuses citations d'auteurs grecs et latins, nouvellement traduites, leurs sources exactement indiquées.

On publia, il y a une quarantaine d'années, la collection des *moralistes anciens*, qui fut accueillie avec intérêt : la collection des *moralistes français* ne mérite pas moins la faveur publique. S'il est satisfaisant de connaître les mœurs et les opinions des peuples qui nous ont précédés, il est utile d'étudier et d'apprécier la morale et la philosophie modernes (1).

____

(1) La souscription aux *Moralistes français*, restera ouverte (au dépôt bibliographique, rue de Choiseul, n. 3), jusqu'à la publicattion du 4ᵉ. volume de la collection, inclusivement. Passé ce terme, chaque volume coûtera un quart en sus du prix de la souscription.

On souscrit dans le même établissement, au *Théâtre complet des Latins*, traduit par MM. Levée et Lemonnier. — Le 1ᵉʳ. volume de Plaute, et le 1ᵉʳ. volume de Térence viennent de paraître.

TABLE MÉTHODIQUE

DES MATIÈRES

CONTENUES DANS LE TOME NEUVIÈME

DU

JOURNAL D'ÉDUCATION.

FIN DE LA TABLE.